WISSEN FÜR DIE PRAXIS

Andreas Fieber · Matthias Eggerl

Kommunale Nachhaltigkeitsberichte

Ein Praxisleitfaden auf der Basis der Sustainable Development Goals (SDGs)

Bibliografische Information der Deutschen Nationalbibliothek

Die Deutsche Nationalbibliothek verzeichnet diese Publikation in der Deutschen Nationalbibliografie; detaillierte bibliografische Daten sind im Internet über www.dnb.de abrufbar.

Zitiervorschlag:
Andreas Fieber, Matthias Eggerl, Kommunale Nachhaltigkeitsberichte
Walhalla Fachverlag, Regensburg 2022

1. Auflage 2022

Produktion: Walhalla Fachverlag, 93042 Regensburg
Umschlaggestaltung: grubergrafik, Augsburg
Printed in Germany
ISBN 978-3-8029-1794-3

SBL-CPI-0622-29356-O

Schnellübersicht

Gesamtinhaltsübersicht

Vorwort

Nachhaltigkeitsberichte sind in der Privatwirtschaft mittlerweile weit verbreitet. Kommunale Nachhaltigkeitsberichte sind dagegen noch die Ausnahme und werden überwiegend von größeren Städten veröffentlicht. Im kommunalen Bereich verfügen offenbar nur sie über die notwendigen personellen Voraussetzungen, um die meist sehr arbeits- und zeitintensive Erstellung von Nachhaltigkeitsberichten zu bewältigen.

Intention dieses Buchs ist es, die Verbreitung kommunaler Nachhaltigkeitsberichte zu fördern. Dafür wird ein eigenes Konzept vorgestellt, das für Gemeinden jeder Größenklasse anwendbar ist. U.a. werden eine mögliche Gliederung und deren inhaltliche Ausgestaltung mithilfe von Indikatoren anhand zahlreicher Beispiele erläutert. Die Anwendung dieser Vorschläge verringert den Zeitaufwand erheblich. Zusätzlich wird das nötige fachliche Hintergrundwissen kompakt dargestellt. Dadurch wird die Einarbeitungszeit in das Thema stark reduziert. Insgesamt führt die Übernahme der vorgestellten Gliederung und deren Indikatoren zu einem überschaubaren Aufwand. Dies soll kleine wie große Gemeinden bzw. Städte dazu ermutigen, einen kommunalen Nachhaltigkeitsbericht zu veröffentlichen.

Das Buch richtet sich in erster Linie an Verantwortliche in Politik und Verwaltung, ist aber darüber hinaus für alle relevant, die das Thema „Nachhaltigkeit" in ihrem Heimatort voranbringen wollen. Es bietet Interessierten, die sich mit den Herausforderungen einer nachhaltigen Entwicklung in den Kommunen beschäftigen, nützliche Informationen und Hinweise. Damit kann es als Anstoß dienen, in weitaus mehr Gemeinden als bisher das Thema „Nachhaltigkeit" auf die Agenda zu setzen.

Die Anwendbarkeit des vorgestellten Konzepts wurde anhand einer oberbayerischen Gemeinde geprüft. Trotz dieser lokalen Verankerung sollen mit diesem Buch ausdrücklich Kommunen in ganz Deutschland in ihrem Nachhaltigkeitsreporting unterstützt werden.

Im ersten Kapitel des Buchs wird zunächst erläutert, wie der Begriff „Nachhaltigkeit" zu definieren ist und wie er auf die kommunale Ebene angewendet werden kann:

Nachhaltiges kommunales Handeln bedeutet, den jetzt lebenden Generationen ein intaktes ökonomisches, ökologisches und soziales

Gefüge zur Verfügung zu stellen und den nächsten Generationen ein ebensolches intaktes Gefüge zu hinterlassen.

Anschließend wird im zweiten Kapitel die Rolle der Kommunen für eine nachhaltige Entwicklung erläutert. Neben rechtlichen Grundlagen werden die Inhalte und Ziele von internationalen Vereinbarungen wie der „Agenda 2030" mit den Sustainable Development Goals (SDGs) und dem darauf aufbauenden nationalen Programm „Deutsche Nachhaltigkeitsstrategie 2021" vorgestellt.

Das dritte Kapitel vermittelt wichtiges Basiswissen zum Thema „Kommunale Nachhaltigkeitsberichte". In diesem Zusammenhang werden u. a. bisher veröffentlichte Nachhaltigkeitsberichte deutscher Städte und Gemeinden vorgestellt.

Im vierten Kapitel schließlich wird ein allgemein anwendbares Konzept für kommunale Nachhaltigkeitsberichte vorgestellt. Einen konkreten Leitfaden, an dem sich Verantwortliche und Interessierte in deutschen Städten und Gemeinden orientieren können, liefert das fünfte Kapitel.

Anhand eines Fallbeispiels wird gezeigt, wie der Prozess der Berichterstellung in der Praxis aussehen kann. Dafür wurde die oberbayerische Gemeinde Rott a. Inn ausgewählt. Mit ihren etwas mehr als 4.000 Einwohnerinnen und Einwohnern, ihrer ländlichen Lage und der trotzdem recht guten Anbindung an die Zentren Rosenheim und München kann sie durchaus als durchschnittliche deutsche Gemeinde angesehen werden. Somit dient das Beispiel als Referenz für möglichst viele andere Kommunen.

Abschließend wird ein Ausblick gegeben, welche Rahmenbedingungen für eine flächendeckende Nachhaltigkeitsberichterstattung nötig wären und wie sich die Berichterstattung in Zukunft weiterentwickeln könnte.

Wichtiger Hinweis

Die erwähnten Nachhaltigkeitsberichte sind jeweils im Anhang mit einem Internetlink aufgeführt. Weiterhin sind viele Hinweise mit einem Link versehen.

Redaktionsschluss war am 31.10.2021. Ansonsten wird im Text ausdrücklich darauf hingewiesen.

Danksagung

Unser besonderer Dank gilt dem Ersten Bürgermeister der Gemeinde Rott a. Inn Daniel Wendrock für seine Bereitschaft, etwas Neues auszuprobieren, und für seine Unterstützung bei der Erstellung des Nachhaltigkeitsberichts für die Gemeinde Rott a. Inn.

Außerdem bedanken wir uns bei den Studentinnen Joline Siehr und Barbara Maier für Recherchearbeiten in den (Un-)Tiefen des Internets. Professor Dr. Henning Prömpers gab ebenfalls wertvolle Hinweise. Ferner gilt unser Dank Heidrun Fieber, die das Manuskript kritisch geprüft und wichtige Anregungen gegeben hat. Schließlich bedanken wir uns bei Nikoline Kullmann, die als Lektorin die Entstehung des Buchs begleitet hat.

Pfaffing, Rott a. Inn, im Februar 2022

Andreas Fieber
Matthias Eggerl

Abbildungsverzeichnis

Tabellenverzeichnis

Abkürzungsverzeichnis

5 Ps	People, Planet, Prosperity, Peace, Partnership
Abb.	Abbildung
Abs.	Absatz
Art.	Artikel
AtG	Atomgesetz
BA	Bundesagentur für Arbeit
BayGO	Gemeindeordnung für den Freistaat Bayern
BBSR	Bundesinstitut für Bau-, Stadt- und Raumforschung
BEHG	Brennstoffemissionshandelsgesetz
BIP	Bruttoinlandsprodukt
BMUV	Bundesministerium für Umwelt, Naturschutz, nukleare Sicherheit und Verbraucherschutz
BMZ	Bundesministerium für wirtschaftliche Zusammenarbeit und Entwicklung
BNK	Berichtsrahmen nachhaltige Kommune
Bsp.	Beispiel
BV	Verfassung des Freistaates Bayern
bzw.	beziehungsweise
ca.	circa
CO_2	Kohlenstoffdioxid
d. h.	das heißt
d. Verf.	der/die Verfasser/in
DNK	Deutscher Nachhaltigkeitskodex
DNS	Deutsche Nachhaltigkeitsstrategie
€	Euro
ebd.	Ebenda
engl.	englisch
EstG	Einkommensteuergesetz
EU	Europäische Union

EU ETS	European Union Emissions Trading System (EU-Emissionshandelssystems)
Ew.	Einwohnerinnen und Einwohner
f./ff.	folgende/fortfolgende
Fn.	Fußnote
GewSt	Gewerbesteuer
GG	Grundgesetz
GrdSt	Grundsteuer
GRI	Global Reporting Initiative
GV	Gemeindeverband
ha	Hektar
HGB	Handelsgesetzbuch
HLPF	High-level Political Forum on Sustainable Development (Hochrangiges Politisches Forum für Nachhaltige Entwicklung)
IISD	International Institute for Sustainable Development
Jg.	Jahrgang
Kap.	Kapitel
km^2	Quadratkilometer
KNB	Kompetenzstelle für nachhaltige Beschaffung
KPF	Kleinprojektefonds Kommunale Entwicklungspolitik
LAG 21 NRW	Landesarbeitsgemeinschaft Agenda 21 NRW
LEA	Landesenergieagentur Hessen
LUBW	Landesanstalt für Umwelt Baden-Württemberg
m^2	Quadratmeter
M-V	Mecklenburg-Vorpommern
MDG(s)	Millennium Development Goal(s) (Milleniumsentwicklungsziel(e))
NGO(s)	Nichtregierungsorganisation(en)
Nr.	Nummer
NRW	Nordrhein-Westfalen
NUA	Neue Urbane Agenda
o. Ä.	oder Ähnliche/s/m

REK	Regionales Entwicklungskonzept
RENN	Regionale Netzstellen Nachhaltigkeitsstrategien
Rott a. Inn	Rott am Inn (offizielle Abkürzung)
RNE	Rat für Nachhaltige Entwicklung
SDG(s)	Sustainable Development Goal(s) (Ziel(e) für eine nachhaltige Entwicklung)
SGB	Sozialgesetzbuch
SKEW	Servicestelle für Kommunen in der Einen Welt
Tab.	Tabelle
u. Ä.	und Ähnliche/s/m
u. a.	unter anderem
u. v. m.	und vieles/m mehr
UNFCCC	United Nations Framework Convention on Climate Change (Rahmenübereinkommen der Vereinten Nationen über Klimaänderungen)
UNO	United Nations Organization (Organisation der Vereinten Nationen)
usw.	und so weiter
Verf ND	Verfassung des Landes Niedersachsen
vgl.	vergleiche
VLR(s)	Voluntary Local Review(s) (Freiwillige(r) lokale(r) Fortschrittsbericht(e))
VN	Vereinte Nationen
VNR(s)	Voluntary National Review(s) (Freiwillige(r) Nationale(r) Fortschrittsbericht(e) bzw. freiwillige(r) Staatenbericht(e))
WEF	World Economic Forum (Weltwirtschaftsforum)
WCED	World Commission on Environment and Development (Weltkommission für Umwelt und Entwicklung)
WSSD	World Summit on Sustainable Development (Weltgipfel für nachhaltige Entwicklung)

Einleitung: Globale Risiken und kommunale Nachhaltigkeitsberichte

Der wohl wichtigste Bericht über globale Risiken für die Weltwirtschaft ist der jährliche „Global Risks Report" des Weltwirtschaftsforums (WEF). Dieser erscheint jeweils am Anfang eines Jahrs kurz vor dem Treffen des WEF und ist dessen Arbeitsgrundlage.

Im Report 2022 werden die Top Ten der bedeutsamsten globalen Risiken für die nächsten zehn Jahre genannt. Dies sind ökonomische (Bsp.: Schuldenkrise), ökologische (Bsp.: Versagen beim Klimaschutz) und soziale Risiken (Bsp.: Spaltung der Gesellschaft – „Social cohesion erosion").

Als größtes globales Risiko wird der Klimawandel eingestuft. Unter den Top Ten werden fünf verschiedene Risiken genannt, die in die Risikokategorie „Umwelt" eingegliedert werden. Die Hälfte der vom WEF identifizierten bedeutsamen Risiken sind damit **ökologische** Risiken.

Auswirkungen	Risiko	Risikokategorie
1.	Versagen beim Klimaschutz	Umwelt
2.	Extreme Wetterereignisse	Umwelt
3.	Verlust der Artenvielfalt	Umwelt
4.	Soziale Spaltung	Sozial
5.	Armut (Livelihood crisis)	Sozial
6.	Infektionskrankheiten	Sozial
7.	Menschengemachte Umweltkatastrophen	Umwelt
8.	Krise bei den natürlichen Ressourcen	Umwelt
9.	Schuldenkrise	Ökonomisch
10.	Geoökonomische Konfrontation	Geopolitisch

Tab. 1: Die Top Ten der Risiken, sortiert nach dem Ausmaß der befürchteten Auswirkungen, eigene Darstellung in Anlehnung an „The Global Risks Report 2022"[1]

Die Eintrittswahrscheinlichkeit dieser Risiken kann durch eine nachhaltige Lebensweise verringert oder der Eintritt zumindest hinaus-

[1] *World Economic Forum* (2022), S. 14, Figure 1.3

gezögert werden. Auch die möglichen Auswirkungen können durch vorausschauendes Handeln gemindert werden.

Voraussetzung für die Umsetzung einer nachhaltigen Lebensweise sind Informationen über den Status quo in der näheren Umgebung, in der die Menschen leben und arbeiten. Die Bevölkerung lebt in Kommunen und arbeitet in Unternehmen oder in Privathaushalten. Dies sind die Bereiche, die jeder Einzelne durch sein Verhalten beeinflussen kann, beispielsweise bei Wahlentscheidungen, der Mobilität, dem Einkauf von Lebensmitteln oder der Art des Wirtschaftens. Genauso benötigen diejenigen, die auf allen politischen Ebenen entscheiden, Daten als Grundlage für ihr Handeln.

Ein geeignetes Instrument für die Bereitstellung der notwendigen Daten und Informationen sind **Nachhaltigkeitsberichte**. Diese werden von zahlreichen Unternehmen sowie einigen Kommunen erstellt und veröffentlicht. Darin können die Auswirkungen des wirtschaftlichen und kommunalen Handelns in ökonomischer, ökologischer und sozialer Hinsicht sichtbar, messbar und damit vergleichbar gemacht werden.

Der Begriff „Kommunen" umfasst Gemeinden, Städte, Landkreise und höhere Kommunalverbände wie beispielsweise die bayerischen Bezirke. In diesem Buch wird der Schwerpunkt auf Nachhaltigkeitsberichte für Gemeinden und Städte gelegt. Darunter befinden sich sogenannte kreisfreie Städte (die Bezeichnung in Baden-Württemberg lautet Stadtkreise). Diese gehören keinem Landkreis an und üben deshalb zusätzlich die Funktionen eines Landkreises aus. Wird in diesem Buch von Kommunen gesprochen, so sind damit in der Regel die Gemeinden und Städte gemeint.

In Deutschland gab es per 31.12.2019 insgesamt 11.007 Gemeinden. Davon waren 4.618 im Wesentlichen aufgrund ihrer geringen Größe in sogenannten Gemeindeverbänden organisiert. Dazu gibt es in den einzelnen Bundesländern eine Vielzahl unterschiedlicher Bezeichnungen. In der Wissenschaft werden diese übergreifend zusätzlich als Gesamtgemeinden bezeichnet. Auf Gemeindeebene und teils auch auf Gemeindeverbandsebene gibt es nahezu jährlich Reformen. Meist werden Gemeinden zusammengeschlossen, teils ändern sich ihre Zuschnitte. Dadurch variiert die Anzahl der Gemeinden und der Gemeindeverbände. Ihre Anzahl hat sich in den letzten Jahren immer weiter verringert. So betrug die Anzahl der Gemeinden zum 31.12.2009 noch 12.066, die Zahl der Gemeindeverbände 4.627.[2]

---

2 *Burgdorf* et al. (2012), S. 28, Tab. 4

Bundesland	Gemeinden Anzahl	Bezeichnung der Gemeindeverbände (Gesamtgemeinden)	Anzahl	Anteil in %
Baden-Württemberg	1.103	Gemeindeverwaltungsverband, Verwaltungsgemeinschaft	462	41,9 %
Bayern	2.233	Verwaltungsgemeinschaft	1.562	70,0 %
Berlin	1	---	1	100,0 %
Brandenburg	417	Amt	198	47,5 %
Bremen	2	---	2	100,0 %
Hamburg	1	---	1	100,0 %
Hessen	427	---	427	100,0 %
Mecklenburg-				
Vorpommern	726	Amt	116	16,0 %
Niedersachsen	968	Samtgemeinde	431	44,5 %
Nordrhein-Westfalen	396	---	396	100,0 %
Rheinland-Pfalz	2.302	Verbandsgemeinde	178	7,7 %
Saarland	52	---	52	100,0 %
Sachsen-Anhalt	419	Verwaltungsgemeinschaft	309	73,7 %
Sachsen	218	Verwaltungsgemeinschaft	122	56,0 %
Schleswig-Holstein	1.108	Amt	170	15,3 %
Thüringen	634	Landgemeinde, Verwaltungsgemeinschaft	191	30,1 %
Summe	**11.007**		**4.618**	**42,0 %**

Tab. 2: Anzahl Gemeinden und länderspezifische Bezeichnungen der Gemeindeverbände per 31.12.2019, eigene Berechnungen gemäß Auskunft Bundesinstitut für Bau-, Stadt- und Raumforschung (BBSR)

Die Anzahl der Gemeinden verdeutlicht bereits das Potenzial, das in einer flächendeckenden Nachhaltigkeitsberichterstattung – besonders der kleinen Gemeinden – liegen würde. Dieses Buch soll einen Beitrag dazu leisten, dass mehr Kommunen als bisher ermuntert und befähigt werden, sich dem Thema der Nachhaltigkeitsberichtserstattung zu widmen.

I. Grundsätzliche Überlegungen zur Nachhaltigkeit

I

I. Grundsätzliche Überlegungen zur Nachhaltigkeit

I

Ziel

In diesem Kapitel wird das Konzept der Nachhaltigkeit vorgestellt. Neben einem kurzen geschichtlichen Abriss der Begriffsentwicklung wird vor allem auf das heutige Verständnis von Nachhaltigkeit eingegangen. Beispiele aus der Praxis sollen aufzeigen, warum eine nachhaltige Entwicklung unser aller Ziel sein sollte.

1. Historische Entwicklung des Nachhaltigkeitsbegriffs

Kurz und knapp

Die Idee der Nachhaltigkeit wurde bereits im 18. Jahrhundert in der Forstwirtschaft vertreten. Ende der 1980er-Jahre rückte das Konzept im Zuge internationaler Konferenzen einer breiten Öffentlichkeit ins Bewusstsein. Für das heutige Verständnis von Nachhaltigkeit und nachhaltiger Entwicklung war vor allem der 1987 veröffentlichte Bericht „Unsere gemeinsame Zukunft" der sogenannten Brundtland-Kommission prägend.

1.1 Der Nachhaltigkeitsbegriff in der Forstwirtschaft

Der Begriff der Nachhaltigkeit wurde ab dem 18. Jahrhundert in der Forstwissenschaft entwickelt und durch sie geprägt.[3]

In der vorindustriellen Zeit wurde nahezu die gesamte Wärmeenergie durch das Holz der Wälder bereitgestellt.[4] Dies führte dazu, dass Holz eine immer knappere Ressource wurde. Im 18. Jahrhundert wurde der Holzmangel zunehmend als Problem wahrgenommen.[5] Als Strategie zur Behebung dieses Problems formulierte 1713 der Freiberger (Sachsen) Oberberghauptmann Hans (Hannß) Carl von Carlowitz in seinem Werk „Sylvicultura oeconomica, oder haußwirthliche Nachricht und Naturmäßige Anweisung zur wilden Baum-Zucht" (1713) den forstwirtschaftlichen Nachhaltigkeitsbegriff.[6]

[3] Vgl. *Mathis* (2017), S. 65
[4] *Kappas* (2009), S. 267
[5] *Popplow* (2002)
[6] *Mathis* (2017), S. 69–87, stellt umfassend die Entwicklung des Nachhaltigkeitsbegriffs in der Forstwirtschaft dar.

Demnach sollte pro Jahr nicht mehr Holz geschlagen werden als nachwachsen konnte. Der Wald sollte auf diese Weise in seiner Ertragsfunktion für künftige Generationen erhalten bleiben.[7] Heute wird folgendes Zitat als Kernsatz seines Werks angesehen:

> „Wird derhalben die größte Kunst/Wissenschaft/Fleiß und Einrichtung hiesiger Lande darinnen beruhen / wie eine sothane Conservation und Anbau des Holtzes anzustellen / daß es eine continuierliche beständige und nachhaltende Nutzung gebe / weiln es eine unentberliche Sache ist / ohne welche das Land in seinem Esse (im Sinne von Wesen, Dasein, d. Verf.) nicht bleiben mag."[8]

Carlowitz beschränkte sich nicht nur auf die ökologische Nachhaltigkeit. Vielmehr erscheint in seinem Werk in Konturen das Dreieck der Nachhaltigkeit. Die drei Dimensionen der Nachhaltigkeit, nämlich ökologisches Gleichgewicht, ökonomische Sicherheit und soziale Gerechtigkeit, sind Grundlage des heutigen Verständnisses von Nachhaltigkeit.[9]

1.2 Nachhaltigkeit und nachhaltige Entwicklung

Im Jahr 1983 gründeten die Vereinten Nationen die Weltkommission für Umwelt und Entwicklung (World Commission on Environment and Development, WCED). Die WCED hatte das Mandat, einen Perspektivbericht zu langfristig tragfähiger, umweltschonender Entwicklung im Weltmaßstab bis zum Jahr 2000 und darüber hinaus zu erstellen. Die Vorsitzende dieser Kommission war die frühere Umweltministerin und damalige Ministerpräsidentin von Norwegen Gro Harlem Brundtland. Deshalb wird die Kommission auch als Brundtland-Kommission bezeichnet. Brundtland war damals die erste Ministerpräsidentin, die vorher das Amt einer Umweltministerin ausgeübt hatte. Durch ihre Berufung sollte gesichert werden, dass der Umweltaspekt nicht von untergeordneter Bedeutung blieb.[10]

Die Kommission kam zu der Erkenntnis, dass die bisherigen politischen und wirtschaftlichen Handlungsweisen in eine Sackgasse führten und ein neuer, nachhaltiger Entwicklungspfad notwendig war.

---

7 *Tremmel* (2004), S. 27

8 *Carlowitz* (1713), S. 105 f., entnommen aus *Mathis* (2017), S. 73

9 *Jahn* (2013), S. 25

10 *World Commission on Environment and Development* (1987, nachgedruckt 2009), S. IX–X

Dieser sollte menschlichen Fortschritt nicht nur kurzfristig für einige wenige, sondern langfristig für die gesamte Weltbevölkerung ermöglichen.[11]

1987 veröffentlichte die WCED den Zukunftsbericht mit dem Titel „Unsere gemeinsame Zukunft" („Our common future"). Darin wurde der Begriff der Nachhaltigkeit bzw. nachhaltigen Entwicklung definiert:

> „Nachhaltige Entwicklung (Sustainable development) ist eine Entwicklung, die den Bedürfnissen der heutigen Generation entspricht, ohne die Möglichkeiten künftiger Generationen zu gefährden, ihre eigenen Bedürfnisse zu befriedigen."[12]

Ein Zusammenhang zwischen der historischen Definition von Carlowitz und der Begriffsbestimmung von Nachhaltigkeit („sustainability") gemäß der WECD bestand nicht. Den Teilnehmenden der Brundtland-Kommission war die historische Quelle vermutlich nicht bekannt.[13]

Der Brundtland-Bericht wurde weltweit, insbesondere in Deutschland, mit Interesse aufgenommen und führte in Politik, Wissenschaft und Gesellschaft zu einer breiten Beschäftigung mit dem Konzept des „Sustainable Developments", wie es vom Bericht definiert wurde. Fragen der Ökologie, der Zukunftsfähigkeit des Wirtschaftens und des globalen sozialen Gefälles wurden in weiten Kreisen diskutiert und drangen tief in das Bewusstsein der Gesellschaft ein. Das Konzept wurde zum Leitmaßstab und Schlagwort zahlreicher politischer Bestrebungen.

Gleichzeitig war der Nachhaltigkeitsbegriff von Beginn an Kritik ausgesetzt und wurde als schwammig, inhaltsleer oder überladen kritisiert.[14] Häufig bezieht sich die Kritik auf die formelhafte Verwendung des Begriffs, die eine Auseinandersetzung mit den strittigen Punkten und Maßnahmen überlagern oder gar verhindern würde. In ihrem viel beachteten „Blueprint for a Green Economy"

---

[11] Ebd., S. 4: „We came to see that a new development path was required, one that sustained human progress not just in a few places for a few years, but for the entire planet into the distant future."

[12] Ebd., S. 43: „Sustainable development is development that meets the needs of the present without compromising the ability of future generations to meet their own needs."

[13] *Tremmel* (2004), S. 27

[14] Zur Kritik am Begriff vgl. *Mathis* (2017), 125 f.; *Winter* (2007), S. 255, beispielsweise bezeichnet den Begriff als „aufgebläht, sinnentleert und dadurch entwaffnet".

von 2013 fassten David Pearce, Anil Markanya und Edward Barbier zusammen:

> „Definitions of sustainable development abound. There is some truth in the criticism that it has come to mean whatever suits the particular advocacy of the individual concerned. This is not surprising. It is difficult to be against ‚sustainable development.' It sounds like something we should all approve of, like ‚motherhood and apple pie.'."[15]

Ganz von der Hand zu weisen ist die Gefahr des „Greenwashings" durch die Verwendung des Labels „Nachhaltig" nicht. Allerdings darf auch die Möglichkeit nicht übersehen werden, Nachhaltigkeit so zu definieren, dass dieser Begriff nicht nur als politisches Schlagwort, sondern als analytische Kategorie anwendbar wird.

Entscheidend ist dabei weniger seine historische Bedeutung, sondern wie dieser in Wissenschaft und Gesellschaft überwiegend verwendet wird.[16] Da das heutige Verständnis von Nachhaltigkeit und nachhaltiger Entwicklung weitestgehend der Definition des Brundtland-Berichts folgt, wird dessen Definition als Grundlage für die in dieser Arbeit vorgenommene Begriffsbestimmung der kommunalen Nachhaltigkeit verwendet.[17]

Anhand der zunächst uneinheitlichen Übersetzung des Begriffs „Sustainable Development" ins Deutsche lassen sich einige seiner Bedeutungsebenen nachvollziehen. Der von der Bundesregierung eingesetzte Rat von Sachverständigen für Umweltfragen übersetzte ihn in seinen Umweltgutachten der Jahre 1994, 1996 und 1998 als „dauerhaft umweltgerechte Entwicklung"[18]. Seit dem Jahr 2000 spricht er hingegen von „nachhaltiger Entwicklung"[19]. Als „nachhaltig zukunftsverträgliche Entwicklung" übersetzte den Ausdruck die Enquête-Kommission des Bundestags „Schutz des Menschen und der Umwelt" in ihrem Abschlussbericht des Jahrs 1998. Daneben finden sich Beschreibungen wie „langfristig tragfähige Entwicklung"[20], „dauerhafte Entwicklung"[21] oder „zukunftsfähige Entwicklung"[22].

---

15 *Pearce* et al. (1992), S. 1

16 *Tremmel* (2004), S. 28 f. hat untersucht, welche Bedeutungen zahlreiche auf deutsch publizierende Wissenschaftler und wissenschaftliche Institutionen dem Nachhaltigkeitsbegriff geben.

17 *Mathis* (2017), S. 136

18 Vgl. u. a. *Rat von Sachverständigen für Umweltfragen* (1998)

19 *Rat von Sachverständigen für Umweltfragen* (2000)

20 Z. B. bei *ICC Deutschland* (1990)

21 Z. B. bei *Harborth* (1993)

22 Z. B. bei *BUND/MISEREOR* (1996)

Die Übersetzungsunterschiede bezogen sich folglich auf den ersten Begriffsbestandteil „sustainable", der tendenziell mit den Bereichen Natur und Ökologie verbunden wurde. Die zweite Komponente „Entwicklung" („development") war in ihrer Übersetzung klarer, verlangt jedoch ebenso eine inhaltliche Einordnung.

Bereits im Jahr 1972 erschien der Bericht des Clubs of Rome unter dem Titel „The Limits to Growth".[23] In ihm war das Prinzip des Wachstums kritisch hinterfragt worden. Mit dem Begriff „Entwicklung" („development") konnte das Konzept des Wachstums inhaltlich aufgenommen und gleichzeitig der in die Kritik geratene Terminus vermieden werden. Im Brundtland-Bericht selbst wurde das ökonomische Wachstum keineswegs kritisch gesehen, vielmehr wurde sogar ein schnelleres ökonomisches Wachstum in allen Ländern der Welt gefordert, um den sozialen Herausforderungen begegnen zu können:

> „The world manufactures seven times more goods today than it did as recently as 1950. Given population growth rates, a five- to tenfold increase in manufacturing output will be needed just to raise developing world consumption of manufactured goods to industrialized world levels by the time population growth rates level off next century."[24]

Die kritische Frage, ob dieses (Wachstums-)Ziel mit der ökologischen Dauerhaftigkeit vereinbar ist, wurde von den Mitgliedern der Brundtland-Kommission offenbar selbst erkannt.[25] Wachstum wurde im Bericht jedoch nicht als Widerspruch zur Bewahrung der natürlichen Lebensgrundlagen gesehen. Das auf historischen Erfahrungen begründete Credo lautete: „Producing more with less." Dahinter stand die Theorie, dass Produktion und wirtschaftliches Wachstum durch Innovation und Effizienzsteigerung immer weniger natürliche Ressourcen benötigen würde, um eine größere Menge an konsumierbaren Gütern hervorzubringen.[26]

Neben der ökonomischen Wachstumskomponente beinhaltet der Begriff der Entwicklung eine soziale Komponente. Neben der quantitativen wird zusätzlich eine qualitative Steigerung des Wohlstands für die gesamte Welt angestrebt. Diese ist maßgeblich von der Grundbedürfnisstrategie und den entsprechenden Zielen, wie sie die Ver-

---

[23] *Meadows* et al. (1972)

[24] *World Commission on Environment and Development* (1987, nachgedruckt 2009), S. 15

[25] *Harborth* (1993), S. 65

[26] *Vornholz* (1995), S. 87 f.

einten Nationen bis heute vertreten, beeinflusst. Qualitative Änderungen können beispielsweise eine Verbesserung beim Zugang zu Nahrung, natürlichen Ressourcen, Bildung, Gesundheitsversorgung sowie eine fairere Einkommensverteilung bedeuten. Pearce et al. (1992) erklärten den Dualismus des Konzepts „Entwicklung" wie folgt:

> „Development is some set of desirable goals or objectives for society. Those goals undoubtedly include the basic aim to secure a rising level of real income per capita – what is traditionally regarded as the ‚standard of living'. But most people would also now accept that there is more to development than rising real incomes – ‚economic growth'. There is now an emphasis on the ‚quality of life', on the health of the population, on educational standards and general social wellbeing."[27]

Im Brundtland-Bericht selbst werden die Ziele nur vage angeschnitten.[28] Unter Entwicklung wird grundsätzlich ein „positiver Wandel"[29] verstanden.

Insgesamt ist festzuhalten, dass das Konzept von nachhaltiger Entwicklung gemäß des Brundtland-Berichts stark anthropozentrisch ausgerichtet ist. Der Mensch steht im Mittelpunkt der geforderten ökonomischen, ökologischen und sozialen Verbesserungen:

- **Ökonomisches Wachstum** soll den Lebensstandard der Weltbevölkerung erhöhen.
- **Der Erhalt der Ökosysteme** und der natürlichen Grundlagen wird unter dem Leitziel des Erhalts einer lebensermöglichenden Umgebung für den Menschen betrachtet.
- **Maßnahmen des sozialen Ausgleichs**, der Wohlfahrt, der Gesundheitsversorgung, der Kulturförderung u. v. m. sollen zu gesellschaftlichem Frieden und einer höheren Lebensqualität führen.

Wenngleich der Natur ein gewisser Eigenwert zugesprochen wird, tritt die Ausrichtung auf den Menschen im Brundtland-Bericht insgesamt doch sehr klar hervor. Dies hat im Sinne der Durchsetzbarkeit der geforderten Maßnahmen zwei Vorteile:

1. **Die Bedeutung menschlichen Wohlempfindens** ist im Gegensatz zu einem postulierten Eigenwert der Natur unumstritten.
2. **Die Akzeptanz** für das Ergreifen von Maßnahmen wird gesteigert.

---

27 *Pearce* et al. (1992), S. 1
28 *Mathis* (2017), S. 128
29 *Vornholz* (1995)

Da die im Brundtland-Bericht zugrunde gelegte Interpretation des Nachhaltigkeitsbegriffs bis heute prägend ist, lassen sich die Ausführungen auf das vorherrschende Verständnis des Begriffs „Nachhaltigkeit“ verallgemeinern. Nachhaltige Entwicklung enthält nach diesem Verständnis nachstehende Merkmale:

- prozesshaft
- zukunftsgerichtet
- dauerhaft bzw. stetig
- anthropozentrisch
- ökonomische, ökologische und soziale Bereiche betreffend

Eine nachhaltige Entwicklung bedingt demzufolge eine Versöhnung der ökonomischen, ökologischen und sozialen Dimension des menschlichen Lebens. Langfristiges Ziel ist eine nachhaltige Welt.[30] Letztlich betrifft die nachhaltige Entwicklung sowohl die gegenwärtigen als auch die zukünftigen Generationen.

Praxistipp:

Mehr über die Geschichte des Nachhaltigkeitsbegriffs können Sie in einer Vielzahl an Publikationen nachlesen. Beispielsweise hat die sächsische Carlowitz-Gesellschaft 2013 einen Sammelband mit dem Titel „Die Erfindung der Nachhaltigkeit“ herausgegeben, der sich eingehend mit dem Leben von Hans Carls von Carlowitz auseinandersetzt.

2. Dimensionen des Nachhaltigkeitsbegriffs

Kurz und knapp

Das heutige Verständnis von Nachhaltigkeit bezieht sich auf drei Dimensionen: Ökonomie, Ökologie und Soziales. Diese werden z. B. als die „Drei Säulen der Nachhaltigkeit“ bezeichnet. Ziel ist es, eine Gerechtigkeit der Generationen herzustellen – sowohl innerhalb der gegenwärtigen als auch gegenüber den zukünftigen Generationen. Umstritten ist dabei, wie dieses Ziel erreicht werden kann.

[30] *Baker* (2016), S. 9: „Sustainable development refers to the many processes an pathways to reconcile the ecological, economic and social dimensions of life [...]. Sustainability is the long-term goal, that is, a more sustainable world.“

Die Nachhaltigkeitstheorie unterscheidet beispielsweise zwischen den Konzepten von starker versus schwacher Nachhaltigkeit. Ebenso kontrovers diskutiert wird, ob primär Verhaltensänderungen oder doch technologischer Fortschritt für das Erreichen der Nachhaltigkeitsziele entscheidend sein werden.

2.1 Die drei Säulen der Nachhaltigkeit

Wie bereits gezeigt umfasst der Nachhaltigkeitsbegriff die drei Dimensionen Ökonomie, Ökologie und Soziales. In Deutschland entwickelte die Enquête-Kommission „Schutz des Menschen und der Umwelt" das sogenannte „Drei-Säulen-Modell". Die Kommission ging grundsätzlich von einer **Gleichrangigkeit der drei Ebenen aus** – eine Position, die heute als Mehrheitsmeinung angesehen werden kann.[31] Typischerweise erfolgt die Darstellung als Tempel der Nachhaltigkeit.

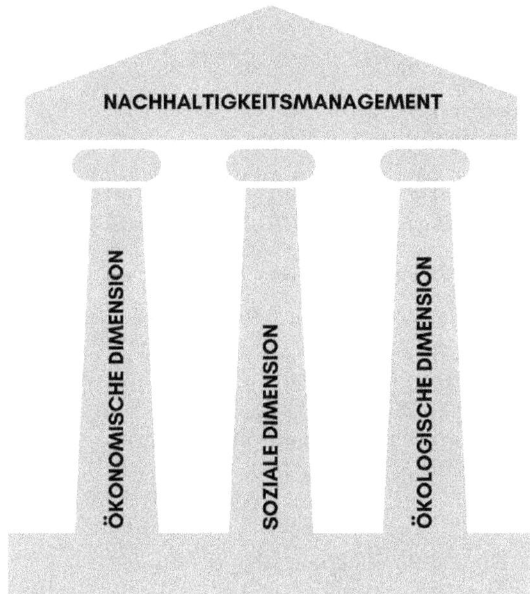

Abb. 1: Drei-Säulen-Modell mit gleichberechtigten Dimensionen[32]

[31] Vgl. *Mathis* (2017), S. 131

[32] Eigene Darstellung nach *Wühle*, S.62, Abb. 3.1

Daneben gibt es Ansätze, die die **ökologische Dimension als Basis** betrachten – Stichwort „Natürliche Grundlagen" – und damit eine Gleichrangigkeit der drei Ebenen ablehnen.[33] Eine intakte Umwelt sei die Voraussetzung für wirtschaftlichen und sozialen Fortschritt.

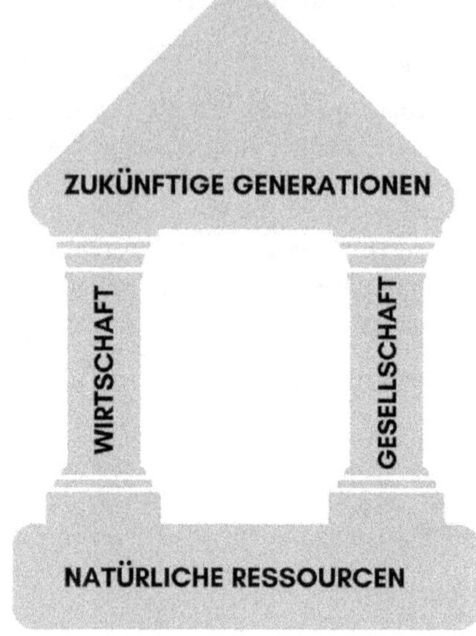

Abb. 2: Zwei-Säulen-Konzept mit den natürlichen Ressourcen als Grundlage[34]

Dies mag als Zielvorstellung plausibel sein, in unserem Wirtschafts- und Gesellschaftssystem ist jedoch ökonomischer Erfolg (bei Unternehmen) oder ökonomische Leistungskraft (bei Kommunen) Voraussetzung, also das Fundament für ökologisches und soziales Handeln. Nur durch eine erfolgreiche Verknüpfung von ökonomischer Leistungsfähigkeit mit ökologischer und sozialer Verantwortung ist das große Ziel der Nachhaltigkeit auf allen Ebenen realistisch zu erreichen. **Ökonomische Nachhaltigkeit** ist nach der Auffassung der Autoren eine Bedingung, die stets erfüllt sein muss. Im Folgenden wird die ökonomische Dimension deshalb als „primus inter pares" angesehen (siehe folgende Abbildung).

---

33 Beispielsweise *Winter* (2007)

34 Eigene Darstellung nach *Winter* (2007), S.256

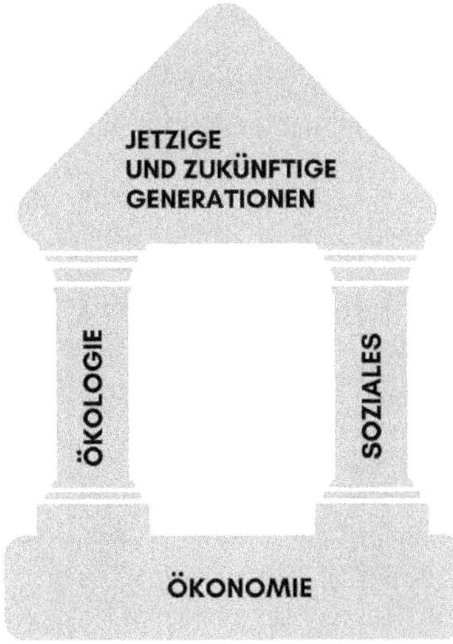

Abb. 3: Zwei-Säulen-Konzept mit der Ökonomie als Fundament, eigene Darstellung

Selbst der größte Teil der Klimabewegung um Fridays for Future stellt die ökonomische Logik des marktwirtschaftlichen Systems nicht infrage. Die Forderungen beziehen sich meist auf ordnungspolitische Maßnahmen und Veränderungen im bestehenden Wirtschafts system.[35] Die übergroße Mehrheit der politischen Akteurinnen und Akteure in der Bundesrepublik folgt dieser Logik. So ist in der „Ampelkoalition" aus SPD, Bündnis 90/Die Grünen und FDP die Rede von einer Transformation der sozialen Marktwirtschaft in eine „ökosoziale Marktwirtschaft" – ein Ziel, das übrigens ebenso von Vertreterinnen und Vertretern der Unionsparteien formuliert wird. Konsens ist zudem, dass wirtschaftliche Entwicklung und Umweltschutz nicht als Gegensätze, sondern als zwei Seiten ein und derselben Medaille betrachtet werden müssen. Nur wenn der Wohlstand in der Gesellschaft erhalten werden kann, wird man in der Bevölkerung Akzeptanz für Maßnahmen des Umwelt- und Klimaschutzes finden. Slogans wie „There are no Jobs on a dead Planet" enthalten einen wahren Kern, gewichten aber soziale und ökonomische Fragen nicht ausreichend.[36]

Ziel muss es demzufolge sein, Ökonomie und Ökologie durch marktwirtschaftliche Instrumente besser als bisher zu versöhnen. Wichtige

35 *Wagner* (2021)
36 *Traub/Voller* (2021)

Konzepte wie die „Environmental Valuation", d. h. die Bepreisung von bisher nicht in wirtschaftlichen Rechnungen erfassten Naturgütern, wurden bereits in den 1980er-Jahren entwickelt.[37] Besonders in den vergangenen Jahren fanden sie vermehrt Anwendung, so z. B. durch die Einführung des EU-weiten CO_2-Emissionshandelssystems (European Union Emissions Trading System, EU ETS). Dieses wurde 2005 zur Umsetzung des internationalen Klimaschutzabkommens von Kyoto von 1997 eingeführt und ist das zentrale Klimaschutzinstrument der Europäischen Union (EU).[38] Zusätzlich wurde auf nationaler Ebene im Dezember 2019 mit der Verabschiedung des Brennstoffemissionshandelsgesetz (BEHG) ein CO_2-Emissionshandel (nationales Emissionshandelssystem (nEHS)) in Deutschland beschlossen. Dieser ist seit dem 1. Januar 2021 wirksam.[39] Auf dieser Grundlage wurde ein fester CO_2-Preis von 25 Euro pro Tonne eingeführt. Als sozialer Ausgleich erfolgte gleichzeitig eine Entlastung der Verbraucherinnen und Verbraucher durch die Senkung der Erneuerbare-Energien-Gesetz(EEG)-Umlage und eine Erhöhung der Pendlerpauschale.

Es ist nicht zielführend, die ökonomischen und sozialen Ziele den ökologischen Zielen unterzuordnen, wenn man von der anthropozentrischen Ausrichtung der Nachhaltigkeitskonzeption ausgeht. Ein gesunder Planet ohne Arbeitsplätze bedeutet Armut und würde zu sozialen Krisen führen. In einem solchen Umfeld sind die Menschen zuallererst mit der Sicherung ihrer Existenz beschäftigt, ökologische Nachhaltigkeit spielt nur eine untergeordnete Rolle. In letzter Konsequenz können die sozialen Krisen zu schweren Auseinandersetzungen um Ressourcen, die wirtschaftlichen Wohlstand ermöglichen, führen. Die Vereinten Nationen formulieren die Bedeutung der ökonomischen und sozialen Entwicklung in der Präambel zum Beschluss der Agenda 2030 so: „Die Beendigung der Armut ist daher eine Voraussetzung für eine nachhaltige Entwicklung".[40]

Zielvorstellung muss es sein, eine Art des Wirtschaftens umzusetzen, bei der als Bedingung die ökologische und soziale Nachhaltigkeit gewährleistet werden kann. Ökonomischer Erfolg ohne Rücksicht auf ökologische und soziale Folgen führt letztlich zu einer nicht lebenswerten Umwelt und macht daher ebenfalls ökonomisch (!) keinen

---

37 So z. B. prominent bei *Pearce* et al. (1992)

38 *Bundesrepublik Deutschland, vertreten durch das Bundesministerium für Umwelt, Naturschutz und nukleare Sicherheit* (2021)

39 Vgl. *Barbier* et al. (2013), S. 34; vgl. auch *Bundesministerium für Umwelt, Naturschutz und nukleare Sicherheit* (2019)

40 *Vereinte Nationen* (2015)

Sinn. Dieser ökonomische Erfolg wird nicht nachhaltig im Sinne von langfristig sein.

Analog zum bereits erwähnten Beispiel in der Forstwirtschaft wird z. B. mit der Überfischung der Weltmeere lediglich kurzfristig ein ökonomischer Erfolg erzielt. Der Anteil der Fischbestände innerhalb biologisch nachhaltiger Grenzen verringerte sich weltweit in den Jahren 1974 bis 2017 von 90,00 Prozent im Jahr 1974 auf 65,85 Prozent im Jahr 2017 (siehe nachstehende Abbildung).

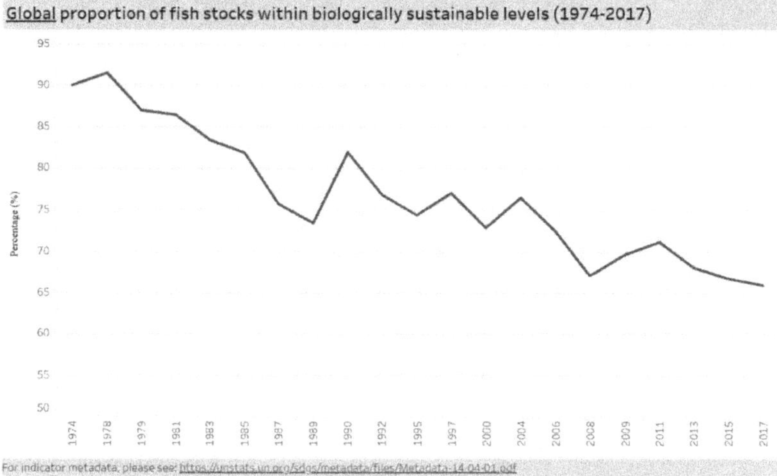

Abb. 4: Anteil der Fischbestände innerhalb biologisch nachhaltiger Grenzen weltweit in den Jahren 1974–2017[41]

Langfristig werden durch die Schädigung des Ökosystems Wasser die ökonomischen Grundlagen der Fischerinnen und Fischer beeinträchtigt. Dies führt zu entsprechenden sozialen Folgen wie Arbeitslosigkeit. Die Überfischung ist daher gerade aus ökonomischen Gründen weder mit dem klassischen Drei-Säulen-Modell[42] noch mit dem hier präferierten Zwei-Säulen-Modell vereinbar.

Analog zum menschengemachten Klimawandel ist die Tatsache der Überfischung und deren gravierenden negativen Folgen für alle drei Dimensionen der Nachhaltigkeit seit langem bekannt. Trotzdem gelingt es nicht, eine Lösung zu finden und durchzusetzen. Offenbar werden die wirtschaftlichen Zwänge einzelner Unternehmen

41 *Food and Agriculture Organization of the United Nations* (2020)

42 Gegenteiliger Ansicht ist *Winter* (2007).

bzw. Branchen stärker gewichtet als die Bedürfnisse der Weltgemeinschaft.[43] Die Interessen der künftigen Generationen können auf internationaler Ebene nicht durchgesetzt werden.[44]

2.2 Generationengerechtigkeit

Nachhaltige Entwicklung ist sowohl gegenwarts- als auch zukunftsgerichtet. In der Definition des Brundtland-Berichts werden explizit die jetzigen und die künftigen Generationen angesprochen. Beide sollen von einer nachhaltigen Entwicklung profitieren. Dies wird durch die Begriffe der intra- und der intergenerationellen Gerechtigkeit ausgedrückt.[45] Diese lassen sich folgendermaßen beschreiben:

Intragenerationelle Gerechtigkeit
Ziel ist Chancengleichheit für die aktuell lebenden Generationen. Jeder Mensch soll die Möglichkeit erhalten, unabhängig von sozialer Schicht oder Herkunftsland die gleiche Lebensqualität zu erreichen.

Intergenerationelle Gerechtigkeit
Der Begriff der intergenerationellen Gerechtigkeit ist langfristig orientiert und umfasst die aktuell lebenden (jungen) Generationen und die künftig lebenden Generationen.

Sie sollen dieselben oder sogar bessere Grundlagen für die Gestaltung ihrer Lebensumstände vorfinden. Es soll in der Zukunft möglich sein, in ökonomischem, ökologischem und sozialem Wohlstand zu leben.

2.3 Substituierbarkeit der Kapitalarten – starke und schwache Nachhaltigkeit

In der Literatur und Forschung zur Nachhaltigkeit werden regelmäßig drei Kapitalarten unterschieden: Sachkapital, Humankapital und Naturkapital.

Kapitalarten	Inhalte (Beispiele)
Sachkapital	Produktionsmittel, Transport und Infrastruktur
Humankapital	Vorhandenes Wissen, soziale Institutionen
Naturkapital	Natürliche Umwelt, Tiere, Pflanzen, Rohstoffe

Tab. 3: Kapitalarten, eigene Darstellung

43 *Beller* (2021)
44 *Tremmel* (2012b), S. 134, spricht von einem „relativen Bedeutungsverlust[ ] des Konzeptes der Generationengerechtigkeit auf internationaler Bühne".
45 Zur Theorie der Generationengerechtigkeit siehe z. B. *Tremmel* (2012a), S. 289 f.

Grundannahme ist, dass das Gesamtkapital, bestehend aus Sach-, Human- und Naturkapital, erhalten werden soll. Diese Zielsetzung kann ausschließlich durch nachhaltiges Handeln erreicht werden. Umstritten ist, inwiefern die einzelnen Kapitalarten untereinander substituiert werden können. Ist es sinnvoll, das Sachkapital zulasten des Naturkapitals zu erhöhen und damit die Armut zu bekämpfen? Darum geht es bei der Diskussion um die Konzepte von starker und schwacher Nachhaltigkeit.

Starke Nachhaltigkeit in ihrer extremen Ausprägung bedeutet, dass eine Substituierung der einzelnen Kapitalarten gegeneinander nicht erlaubt ist. Insbesondere gehen Vertreterinnen und Vertreter einer starken Nachhaltigkeit davon aus, dass das Naturkapital nicht durch andere Kapitalarten ersetzbar ist und deshalb vollständig bewahrt werden muss.[46] In der Sprache der Ökonomie ausgedrückt bedeutet dies: „Leben von den Zinsen und nicht vom Kapital." Für bestimmte Bereiche erscheint dieser Ansatz durchaus berechtigt zu sein, beispielsweise wenn es um lebenserhaltende Naturgüter wie sauberes Süßwasser, saubere Atemluft oder bestellbare Böden geht.[47] Allerdings würde eine kompromisslose Anwendung des Konzepts die Möglichkeit, ökonomisches Wachstum zu erreichen, sehr stark einschränken oder sogar unmöglich machen.

Vertreterinnen und Vertreter der **schwachen Nachhaltigkeit** gehen hingegen davon aus, dass das Naturkapital durchaus ersetzt werden kann. Dieser Ansatz ist mit einem optimistischen Fortschrittsgedanken verbunden. Demnach kann eine Ressource grundsätzlich vollständig verbraucht werden, wenn durch technische Weiterentwicklung gleichwertige alternative Ressourcen zur Verfügung gestellt werden. Dieser Ansatz ist stärker anthropozentrisch ausgerichtet als jener der starken Nachhaltigkeit, der einen Eigenwert unberührter und unveränderter Natur postuliert.[48] Die Extremposition der schwachen Nachhaltigkeit ist ebenfalls unglaubwürdig, da sie die Nichtsubstituierbarkeit bestimmter Güter verkennt.

Eine gewisse Substituierung der drei Kapitalarten ist wohl unvermeidbar. Der Aufbau von Sach- und Humankapital führt oft zu einer Verringerung des Naturkapitals. Dessen Ersetzbarkeit ist jedoch begrenzt, da gewisse Ressourcen in jedem Fall erhalten werden müssen. Gleichermaßen ist eine komplette Substituierbarkeit komplexer und multifunktionaler Ökosysteme unrealistisch.[49] In einer

---

46 Vgl. *Mathis* (2017), S. 170
47 Vgl. *Szerenyi* (2001), S. 34
48 Vgl. *Mathis* (2017), S. 166–170; vgl. *Baker* (2016), S. 40–44
49 Vgl. *Mathis* (2017), S. 171 f.

parlamentarischen Demokratie mit einer sozialen Marktwirtschaft wird nur ein Kompromiss aus beiden Extrempositionen eine praxisrelevante Option sein. Dies kann mit dem Begriff „ausgewogene Nachhaltigkeit“ beschrieben werden.

Nachhaltige Entwicklung

Regel der Kapitalerhaltung („constant capital rule")

konstant	**K und kritisches K_N konstant**	**K und K_N konstant**
schwache Nachhaltigkeit	**ausgewogene Nachhaltigkeit**	**starke Nachhaltigkeit**

rein anthropozentrisch	„öko-anthropozentrisch“	ökozentrisch
Harmonie zwischen Wachstum und Umwelt	„positive Wohlstandswende“ durch Umweltpolitik möglich	Konflikt zwischen Wachstum und Umwelt
K_N voll substituierbar	K_N teilweise substituierbar	K_N nicht substituierbar
pro Wachstum (mit moderater Umweltpolitik)	pro umweltfreundliches/nachhaltiges Wachstum	nachhaltiges Wachstum nicht möglich
Strategie: Effizienz durch Technik, Wachstum und Markt	Strategie: ökologische Konsummuster und Effizienz durch Technik, Politik und Markt	Strategie: Wachstumsstopp, Verzicht, Effizienz durch Individuum und Politik
konventionelle Kosten-Nutzen-Analyse	ökologische erweiterte Kosten-Nutzen-Analyse	kontra Kosten-Nutzen-Analyse
Vertreter: v. a. neoklassische Ökonomen (Wachstumsoptimisten)	Vertreter: v. a. Sozialwissenschaftler (Wachstumsoptimierer)	Vertreter: Ökologen, Ökologische Ökonomen (Wachstumspessimisten)

Abb. 5: Ausgewogene Nachhaltigkeit als Mittelweg aus starker und schwacher Nachhaltigkeit (K = Kapital und K_N = Naturkapital)[50]

50 *Mathis* (2017), S. 180, Abb. 4

Beispiel: Bau einer Bildungseinrichtung

Eine Kommune möchte ihrer Bevölkerung eine Bildungseinrichtung zur Verfügung stellen. Dafür werden ein Bürogebäude und eine Verbindungsstraße gebaut. Die Versiegelung des Bodens führt zur Verringerung von Naturkapital. Im Gegenzug wird Sachkapital aufgebaut. Außerdem steigt durch die Tätigkeit der Bildungseinrichtung in Zukunft das Humankapital. Dagegen ist zunächst nichts einzuwenden.

Die Frage, in welchem Maß das Naturkapital verringert werden darf, kann nicht eindeutig beantwortet werden. Aus Sicht der aktuell lebenden Generationen (intragenerationelle Gerechtigkeit) ist das Thema umstritten. Bereits in der ersten deutschen Nachhaltigkeitsstrategie aus dem Jahr 2002 betonte die damalige Bundesregierung, dass die unbebaute Landschaft eine begrenzte Ressource ist. Durch die Verkehrswege werden die Lebensräume von Tieren und Pflanzen immer mehr zerteilt. Dies sei ein wesentlicher Faktor für den Rückgang der Artenvielfalt in Europa. Als Ziel wurde daher formuliert, den Flächenverbrauch auf maximal 30 ha (= 300.000 m²) pro Tag (!) zu begrenzen. Dieses Ziel sollte spätestens 2020 erreicht werden.[51]

Mit Beschluss der „Deutschen Nachhaltigkeitsstrategie 2018“ (DNS 2018) durch das Bundeskabinett am 7.11.2018 wurde dieses Ziel grundsätzlich bekräftigt. Gleichzeitig wurde der Zeitraum für die Umsetzung um zehn Jahre auf 2030 verlängert. Es werden somit begrüßenswerte Ziele formuliert, die (unpopuläre) Last der Umsetzung wird dagegen künftigen Bundesregierungen bzw. Generationen aufgebürdet. Gemäß der DNS 2018 soll der Flächenverbrauch auf „30 ha minus x pro Tag bis 2030“ begrenzt werden.[52] Dieser Zielwert wurde in der „Deutschen Nachhaltigkeitsstrategie 2021“ (DNS 2021) wieder anders formuliert. Nun wird eine „Senkung auf durchschnittlich unter 30 ha pro Tag bis 2030“ angestrebt.[53] Außerdem wird klargestellt: „Das Erreichen des 30-Hektar-Ziels ist in erster Linie eine Aufgabe der Länder und Kommunen.“[54] Die neue Bundesregierung bekennt sich gleichermaßen ausdrücklich zum 30-ha-Ziel.[55]

Das damalige Bundesministerium für Umwelt, Naturschutz, Bau und Reaktorsicherheit (BMUB) hat in dem bereits im Jahr 2016 erstellten, aber immer noch gültigen „Integrierten Umweltprogramm 2030“ als Ziel für das Jahr 2030 sogar eine Begrenzung des Verbrauchs auf

---

[51] *Bundesregierung* (2002), S. 99–100 und S. 287–298

[52] *Presse- und Informationsamt der Bundesregierung* (2018), S. 55, Nr. 11.1.a

[53] *Die Bundesregierung* (2021a), S. 100

[54] *Die Bundesregierung* (2021a), S. 269

[55] *Sozialdemokratische Partei Deutschlands* et al. (2021), S. 41 f.

20 ha pro Tag festgelegt.[56] Unklar bleibt, wie diese Ziele erreicht werden sollen. Ein verbindlicher Zeitplan mit Konsequenzen bei Nichteinhaltung der getroffenen Maßnahmen ist nicht vorhanden. Die für das Jahr 2020 formulierten Ziele in Bezug auf die Reduzierung des Flächenverbrauchs wurden verfehlt.[57]

2019 wurden in Deutschland pro Tag 52 ha in Siedlungs- und Verkehrsflächen umgewandelt. Das ist fast doppelt so viel, als in der deutschen Nachhaltigkeitsstrategie von 2002 (maximal 30 ha pro Tag) vorgesehen war. Zwar ging der Flächenverbrauch seit Anfang des Jahrtausends deutlich zurück, allerdings kumuliert sich der Verbrauch über die Jahre (siehe nachfolgende Abbildung).

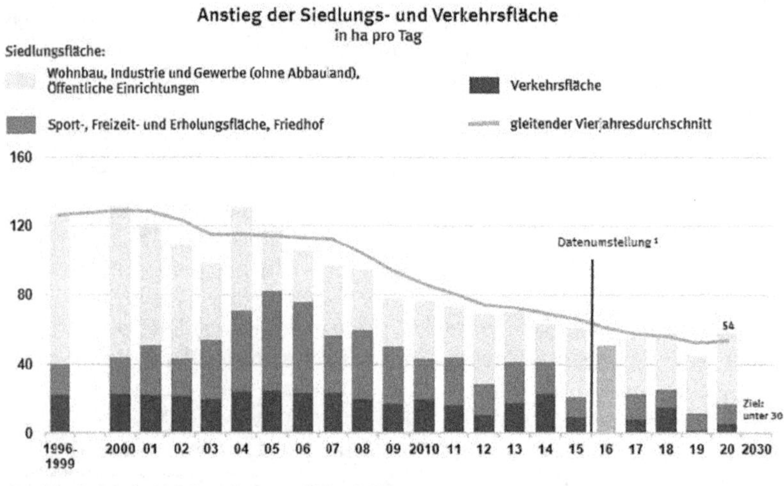

Quelle: Statistisches Bundesamt, März 2022

¹Die Datenbasis für Auswertungen der Siedlungs- und Verkehrsfläche ist die amtliche Flächenerhebung. Ab dem Berichtsjahr 2016 basiert diese auf dem Amtlichen Liegenschaftskataster-Informationssystem (ALKIS). Dadurch ist der Vergleich zu den Vorjahren beeinträchtigt und die Berechnung von Veränderungen erschwert. Die nach der Umstellung ermittelte Siedlungs- und Verkehrsfläche enthält weitgehend dieselben Nutzungsarten wie zuvor. Nähere Erläuterungen zum Flächenindikator unter https://www.destatis.de/DE/Methoden/Qualitaet/Qualitaetsberichte/Land-Forstwirtschaft-Fischerei/einfuehrung.html

Abb. 6: Flächenverbrauch durch den Anstieg der Siedlungs- und Verkehrsfläche in ha pro Tag in Deutschland (Stand: 4/2021)[58]

56 *„BMUB (Kap. 1 bis 4) und Schäfer & Breuss GbR (Kap. 5)"* (2016), S. 82
57 *„BMUB (Kap. 1 bis 4) und Schäfer & Breuss GbR (Kap. 5)"* (2016), S. 78
58 *Statistisches Bundesamt* (2021b)

Aus Sicht der Bundesregierung ist „die Reduzierung des Flächenverbrauchs [...] vor allem Aufgabe der Kommunen und Länder“[59]. Gemäß dem „Fünften Bodenschutzbericht der Bundesregierung“ ist Entsiegelung ein wichtiges Instrument für klimaresiliente und damit lebenswerte Städte und Kommunen. Zu diesem Zweck ist es notwendig, die Entsiegelungspotenziale systematisch zu erfassen und zu bewerten. Diese Potenziale sind aber in urbanen Gebieten nur begrenzt vorhanden. Daher sollen rurale und periphere Gebiete mit einbezogen werden. Dies gilt insbesondere für überregionale Kompensationsmaßnahmen von unvermeidbaren Neuversiegelungen. Vorgeschlagen wird, den Kommunen die rechtlichen Möglichkeiten zu verschaffen, eine Vorbildfunktion auszuüben und sinnvolle Entsiegelungsvorhaben zur Förderung der Klimaresilienz zeitnah umzusetzen.[60]

Offenbar ist für die aktuell lebenden Generationen die imaginäre Grenze bezüglich des Tauschs von Naturflächen in Siedlungs- und Verkehrsflächen zumindest in den dicht besiedelten Teilen Deutschlands bald erreicht. Ein im Jahr 2017 in Bayern initiiertes Volksbegehren zu diesem Thema hatte zum Ziel, den Flächenverbrauch ab dem Jahr 2020 auf durchschnittlich fünf Hektar pro Tag zu begrenzen. Es wurde vom Bayerischen Verfassungsgerichtshof in seiner Entscheidung vom 17.7.2018 nicht zugelassen. Im Gesetzentwurf waren die Kriterien für die Aufteilung des zulässigen Flächenverbrauchs auf die verschiedenen Planungsträger nicht enthalten.[61] Durch seine Umsetzung wäre die Planungshoheit der Gemeinden in unzulässiger Art und Weise eingeschränkt worden. Grundsätzlich wären die Erfolgsaussichten eines derartigen Volksbegehrens angesichts des zunehmenden Problembewusstseins hinsichtlich des Flächenverbrauchs in verschiedenen Teilen der Gesellschaft jedoch als hoch anzusetzen. Die Herausforderung läge lediglich in den Anforderungen an die verfassungsgemäße Zulässigkeit eines solchen Volksbegehrens.

Dass der Konsum von Ressourcen bzw. Naturkapital in ökonomischer und sozialer Hinsicht sinnvoll sein kann, wurde bereits gezeigt. Auf Dauer kann eine übermäßige Verringerung des Naturkapitels, beispielsweise durch die Versiegelung von Flächen, neben den ökologischen Schäden auch in sozialer und ökonomischer Hinsicht negative Folgen haben. Aus Sicht der intergenerationellen Gerechtigkeit ist

---

59 *Bundesministerium für Umwelt, Naturschutz und nukleare Sicherheit* (2021a)

60 *Bundesministerium für Umwelt, Naturschutz und nukleare Sicherheit* (2021b), S. 50–51

61 *Redaktion beck-aktuell* (2018)

eine eindeutige Antwort auf die Frage, wie viel Naturkapital in ökonomisches und soziales Kapital umgewandelt werden kann, nicht möglich. Jedoch sollte bei jeder politischen Entscheidung sorgfältig abgewogen werden, ob der mögliche Nutzen den Abbau von Naturkapital rechtfertigt.

2.4 Verhaltensänderung oder technischer Fortschritt?

Als Lösung für die Herausforderung der intergenerationellen Gerechtigkeit werden zwei grundlegend verschiedene Ansätze teilweise sehr scharf diskutiert.

Die Akteurinnen und Akteure der aktuellen Klimabewegung betonen die Notwendigkeit von Verhaltensänderungen. Diese betreffen beispielsweise die Mobilität (Ersatz innerdeutscher Flugreisen durch Bahnreisen, Verzicht auf Flugreisen zu Urlaubszwecken, Reduzierung des Autoverkehrs) oder die Ernährung (Reduzierung des Konsums von Fleisch- und Milchprodukten). Dahinter steht die Annahme, dass Bürgerinnen und Bürger sowie Unternehmen täglich eine Vielzahl von mehr oder minder freien Entscheidungen treffen, die langfristige negative Auswirkungen haben können. In aktuellen Umfragen wird die zunehmende Veränderungsbereitschaft der Bevölkerung hinsichtlich eigener Verhaltensweisen deutlich. Gemäß der sogenannten Umweltbewusstseinsstudie, durchgeführt im Auftrag des Bundesumweltministeriums, sind 67 Prozent der Befragten bereit, künftig weniger Fleisch zu essen, 60 Prozent wollen „konsequenter besonders energieeffiziente Geräte kaufen" und 74 Prozent „insgesamt weniger konsumieren". Die Studie zeigt, dass viele ökologische Maßnahmen teils sehr deutlich unterstützt werden. Beispielsweise findet ein Verbot klimaschädlicher Produkte (80 Prozent), die Kopplung von Agrarsubventionen an ökologische Leistungen (92 Prozent) und ein Tempolimit auf Autobahnen (64 Prozent) mehrheitlich Zustimmung.[62]

Vertreterinnen und Vertreter der Politik und Wirtschaft sind in Bezug auf staatlich angeordnete Verhaltensänderungen hingegen oft skeptisch. Stattdessen werden Anreize für technischen Fortschritt als Lösung präferiert. Gemäß dem Koalitionsvertrag der neuen Bundesregierung soll klimaneutraler Wohlstand durch neue Geschäftsmodelle und Technologien geschaffen werden.[63] Ein Ansatz ist es, externalisierte Kosten, die die Allgemeinheit beispielsweise durch den Ausstoß von klimaschädlichem CO_2 zu tragen hat,

---

62 *Bundesministerium für Umwelt* et al. (2022), S. 9 ff.

63 *Sozialdemokratische Partei Deutschlands* et al. (2021), S. 64 ff.

in die entsprechenden Produkte einzupreisen. Dafür soll ein europaweites oder transatlantisches CO_2-Emissionshandelssystem mit entsprechenden Rahmenbedingungen für Unternehmen etabliert werden.[64] Die Wirtschaft befürchtet den Verlust etablierter Geschäftsmodelle (Bsp.: Urlaubsreisen per Flugzeug) und Ertragseinbußen. Außerdem ist zu erwarten, dass für Bürgerinnen und Bürger mittelfristig Mehrbelastungen entstehen, da die zusätzlichen Kosten nur zum Teil kompensiert werden können.

Offenbar sah die seit 2017 amtierende Bundesregierung aus CDU/CSU und SPD die Notwendigkeit, Verhaltensänderungen der Bevölkerung und der Art des Wirtschaftens zu erreichen. Andererseits befürchtete sie, dass dies bei der Wahl Stimmen kosten könnte. Demzufolge sendete der Gesetzgeber gerade an die Personen, die ihr Verhalten ändern sollen, widersprüchliche Signale. Als Beispiel sei die zum 1. Januar 2021 gestartete CO_2-Bepreisung zu nennen. Damit dies nicht zu sozialen Härten führt, wurden gleichzeitig Maßnahmen beschlossen, die z. B. Pendlerinnen und Pendler entlasten sollen. Die sogenannte Entfernungspauschale betrug bislang 0,30 € je Entfernungskilometer. Dies gilt weiterhin für die ersten 20 Kilometer. Ab 1.1.2021 beträgt die Pauschale für jeden weiteren vollen Entfernungskilometer gemäß § 9 Abs. 1 Satz 3 Nr. 4 EStG jedoch 0,35 € (Veranlagungszeiträume 2021–2023) bzw. 0,38 € (Veranlagungszeiträume 2024–2026). Laut der damaligen Bundesregierung ist die Erhöhung der Fernpendlerpauschale eine Maßnahme gegen den Klimawandel.[65] Die neue Bundesregierung beabsichtigt – als Ausgleich für die gestiegenen Energiepreise –, die Erhöhung der Pauschale für Fernpendler (0,38 €) auf den 1.1.2022 vorzuziehen.

Die Entfernungspauschale ist bei der Betrachtung der drei Dimensionen der Nachhaltigkeit fragwürdig. In ökonomischer Hinsicht sind die hohen Kosten anzuführen. Die Vergünstigung kommt vor allem einkommensstärkeren Haushalten zugute und bewirkt damit eine Umverteilung von unten nach oben (Soziales). Weiterhin werden dadurch längere Arbeitswege und somit die Zersiedelung gefördert. Dies führt zu einem höheren Verkehrsaufkommen, v. a. mit dem PKW, mit all seinen negativen ökologischen Folgen. Beispielsweise wird dadurch die Biodiversität beeinträchtigt. Der biodiversitätsschädigende Anteil dieser Subvention wird daher auf mindestens 60 Prozent geschätzt.[66]

---

64 *Lindner* (2021)

65 *Bundesregierung* (2020)

66 *Zerzawy* et al. (2021), S. 25 f.

Andererseits kann Deutschland eine Reihe von Erfolgen vorweisen. So wurde die Bilanz der CO_2-Emissionen je produzierter Bruttoinlandsprodukt-Einheit seit den 1990er-Jahren stetig verbessert. Während das BIP stetig anstieg, sanken gleichzeitig die Treibhausgasemissionen. Das bedeutet: Es ist offensichtlich bis zu einem gewissen Grad gelungen, die Wirtschaftsleistung vom CO_2-Ausstoß zu entkoppeln. Dies entspricht der Entwicklungsvorstellung aus dem Brundtland-Bericht, nämlich mehr Wohlstand bei weniger Ressourcenverbrauch zu generieren. Hier bedeutet der Grundsatz „Producing more with less" eine Steigerung der Produktion mit gleichzeitiger Verminderung der Umweltauswirkung.

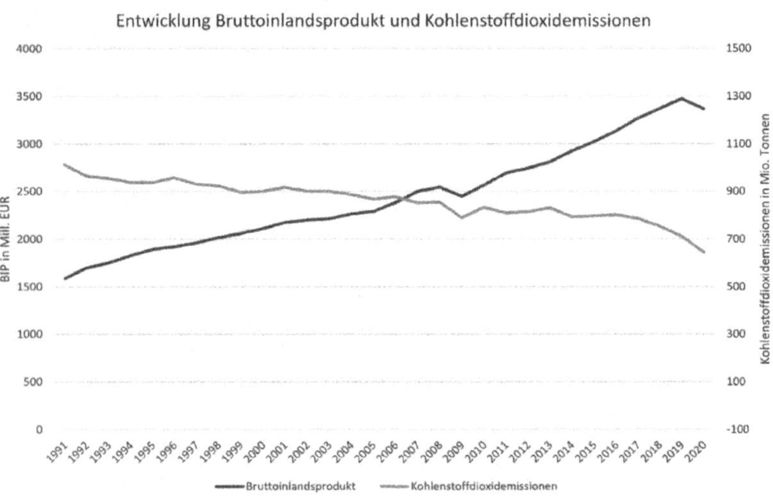

Abb. 7: Entwicklung des BIP und der CO_2-Emissionen in Deutschland zwischen 1990 und 2020, eigene Darstellung gemäß Umweltbundesamt, Nationale Treibhausgas-Inventare 1990 bis 2019 (Stand: 12/2020) sowie Vorjahresschätzung (VJS) für das Jahr 2020 (PI 7/2021 vom 15.3.2021) und Statistisches Bundesamt (Destatis), https://service.destatis.de/DE/vgr_dashboard/bip.html (Stand: 25.2.2022)

Es ist folglich zielführend, das gegenwärtige Wirtschaftssystem mit den wesentlichen Merkmalen der Marktwirtschaft der Globalisierung weiterzuführen und auszubauen. Die wesentlichen Probleme in punkto Nachhaltigkeit können mit technischem Fortschritt gelöst werden, der ein profitableres Wachstum als bisher ermöglichen soll. Dadurch hätten Länder, die in Bezug auf Nachhaltigkeit keine Ambitionen haben, einen Anreiz, nachhaltige Technologie einzuführen.

Wahrscheinlich ist eine Kombination aus Verhaltensänderung und technologischer Fortentwicklung notwendig, um die Frage der Nachhaltigkeit im Sinne der intergenerationellen Gerechtigkeit zu lösen. Die Frage ist: Wie können technischer Fortschritt und Verhaltensänderungen auf allen Ebenen im Sinne der Nachhaltigkeit erreicht werden? Hierzu sind für die Bürgerinnen und Bürger sowie Entscheiderinnen und Entscheider in Politik und Wirtschaft Informationen, Leitlinien und Maßstäbe zum nachhaltigen Handeln notwendig.

Praxistipp:

Wenn Sie sich mit kommunalen Nachhaltigkeitsberichten beschäftigen, werden Sie immer wieder mit der Frage konfrontiert werden: Was verstehst du denn eigentlich unter Nachhaltigkeit? Und tatsächlich ist die Antwort auf diese Frage im ersten Moment gar nicht so einfach. Prägen Sie sich deshalb die wichtigsten Informationen aus den ersten Kapiteln dieses Buchs ein. Machen Sie sich Gedanken zur Frage: Was bedeutet für mich nachhaltiges Handeln?

3. Nachhaltigkeit im kommunalen Umfeld

Kurz und knapp

Sowohl die Bürgerinnen und Bürger als auch die politischen Entscheidungsträgerinnen und Entscheidungsträger sowie die Verantwortlichen in der Wirtschaft haben mit ihren Entscheidungen einen maßgeblichen Einfluss auf die Entwicklungen in einer Kommune. Umso bedeutsamer ist es, bei allen Handlungen die Prinzipien der Nachhaltigkeit zu bedenken.

Zusammengefasst bedeutet nachhaltiges kommunales Handeln, den jetzt lebenden Generationen ein intaktes ökonomisches, ökologisches und soziales Gefüge zur Verfügung zu stellen und den nächsten Generationen ein ebensolches, intaktes Gefüge zu hinterlassen.

Als Beispiel lässt sich der sorgsame Umgang mit den zur Verfügung stehenden finanziellen Mitteln herausgreifen. So müssen notwendige Investitionen im Sinne der gegenwärtigen Generationen selbstverständlich getätigt werden. Allerdings ist dabei stets darauf zu achten, die künftigen Generationen nicht durch hohe Schuldenstände zu belasten.

3.1 Relevanz individueller Entscheidungen für eine nachhaltige Entwicklung

I

Städte und Gemeinden sind in der Verwaltungsgliederung die untersten Einheiten und gleichzeitig der Ort, an dem die Bürgerinnen und Bürger mit dem Staat am unmittelbarsten in Beziehung treten. Die Wohn- und Arbeitsorte sind zentrale Bezugspunkte im Leben der Menschen.

Jeder Mensch kann in Deutschland im Rahmen seiner Möglichkeiten über die Gestaltung seines Lebens selbst und frei entscheiden. Abhängig von der gesellschaftlichen Position können diese Entscheidungen großen Einfluss auf die Umgebung und das Leben anderer Menschen in einer Kommune haben. Einige Beispiele sollen dies verdeutlichen.

Wahlentscheidungen

Die Bürgerinnen und Bürger bestimmen bei einer Vielzahl von Wahlen die Zukunft ihrer Kommune. Die Ausgestaltung der Kommunalwahlen ist die Angelegenheit der Länder. Das führt zu einer Reihe unterschiedlicher Wahlsysteme. Für Kommunalwahlen gilt in den meisten Fällen ein Turnus von fünf Jahren. Ausnahmen bilden Bayern mit sechs und Bremen mit vier Jahren.

Art	Turnus
Europäisches Parlament	5 Jahre
Bundestagswahlen	4 Jahre
Landtagswahlen	5 Jahre
	Turnus in Bremen: Wahl zur Bremischen Bürgerschaft (Landtag) alle 4 Jahre
	Bezeichnung in Bremen und Hamburg: Bürgerschaftswahl
	Bezeichnung in Berlin: Wahl zum Abgeordnetenhaus
Bezirkswahlen Bayern	5 Jahre
	finden in Bayern gemeinsam mit den Landtagswahlen statt
Kommunalwahlen	5 Jahre
	Turnus in Bremen: 4 Jahre
	Turnus in Bayern: 6 Jahre

Tab. 4: Zeiträume für Wahlen in Deutschland, eigene Darstellung

Die Wahltermine der nächsten Jahre listet der Bundeswahlleiter auf seiner Webseite auf (https://www.bundeswahlleiter.de/service/wahltermine.html, Stand: 25.2.2022).

Zusätzlich gibt es noch die Möglichkeit, über eine Teilnahme an Volksbegehren oder Volksentscheiden an der politischen Willensbildung mitzuwirken. Das zuletzt erfolgreich durchgeführte Volksbegehren „Artenvielfalt & Naturschönheit in Bayern" aus dem Jahr 2019 zählt zur Kategorie „Umwelt" und führte zu entsprechenden Gesetzesänderungen.

Beispiel: Ausweisung von Baugebieten

Bei ihren Forderungen oder Erwartungen an die Politik sollten die Einzelnen sich ihrer Verantwortung für künftige Generationen bewusst sein. Ein Beispiel ist der Wunsch nach Ausweisung von Baugebieten für Einfamilien- und Doppelhäuser im Rahmen des Einheimischenmodells. Dafür erwerben Gemeinden die für die Bebauung vorgesehenen Wohnbauflächen vor einer Baulandausweisung. Anschließend veräußern sie diese unter dem Marktwert an bevorrechtigte Bürgerinnen und Bürger. Dies ist v. a. in Hochpreislagen interessant. Die Auswahl der Berechtigten erfolgt durch Festlegung einer Vermögensobergrenze, einer Einkommensobergrenze sowie Berücksichtigung von Ortsbezugskriterien und sozialen Kriterien:

Vermögensobergrenze

↓

Einkommensobergrenze

↓

Ortsbezugskriterien	**Sozialkriterien**
Wohnsitz Arbeitsstelle Ehrenamt (max. 5 Jahre)	Vermögen und Einkommen Weitere soziale Kriterien: ■ Familienstand, Kinder, Pflege naher Angehöriger, Behinderung

Abb. 8: Kriterien für die Bestimmung der Bevorrechtigten in einem Einheimischenmodell[67]

Im Rahmen eines Punktesystems werden soziale Bedürftigkeit und Ortsansässigkeit positiv gewertet. Als Beispiel sind die Vergabericht-

[67] *Simon/Gleich* (2017), S. 261

linien der Stadt Pfaffenhofen a. d. Ilm im Internet abrufbar.[68] Ziel ist es, junge Familien mit Kindern im Ort zu halten und ein strukturelles Ausbluten von ländlichen Gegenden und dem Stadt-Umland-Bereich zu verhindern.

Allerdings ist der Begriff „soziale Bedürftigkeit" relativ, da ansonsten der finanzielle Kraftakt einer Hausfinanzierung nur schwer zu stemmen sein dürfte. Außerdem ist es grundsätzlich fragwürdig, einen Teil der Bevölkerung zu bevorzugen und den anderen nicht. Es gibt genügend Frauen und Männer, die sich vergeblich eine Familie mit Kindern wünschen. Andere wiederum möchten keine Familie gründen. Auch diese Personen sind Mitglieder der Ortsgemeinschaft und verdienen es, gefördert zu werden.

Weiterhin wurden diese Baugebiete in der Vergangenheit, vor allem in ländlichen Gebieten, häufig überwiegend mit Einfamilienhäusern oder Doppelhaushälften bebaut.

Das Einheimischenmodell ist aus Sicht des wohlhabenden Teils der Bevölkerung einer Kommune, der Bauindustrie, der Finanzinstitute und der Handwerksbetriebe verständlich. Stattdessen könnten die Flächen und die finanziellen Mittel z. B. für die Unterstützung unterer Einkommensschichten durch die Förderung von sozialem Wohnungsbau investiert werden. Davon würde die Wirtschaft in gleicher Weise profitieren.

Nachfolgend werden einige Vor- und Nachteile der Förderung von Einfamilienhäusern und Doppelhaushälften im Rahmen des Einheimischenmodells dargestellt.

Beurteilung von Einfamilienhäusern oder Doppelhaushälften mit den drei Dimensionen der Nachhaltigkeit		
Dimension	**Vorteile**	**Nachteile**
Ökonomisch	Materieller Wohlstand für die Verkäuferinnen und Verkäufer	Gewerbliche oder landwirtschaftliche Nutzung nicht mehr möglich
	Einheimische erhalten Baugrund unter dem Marktpreis.	Subventionierung von Einfamilienhäusern und Doppelhaushälften
		Förderung der teuersten Form zu wohnen, die es gibt

[68] *Stadt Pfaffenhofen a. d. Ilm SG 3.4 Grundstückswesen* (2020), für das Punktesystem siehe ebd. Kap. 3

Dimension	Vorteile	Nachteile
Ökonomisch	Förderung der Vermögensbildung: ■ Eine selbstgenutzte Immobilie schützt im Rentenalter vor Mieterhöhungen oder ungewollten Umzügen. ■ Eine vermietete Immobilie erhöht im Rentenalter das Einkommen.	Bauherrinnen und Bauherren investieren häufig einen Großteil ihres Vermögens in das Konsumgut „Wohnen" und verschulden sich langfristig. Hohe finanzielle Risiken bei Arbeitslosigkeit, Krankheit oder Scheidung Die gebundenen finanziellen Mittel stehen für andere Konsumgüter nicht zur Verfügung.
	Konjunkturprogramm für einzelne Branchen: ■ Bauindustrie, Handwerksbetriebe, Finanzinstitute etc.	Subventionierung einzelner Branchen Die Bauindustrie und die Handwerksbetriebe sind aktuell mehr als ausgelastet. Preissteigerungen sind zu erwarten.
Ökologisch	Keine	Hoher Flächenverbrauch je Person
		Hoher Energieverbrauch je Person beim Bau und bei der Nutzung
Sozial	Einheimische Bauwillige können in ihrer Heimatgemeinde trotz hoher Marktpreise ein Haus bauen.	Nutzung als Raum für Erholung entfällt
	Einheimische Bauwillige können sich einen Lebenstraum erfüllen.	Kein Beitrag zur Minderung der Wohnungsnot. Flächen stehen für Mehrfamilienhäuser nicht mehr zur Verfügung.
	Zuzug von außen wird vermindert, da die Zahl, der am Markt frei verfügbaren Grundstücke reduziert wird. Gleichzeitig kann der einheimischen Bevölkerung ein Vorteil verschafft werden. (Dies wurde in zahlreichen Gesprächen von Lokalpolitikerinnen und Lokalpolitikern als Vorteil genannt.)	Förderprogramm für wohlhabende Einheimische. Bedürftige werden nicht gefördert.
	Dorfgemeinschaft/Zusammengehörigkeitsgefühl wird gestärkt.	

Tab. 5: Beurteilung von Einfamilienhäusern oder Doppelhaushälften mit den drei Dimensionen der Nachhaltigkeit, eigene Darstellung

Zusammengefasst erscheint aus der Perspektive der Nachhaltigkeit die übermäßige Förderung und Genehmigung von Einfamilienhäusern und Doppelhaushälften in ökonomischer, ökologischer und sozialer Hinsicht fragwürdig.[69]

Viele der aufgezählten Nachteile könnten gemildert werden, wenn in Mehrfamilienhäusern Wohnungen verschiedener Größe zum Kauf oder zur Miete im Rahmen eines Einheimischenmodells angeboten werden. Diese sind günstiger als Einfamilienhäuser und Doppelhaushälften. Wohnungen könnten sich Personen mit geringerem Einkommen leisten (sozial), die finanziellen Risiken für Käuferinnen und Käufer sind geringer (ökonomisch). Außerdem stellen sie eine flächenschonende Wohnungsform dar (ökologisch). Durch die Gestaltung von Bindungsfristen (zehn Jahre oder länger) kann verhindert werden, dass die Wohnungen kurzfristig von den Einheimischen weiterverkauft oder vermietet werden.

Alternativ kann das Angebot an Wohnraum durch Nachverdichtung in bestehende Strukturen ausgebaut werden. Dies ist flächenschonend, da keine Versiegelung für neue Infrastruktur notwendig ist. Allerdings trifft dies mancherorts auf den Widerstand der Ortsansässigen, die eine Überforderung der Infrastruktur und eine Verminderung ihrer Lebensqualität befürchten.[70]

Konsumentscheidungen

Die Entwicklung einer Kommune wird ebenfalls durch das Konsumverhalten geprägt. Was ist den Einwohnerinnen und Einwohnern ein lokaler Lebensmittelladen, eine Apotheke, eine Bäckerei wert? Die zahllosen Gewerbegebiete außerhalb der Ortskerne deuten darauf hin, dass viele es bevorzugen, mit dem Auto einige Kilometer zu fahren, um (vermeintlich) günstiger einzukaufen.

Dieses Verhalten hat weitreichende Konsequenzen für die Lebensumstände in einer Kommune. Es werden Anforderungen an die Infrastruktur gestellt. Straßen, Parkplätze, Gewerbegebiete etc. müssen errichtet werden. Die Kosten der negativen ökologischen Auswirkungen sind in den Kalkulationen derjenigen, die konsumieren, oder derjenigen, die entscheiden, nicht enthalten, da sie nicht unmittelbar in Rechnung gestellt werden (externalisierte Kosten). Die sozialen

---

69 *Dirk* (2021) stellt kurz die Diskussion im Land der Einfamilienhäuser (Bayern) dar.

70 Die Problematik schildert *Keller* (2021) am Beispiel von München.

Fragen und deren Kosten spielen aus dem gleichen Grund ebenfalls eine untergeordnete Rolle. Die Konkurrenz in den Gewerbegebieten führt zu einer Verödung der Kerngebiete der Kommunen. In der Folge stellt sich z. B. die Frage, wie alte oder behinderte Menschen die entfernt liegenden Einkaufsstätten erreichen sollen. Dabei geht es nicht nur um den Einkauf billiger Lebensmittel, sondern z. B. auch um soziale Kontaktmöglichkeiten.

Entscheidungen von Verantwortlichen in der Politik

Die Lebensumstände vor Ort werden ebenfalls durch die Entscheidungen der politisch Verantwortlichen geprägt. Die Amtsperioden sind begrenzt, in der Regel wollen Politikerinnen und Politiker wiedergewählt werden. Sie werden versuchen, ihre Entscheidungen an den Interessen und Wünschen der Bevölkerung auszurichten.

Soweit die Theorie. In der Praxis haben die politisch Verantwortlichen einen großen Gestaltungsspielraum. Die Idealvorstellung ist, dass sie bei ihren Entscheidungen das Wohl der aktuellen und der künftigen Generationen berücksichtigen und die Frage, welche Entscheidung in einem konkreten Sachverhalt nachhaltig ist oder nicht, in den Mittelpunkt ihrer Überlegungen stellen. Als Beispiele sind Umgehungsstraße, Bau- und Gewerbegebiete, Kläranlage sowie Bauanträge zu nennen.

Entscheidungen von Verantwortlichen in der Wirtschaft

Die Verantwortlichen in der Wirtschaft haben im Rahmen des gegebenen Wirtschaftssystems ebenfalls einen großen Spielraum, wie sie ihre Tätigkeit in ökonomischer, ökologischer und sozialer Hinsicht ausfüllen. Das beginnt bei der Wahl des Geschäftsmodells, geht über die Art der Umsetzung und endet beim gesellschaftlichen Engagement.

Optimal im Sinne der Nachhaltigkeit wäre eine Führungskraft oder Unternehmensleitung, die sich ihrer gesellschaftlichen Verantwortung für das Leben in der Kommune bewusst ist und sich dementsprechend positiv verhält. Sie wählt ein nachhaltiges Geschäftsmodell, setzt es auf nachhaltige Weise um und beeinflusst positiv die Lebensumstände in der Kommune (Corporate Sustainability). Dies bedeutet u. a., dass Forderungen an die Politik nicht nur unter ökonomischen Gesichtspunkten gestellt werden.

Fazit

Die Anzahl an Beispielen ist beliebig erweiterbar. Sie zeigen, dass in den Kommunen die Bürgerinnen und Bürger sowie die Verantwortlichen in Wirtschaft und Politik eine Vielzahl von Entscheidungen treffen, die die Lebensumstände in der Gegenwart und in der Zukunft beeinflussen.

Notwendige Voraussetzung für nachhaltiges Handeln und Entscheiden ist die ausreichende Information über den Status quo in Sachen Nachhaltigkeit in einer Kommune. Das kann in Form von Nachhaltigkeitsberichten erfolgen.

In diesem Zusammenhang stellt sich die Frage, was der Begriff „Nachhaltigkeit" im kommunalen Umfeld eigentlich bedeutet. Es ist eine Definition von kommunaler Nachhaltigkeit notwendig, an der sich alle orientieren können.

3.2 Anwendung des Nachhaltigkeitsbegriffs auf kommunales Handeln

Das von der Brundtland-Kommission (siehe Kap. 1.1.2) formulierte Verständnis von nachhaltiger Entwicklung lautete folgendermaßen:

> „Nachhaltige Entwicklung *(Sustainable development)* ist eine Entwicklung, die den Bedürfnissen der heutigen Generation entspricht, ohne die Möglichkeiten künftiger Generationen zu gefährden, ihre eigenen Bedürfnisse zu befriedigen."[71]

Dieses global gedachte, aber allgemein anwendbare Konzept wurde bisweilen auf die regionale Ebene heruntergebrochen:

> „Demzufolge bezeichnet nachhaltige Regionalentwicklung eine Entwicklung, die die Bedürfnisse der Regionsbewohner befriedigt, ohne zu riskieren, dass künftige Regionsbewohner ihre eigenen Bedürfnisse nicht befriedigen können."[72]

Konsequenterweise kann der Nachhaltigkeitsbegriff gleichermaßen auf die kleinsten Ebenen, die Kommunen, angewandt werden. Die Gemeinden und Städte als abgeschlossene Einheiten zu denken würde dem Konzept allerdings nicht gerecht werden. Schließlich lässt sich das Handeln innerhalb einer Kommune nicht von ihrer

---

[71] *World Commission on Environment and Development* (1987, nachgedruckt 2009), S. 43: „Sustainable development is development that meets the needs of the present without compromising the ability of future generations to meet their own needs."

[72] *Szerenyi* (1999), S. 3 f.

Umgebung entkoppeln, da jede Entscheidung in einer globalisierten Welt lokale und globale Auswirkungen haben kann. Dies muss in einer Definition, die allgemeingültig angewandt werden soll, Berücksichtigung finden. Deshalb soll an dieser Stelle eine Definition für nachhaltige kommunale Entwicklung eingeführt werden.

Definition für nachhaltige kommunale Entwicklung

Nachhaltige kommunale Entwicklung bedeutet, dass die Bewohnerinnen und Bewohner einer Kommune ihre Bedürfnisse befriedigen, ohne zu riskieren, dass künftige Bewohnerinnen und Bewohner ihre eigenen Bedürfnisse nicht befriedigen können. Darüber hinaus zielt nachhaltige kommunale Entwicklung in regionaler, überregionaler und letztlich globaler Perspektive stets darauf ab, weder gegenwärtig noch zukünftig einer Befriedigung der Bedürfnisse von Menschen, die außerhalb der Kommune leben, im Weg zu stehen. Dabei sind ökonomische, ökologische und soziale Belange gleichermaßen zu berücksichtigen.

In Anlehnung an die Ergebnisse der Brundtland-Kommission umfasst nachhaltige Entwicklung nicht nur eine quantitative Entwicklung in Form von ökonomischem Wachstum, sondern auch eine qualitative Veränderung, mithin eine Verbesserung von Strukturen und Abläufen. Auf diesen Grundlagen kann zur Orientierung ein Maßstab für nachhaltiges kommunales Handeln der Bürgerinnen und Bürger sowie der Entscheidungsträgerinnen und Entscheidungsträger in einer Kommune abgeleitet werden.

Maßstab für nachhaltiges kommunales Handeln

Nachhaltiges kommunales Handeln bedeutet, den jetzt lebenden Generationen ein intaktes ökonomisches, ökologisches und soziales Gefüge zur Verfügung zu stellen und den nächsten Generationen ein ebensolches, intaktes Gefüge zu hinterlassen.

3.3 Intra- und intergenerationelle Gerechtigkeit in Bezug auf kommunales Handeln

Die Beachtung der intra- und intergenerationellen Gerechtigkeit hat weitreichende Folgen für die in einer Kommune zu treffenden Entscheidungen. Diese betreffen meist gleichzeitig alle drei Dimensionen der Nachhaltigkeit.

Prinzip der intragenerativen Gerechtigkeit und kommunales Handeln

Das Prinzip der intragenerativen Gerechtigkeit besagt auf kommunaler Ebene, dass die Kommune für die jetzt lebenden Generationen Chancengleichheit herstellen bzw. fördern soll. Weiterhin soll die Kommune dazu beitragen, die Grundbedürfnisse sozial schwacher Gruppen zu erfüllen.

Der Ausgleich zwischen den jetzt lebenden Generationen wird überwiegend durch die Machtverhältnisse dieser Generationen geregelt. Insbesondere durch die Ausübung des Stimmrechts ist dies möglich. Allerdings ist dieses nur Erwachsenen ab dem 18. Lebensjahr vorbehalten. Trotzdem haben Eltern mit minderjährigen Kindern jeweils nur eine Stimme. Dadurch werden, unter der Annahme einer gleichen prozentualen Wahlbeteiligung, die Interessen der älteren und/ oder kinderlosen Bevölkerung stärker berücksichtigt. Noch problematischer ist die Vertretung der Interessen der nächsten Generationen. Dies beruht auf einem freiwilligen Entgegenkommen und Verantwortungsbewusstsein der jetzt lebenden Generationen. Sie haben keine Möglichkeit, in den politischen Willensbildungsprozess einzugreifen.

2021 wurden die Rechte der jetzt lebenden jungen (nicht stimmberechtigten) Generation durch ein wegweisendes Urteil des Bundesverfassungsgerichts gestärkt. Grundlage für das Urteil ist Art. 20a Grundgesetz (GG). Dieser formuliert das Staatsziel Klimaschutz und wurde mit Wirkung vom 15.11.1994 in das GG eingefügt:

> „Der Staat schützt auch in Verantwortung für die künftigen Generationen die natürlichen Lebensgrundlagen und die Tiere im Rahmen der verfassungsmäßigen Ordnung durch die Gesetzgebung und nach Maßgabe von Gesetz und Recht durch die vollziehende Gewalt und die Rechtsprechung."

Das Bundesverfassungsgericht stellt in seinem Urteil vom 24. März 2021 u. a. fest (die Hervorhebungen wurden von den Autoren dieses Buchs vorgenommen):

„Art. 20a GG ist eine justiziable Rechtsnorm, die den politischen Prozess zugunsten ökologischer Belange **auch mit Blick auf die künftigen Generationen** binden soll. […]"

„In Wahrnehmung seines Konkretisierungsauftrags und seiner Konkretisierungsprärogative hat der Gesetzgeber das Klimaschutzziel des Art. 20a GG aktuell verfassungsrechtlich zulässig dahingehend bestimmt, dass der Anstieg der globalen Durchschnittstemperatur auf deutlich unter 2 °C und möglichst auf 1,5 °C gegenüber dem vorindustriellen Niveau zu begrenzen ist. […]"

> **„Die Schonung künftiger Freiheit** verlangt auch, den **Übergang zu Klimaneutralität rechtzeitig einzuleiten**. Konkret erfordert dies, dass frühzeitig transparente Maßgaben für die weitere Ausgestaltung der Treibhausgasreduktion formuliert werden, die für die erforderlichen Entwicklungs- und Umsetzungsprozesse Orientierung bieten und diesen ein hinreichendes Maß an Entwicklungsdruck und Planungssicherheit vermitteln."[73]

Dieses Urteil ist in Hinsicht auf die nationalen Anstrengungen wichtig, kommt aber sehr spät. Tatsächlich wurden von der jetzigen Generation die Anpassungslasten, die sich aus den künftigen Emissionsminderungspflichten ergeben, einseitig der jungen und der künftigen Generation aufgebürdet.[74]

Prinzip der intergenerativen Gerechtigkeit und kommunales Handeln

Das Prinzip der intergenerativen Gerechtigkeit bezieht sich auf künftige Generationen. Nachhaltige kommunale Entwicklung sollte gewährleisten, dass nachfolgende Generationen eine Chance haben, den Lebensstandard zu halten oder zu verbessern. Inwiefern diese Möglichkeiten genutzt werden, bleibt den Entscheidungen der künftigen Generationen selbst überlassen. Der Wohlstandsbegriff wird eventuell in Zukunft neu interpretiert werden.

Die jetzige Generation wäre demnach z. B. moralisch dazu verpflichtet, ein bestimmtes Limit an CO_2-Emissionen nicht zu überschreiten, um einen gefährlich hohen Anstieg der Temperaturen in der Zukunft zu vermeiden. Dies würde die jetzige Generation in ihren Handlungsmöglichkeiten selbstverständlich beschränken.[75] Diese könnten jedoch durchaus ehrenwert sein, z. B. die Verringerung des globalen Nord-Süd-Gefälles oder der Armut. Im Hinblick auf die intergenerationelle Gerechtigkeit ist die Benennung einer konkreten Menge von CO_2-Emissionen schwierig, da die zukünftige Entwicklung in allen Bereichen menschlichen Handelns unklar ist:

Wie wird sich das Klima genau entwickeln? Welche Konsequenzen haben die Klimaveränderungen? Welche Gegenmaßnahmen aufgrund technologischer Entwicklungen werden möglich sein? Wie

---

73 *Bundesverfassungsgericht* (2021a)

74 *Bundesverfassungsgericht* (2021b) enthält eine Zusammenfassung des Urteils.

75 *Tremmel* (2013), S. 729 ff.

wirken sich soziale Konflikte, die aufgrund der limitierten Verwendung fossiler Brennstoffe in der Gegenwart nicht gelöst oder sogar verschärft wurden, auf das Klima aus?

Außerdem sollte die intergenerative Gerechtigkeit nicht nur auf CO_2-Emissionen oder das Klima beschränkt werden. Der Ressourcenverbrauch insgesamt muss beachtet werden. Als Beispiel ist der Flächenverbrauch zu nennen.

Kommunales Handeln kann sich **unterstützend (positiv)** oder **belastend (negativ)** auf die Lebensverhältnisse und Chancen künftiger Generationen auswirken. Dies wird in den folgenden Abschnitten jeweils für die drei Dimensionen der Nachhaltigkeit veranschaulicht.

Unterstützung künftiger Generationen durch kommunales Handeln

Spätere Generationen können von den Erfindungen, Innovationen und Erfahrungen ihrer Vorgängerinnen und Vorgänger profitieren. Dies gilt gleichfalls in Bezug auf Investitionen in Bildung, Kultur und soziale Sicherheit.

Wichtig für die soziale Dimension der Nachhaltigkeit ist z. B. der Aufbau und Erhalt eines verständnis- und respektvollen Umgangs miteinander im kommunalen Umfeld. Dieses wirkt sich sowohl auf den Umgang im nationalen als auch im internationalen Kontext aus und führt dazu, dass ein intaktes soziales Gefüge hinterlassen wird. Weiterhin profitieren spätere Generationen, wenn auf kommunaler Ebene in ökonomischer Hinsicht mit Weitsicht gehandelt wird. Im Rahmen ihrer Möglichkeiten sollte eine Kommune anstreben, die Pro-Kopf-Verschuldung möglichst niedrig zu halten. Am besten wäre ein ausgeglichener oder positiver Haushalt. Dadurch wird es künftigen Generationen erleichtert, selbst Investitionen durchzuführen.

Bundesweit konnten die Kommunen seit dem Höhepunkt im Jahr 2015 ihre Verschuldung abbauen. Vor allem die Verschuldung mit Kassenkrediten konnte reduziert werden. Kassenkredite sind besonders kritisch, da diese (analog zu einem Dispokredit bei Privatkundinnen und Privatkunden) zur Überbrückung von kurzfristigen Liquiditätsengpässen dienen. Sie gelten als Krisenindikator der Kommunen.[76]

---

[76] *Boettcher* et al. (2021), S. 12

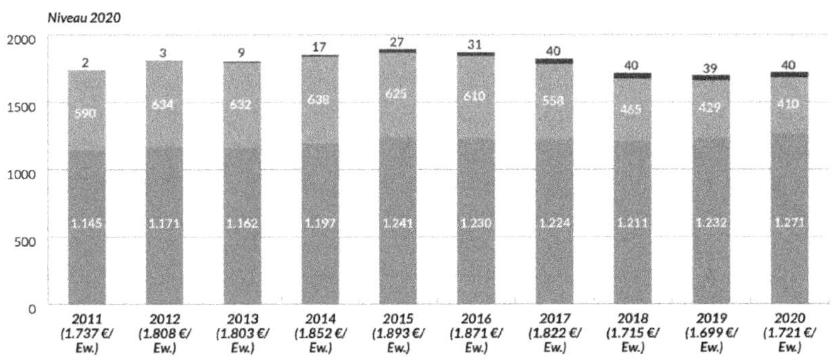

Abb. 9: Schulden der Gemeinden und Gemeindeverbände im Zeitraum – Niveau 2011 bis 2020 sowie Entwicklung gegenüber 2019, Schuldenstand jeweils zum 31.12. in Euro je Einwohnerin und Einwohner; Schulden beim nicht öffentlichen Bereich; Gesamtverbindlichkeiten in Klammern[77]

Die langfristige Entwicklung ist bundesweit gesehen positiv, allerdings ist die Situation der Kommunen per 31.12.2020 in den einzelnen Bundesländern sehr unterschiedlich. Die höchste Gesamtverschuldung weisen die Kommunen in Rheinland-Pfalz und im Saarland aus, die niedrigste können wie per 31.12.2018 die Kommunen Sachsens vorweisen. Kassenkredite beanspruchen per 31.12.2020 nur Kommunen in den westdeutschen Flächenländern Rheinland-Pfalz, Saarland, Nordrhein-Westfalen, Niedersachsen und Bayern.

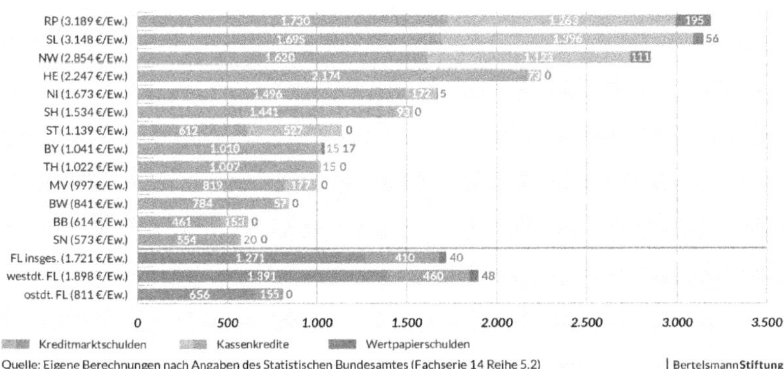

Abb. 10: Kommunale Gesamtverschuldung nach Schuldenarten und Ländern 2020, Stand zum 31.12. in Euro je Einwohnerin und Einwohner; Schulden beim nicht öffentlichen Bereich[78]

---

77 *Boettcher* et al. (2021), Kap. C, S. 50, Abb. 36

78 *Boettcher* et al. (2021), Kap. C, S. 51, Abb. 37

Wichtig für den Aspekt ökonomischer Nachhaltigkeit ist die Frage, wofür die aufgenommenen Schulden verwendet werden. Per 31.12.2020 waren ca. 73,9 Prozent der aufgenommenen Schulden sogenannte Kreditmarktschulden. Im Gegensatz zu den Kassenkrediten werden diese für Investitionen verwendet. Dadurch entstehen langfristig nutzbare Wirtschaftsgüter wie Straßen, Kliniken oder Gewerbegebiete.[79] Diese Investitionen sind unter der Annahme eines positiven volkswirtschaftlichen Nutzens für künftige Generationen vorteilhaft. Durch diese Investitionen wird Naturkapital (z. B. in Form von Bodenflächen) in Sachkapital (z. B. ein Gewerbegebiet) umgewandelt. Dadurch können neue Einnahmequellen für die Gemeinde entstehen.

Andererseits steht das Naturkapital (z. B. die versiegelte Fläche) langfristig nicht mehr als solches zur Verfügung und eine anderweitige Nutzung dieser begrenzten Ressource ist nicht mehr möglich. Diese externen Kosten werden häufig nicht berücksichtigt und können wieder in ökonomisch, ökologisch und sozial unterteilt werden (siehe nächste Tabelle). Das Naturkapital ist nur mit hohen Kosten wiederherstellbar. Deshalb muss im Einzelfall genau abgewogen werden, ob bei der Ausweisung neuer Gewerbeflächen oder beim Bau neuer Straßen der Nutzen höher zu bewerten ist als die (externen) Kosten, die Einschränkung anderweitiger Nutzung oder gar ein möglicher Schaden. Angesichts der bereits umfassend ausgebauten Infrastruktur ist der volkswirtschaftliche Wert zusätzlicher Versiegelung von Böden in vielen Fällen zumindest zweifelhaft (Erstes Gossen'sches Gesetz (Gesetz vom abnehmenden Grenznutzen)). Noch stärker als bisher sollte die Umnutzung bereits bebauter Flächen in Betracht gezogen werden.

Dimension	Externe Kosten (Beispiele)
Ökonomisch	Landwirtschaftliche Nutzung nicht mehr möglich
Ökologisch	Verlust ökologischer Flächen (Fauna und Flora)
Sozial	Nutzung als Raum für Erholung entfällt

Tab. 6: Externe Kosten bei der Versiegelung von Flächen, eigene Darstellung

In ökologischer Hinsicht haben Kommunen ebenfalls zahlreiche Möglichkeiten. Zunächst sollten bei Investitionsentscheidungen jeder Art

[79] *Boettcher* et al. (2021), Kap. C, S. 48

generell die in Tabelle 6 beispielhaft genannten externen Kosten berücksichtigt werden. Diese sind in den Marktpreisen für die Investitionsgüter nicht enthalten. Daher werden die kommunalen Haushalte (kurzfristig) dadurch nicht belastet. Oft wirken externe Kosten langfristig und belasten somit künftige Generationen. Beispiele sind die Luftverschmutzung, die Versiegelung von Flächen oder die Kontaminierung von Böden oder Gewässern mit Schadstoffen.

Im kommunalen Umfeld kann häufig mit geringem Aufwand viel erreicht werden. Für die Pflege der kommunalen Grünflächen könnte z. B. auf den Einsatz von Pestiziden oder auf das Mähen von Randstreifen in kurzen Abständen verzichtet werden. Durch das Zulassen von Natur und Wildwuchs könnte tatsächlich dem Schwund an Insekten und Verlust an Artenvielfalt begegnet werden. Außerdem führt dies unter Umständen sogar zu einer Kostenersparnis im kommunalen Bauhof. Das größte Hindernis an ökologischem Verhalten ist es oftmals, jahrzehntelang eingeübte Gewohnheiten zu ändern. Einfach umzusetzende Maßnahmen werden nicht erkannt – sei es aus Unkenntnis oder einer gewissen Betriebsblindheit im kommunalen Alltag.

Belastung künftiger Generationen durch kommunales Handeln

Nachhaltiges Handeln in ökologischer Hinsicht ist für künftige Generationen von größter Bedeutung. Umweltschäden können oft nur durch hohe finanzielle Mittel beseitigt oder gemildert werden. Dies ist umso problematischer, wenn diese Umweltschäden durch Konsum und nicht durch Investitionen in die Zukunft verursacht wurden.

Im Folgenden wird dies für einige aktuelle Probleme auf nationaler und kommunaler Ebene dargestellt und aufgezeigt, welche Möglichkeiten Kommunen haben, darauf zu reagieren.

Auf nationaler Ebene sind als Beispiele die Frage der Entsorgung von radioaktiven Abfällen und die Folgen der CO_2-Emissionen zu nennen.

Beispiel: Entsorgung radioaktiver Abfälle

Radioaktive Abfälle entstehen vor allem durch die Produktion von Strom in Atomkraftwerken. Die Entsorgung ist aktuell noch nicht gelöst. Das Standortauswahlgesetz (StandAG) für die Suche nach dem bestmöglichen Endlagerstandort für die hochradioaktiven Abfälle nennt als Mindestanforderung den unvorstellbaren Zeitraum von einer Million Jahren, in dem von den radioaktiven Abfallprodukten keine Gefahr für die Biosphäre ausgehen darf.[80] Das Standortauswahlverfahren befindet sich derzeit in Phase eins von geplanten drei Phasen. Die endgültige Standortentscheidung soll im Jahr 2031 getroffen werden.[81]

Sollte keine alternative Lösung gefunden werden, müssten sich demnach ca. 30.000 künftige Generationen mit der Frage beschäftigen, ob die radioaktiven Abfälle, deren Ursache u. a. die Erzeugung von Strom im 20. Jahrhundert war, sicher gelagert sind. Deutschland hat mittlerweile den Ausstieg aus der Nutzung der Atomenergie beschlossen. Mit Ablauf des 31.12.2022 sollen die letzten Atomkraftwerke abgeschaltet werden.[82] Trotzdem wird in Deutschland weiterhin Atomstrom – allerdings im Ausland produziert – konsumiert werden.

Bei der Strombeschaffung können Kommunen darauf achten, sogenannten „grünen" Strom aus erneuerbaren Energien einzukaufen.

In Bayern können Kommunen z. B. grundsätzlich zwischen folgenden Alternativen wählen:

a) Normaltarif

b) Ökostromtarif: ohne Neuanlagenquote oder mit Neuanlagenquote

Bei Ökostrom mit Neuanlagenquote stammt ein Drittel des Stroms aus Anlagen, die nicht älter als sechs Jahre sind, ein weiteres Drittel aus Anlagen, die nicht älter als zwölf Jahre sind. Dies soll den Bau neuer Erzeugungsanlagen von regenerativem Strom fördern. Der Gemeinderat unserer Beispielgemeinde Rott a. Inn (siehe Kapitel VI) hat sich für den Zeitraum 2023 bis 2025 einstimmig für Ökostrom ohne Neuanlagenquote entschieden. Für die Entscheidung spielte der erwartete höhere Strompreis im Vergleich zu Ökostrom mit

---

80 § 23 Abs. 4 Satz 1 Gesetz zur Suche und Auswahl eines Standortes für ein Endlager für hochradioaktive Abfälle (Standortauswahlgesetz – StandAG) vom 5.5.2017 (BGBl. I S. 1074), das zuletzt durch Art. 1 des Gesetzes vom 7.12.2020 (BGBl. I S. 2760) geändert worden ist

81 *Stelljes/Schwöbel* (2021)

82 § 7 Abs. 1a Satz 1 Nr. 6 Gesetz über die friedliche Verwendung der Kernenergie und den Schutz gegen ihre Gefahren (Atomgesetz – AtG) in der Fassung der Bekanntmachung vom 15.7.1985 (BGBl. I S. 1565), das zuletzt durch Art. 3 des Gesetzes vom 7.12.2020 (BGBl. I S. 2760) geändert worden ist

Neuanlagenquote eine wichtige Rolle.[83] In der Nachbargemeinde Pfaffing wurde dagegen Ökostrom mit Neuanlagenquote gewählt. Die Entscheidung fiel mit acht gegen sieben Stimmen denkbar knapp aus.[84] Die Beispiele zeigen, dass auch in Landgemeinden das Bewusstsein für ökologisch erzeugten Strom wächst. Nur mit dem Verbrauch von Strom aus erneuerbaren Quellen würden sich Kommunen allerdings eine weiße Weste auf Kosten anderer Gegenden erkaufen. Sie müssen gleichzeitig forcieren, dass auch auf ihrem Gebiet mehr und mehr regenerativer Strom produziert wird.

Beispiel: CO_2-Emmission

In Bezug auf CO_2-Emissionen wurde auf der ersten Weltklimakonferenz am 12.2.1979 in Genf von der Mehrheit der Delegierten festgestellt, dass der Klimaumschwung zu einem Temperaturanstieg mit schwerwiegenden Folgen führen werde. Ursache sei die Sättigung der Erdatmosphäre mit Kohlendioxid durch die Verbrennung von Kohle, Öl und Benzin sowie die Rodung der Regenwälder.[85] Obwohl bereits damals die Ursachen und die Folgen der Erderwärmung bekannt waren, konnte sich die Weltgemeinschaft erst 2015 mit dem Pariser Abkommen zu ernsthaften Maßnahmen, die die Klimaerwärmung eindämmen sollen, durchringen.

Die Handlungs- und Einflussmöglichkeiten der Kommunen dürfen in diesem Bereich nicht unterschätzt werden. Kommunen, die für sich das Prädikat „nachhaltig" in Anspruch nehmen, sind geradezu verpflichtet, in ihrem Verantwortungsbereich an der Reduzierung des Verbrauchs fossiler Energien aktiv mitzuwirken. Beispielsweise könnten Beschäftigte in den Kommunalverwaltungen für Reisen innerhalb Deutschlands bevorzugt die Bahn nutzen und dadurch einen Beitrag zur Einsparung von CO_2 leisten.

Beispiel: Flächenverbrauch durch den Bau neuer Autobahnen oder Bahnstrecken

Auf kommunaler Ebene ist es die Zerstörung der Natur durch Gewerbegebiete, deren volkswirtschaftlicher Nutzen zweifelhaft ist und die die Handlungsmöglichkeiten in der Zukunft unnötig einschränken.

83 *Helm* (2021a)
84 *Günster* (2021)
85 *Leggewie* (2019)

Sicherlich werden für neue Gewerbegebiete sogenannte Ausgleichsflächen erworben. Meist sind dies jedoch bereits Grünflächen, bei denen lediglich auf eine landwirtschaftliche Nutzung verzichtet wird. Es werden also die neu versiegelten Flächen nicht durch das Aufbrechen bereits bestehender versiegelter Flächen ausgeglichen. Beispiele aus der näheren Umgebung der Autoren sind:

- Waldstück gerodet, um dort einen Getränkemarkt mit Wohneinheit, einen Dönerladen, eine Kfz-Werkstatt und Ähnliches anzusiedeln
- Feuchtgebiet durch ein Lager für gebrauchte Baumaschinen und Baumaterial ersetzt
- Bau von Umgehungsstraßen
- Bau von Bundesstraßen in Form von autobahnähnlichen Straßen

Der Bau neuer Autobahnen ist unter dem Gesichtspunkt der intragenerationellen Gerechtigkeit ebenfalls im Hinblick auf künftige Generationen fragwürdig. Künftigen Generationen wird die Möglichkeit genommen, Alternativen zum Straßenverkehr aufzubauen, da der knappe, zur Verfügung stehende Raum bereits für Kfz und Lkw belegt worden ist.

Wie schwierig die Realisierung von Großprojekten, die auch einer Verlagerung von der Straße auf die Schiene dienen, generell ist, zeigen die Planungen zum Brennernordzulauf. Dabei handelt es sich um die Zubringerstrecke der Bahn nördlich des neugebauten Brennerbasistunnels. Zahlreiche Bürgerinitiativen haben sich in der betroffenen Region formiert, um gegen das Vorhaben oder wenigstens die bisherigen Planungen zu demonstrieren. Sie fürchten eine weitere Zersiedelung ihrer Heimat, erhöhte Belastungen während der Bauphase und des Betriebs und prangern die mit dem Projekt verbundene Versiegelung von Flächen an. Anhand dieses Beispiels lassen sich die Zielkonflikte der Nachhaltigkeit anschaulich darstellen. Ihre Gewichtung wird unterschiedlich ausfallen – abhängig davon, ob man sich aus regionaler Sicht oder aus (trans-)nationaler Sicht mit dem Thema beschäftigt.

- Die Verlagerung von Gütertransporten auf die Schiene soll Emissionen reduzieren und damit zur Eindämmung des Klimawandels beitragen.
- Durch den Bau einer neuen Bahnstrecke werden Flächen versiegelt und Lebensräume von Tieren zerschnitten.

- Eine neue und stark frequentierte Bahnstrecke stellt für die Anlieger eine erhebliche Belastung dar.
- Anlieger von Straßen auf der Nord-Süd-Achse werden durch die Verlagerung von der Straße auf die Schiene hingegen entlastet.
- Ein oberirdischer Streckenverlauf ist ökonomisch sinnvoll, da dieser vergleichsweise einfach zu realisieren ist.
- Ein unterirdischer Streckenverlauf bringt weitaus höhere Kosten mit sich, verringert jedoch die ökologischen und sozialen Auswirkungen enorm. Für andere wünschenswerte, nachhaltige Projekte stehen jedoch weniger finanzielle Mittel zur Verfügung.

Das Beispiel zeigt, wie schwierig hier die Abwägung zwischen den verschiedenen Gütern ist. Nachhaltig ist ein Großprojekt nur dann, wenn alle Dimensionen der Nachhaltigkeit berücksichtigt werden.

Soziale Nachhaltigkeit ist für kommende Generationen ebenfalls von großer Relevanz. Ungelöste Spannungen und Konflikte, die durch das Handeln der jetzigen Generation ausgelöst wurden, können eine schwere Hypothek für die Zukunft bedeuten. Kommunen leisten einen positiven Beitrag, indem sie sich z. B. in Form von Städtepartnerschaften national und international für die Verständigung einsetzen. Eine weitere Möglichkeit ist der Einsatz für fairen internationalen Handel (Fair Trade). In Deutschland haben sich per 26.10.2021 insgesamt 768 Kommunen als „Fairtrade Towns" auszeichnen lassen. Davon sind mit 217 überproportional viele aus Bayern (28,3 Prozent).[86]

Ökonomische Nachhaltigkeit ist gleichermaßen ein wesentlicher Teil kommunalen Handelns, der für künftige Generationen sehr bedeutsam ist. Die Hinterlassenschaft einer hohen Pro-Kopf-Verschuldung schränkt die Handlungsmöglichkeiten in der Zukunft in allen Dimensionen der Nachhaltigkeit stark ein. Die ökonomische Leistungskraft einer Kommune ist grundlegender Bedeutung, da kommunales Handeln meist mit Kosten verbunden ist.

Die Kommunen finanzieren sich aus einer Vielzahl von Einnahmequellen. In der folgenden Tabelle sind die Einnahmen und Ausgaben für den Verwaltungshaushalt und den Vermögenshaushalt dargestellt. Diese Tabelle umfasst nur die Flächenstaaten, die Stadtstaaten sind nicht enthalten.

[86] *TransFair – Verein zur Förderung des Fairen Handels in der Einen Welt*

Art der Einnahmen und Ausgaben	west- und ostdeutsche Länder[1]				
	2009	2019	2020	2009 bis 2019	2019 bis 2020
	in Milliarden Euro			jahresdurchschnittliche Veränderung in %	
I. Verwaltungshaushalt					
Einnahmen					
Steuern (netto)[2]	62,21	104,38	94,2	5,3	–9,7
darunter:					
Grundsteuern	9,64	12,93	13,1	3,0	0,9
Gewerbesteuer (netto)	24,96	42,63	34,7	5,5	–18,5
nachrichtlich: Gewerbesteuer (brutto)	29,59	50,34	38,4	5,5	–23,8
Gemeindeanteil an der Umsatzsteuer	3,20	7,55	8,3	8,9	9,5
Gemeindeanteil an der Einkommensteuer	23,74	39,7	36,8	5,3	–7,4
Zahlungen von Bund, Land	54,39	96,39	115,8	5,9	20,1
Gebühren[3]	15,77	20,53	19,2	2,7	–6,4
Sonstige Einnahmen	22,71	24,47	24,1	0,7	–1,5
Einnahmen des Verwaltungshaushalts	**155,08**	**245,77**	**253,3**	**4,7**	**3,1**
Ausgaben					
Personalausgaben	44,44	65,3	68,7	3,9	5,2
Laufender Sachaufwand	36,71	54,17	57,8	4,0	6,7
Soziale Leistungen	40,47	60,17	64,2	4,0	6,7
Zinsausgaben	4,49	2,29	2,2	–6,5	–2,0
Zahlungen an öffentlichen Bereich	7,06	10,00	10,5	3,5	5,0
Sonstige Ausgaben	15,53	28,2	30,1	6,1	6,6
Ausgaben des Verwaltungshaushalts	**148,71**	**220,14**	**233,5**	**4,0**	**6,1**
II. Vermögenshaushalt					
Einnahmen					
Investitionszahlungen von Bund, Land	8,55	9,65	11,4	1,2	17,9
Veräußerungserlöse	3,71	4,74	5,3	2,5	11,0
Beiträge[4]	1,32	1,61	1,7	2,0	3,0
Sonstige Einnahmen	2,14	2,24	2,3	0,4	4,3
Einnahmen des Vermögenhaushalts	**15,72**	**18,23**	**20,6**	**1,5**	**13,1**
Ausgaben					
Sachinvestitionen	21,89	31,68	32,7	3,8	3,2
davon:					
Baumaßnahmen	16,84	24,15	24,9	3,7	3,0
Erwerb von Sachvermögen	5,05	7,53	7,8	4,1	4,0
Sonstige Ausgaben[5]	7,68	7,67	8,1	0,0	5,1
Ausgaben des Vermögenhaushalts	**29,57**	**39,35**	**40,8**	**2,9**	**3,6**
Bereinigte Einnahmen (ohne besondere Finanzierungsvorgänge)	170,80	264,00	273,9	4,5	3,8
Bereinigte Ausgaben (ohne besondere Finanzierungsvorgänge)	178,27	259,49	274,3	3,8	5,7
Finanzierungssaldo	**–7,47**	**4,51**	**–0,4**	**x**	**x**

1) In den Flächenländern (ohne Stadtstaaten), ohne Krankenhäuser mit kaufmännischem Rechnungswesen und ohne Extrahaushalte. 2009 Rechnungsergebnisse, 2019 vierteljährliche Kassenstatistik, für das Jahr 2020 Schätzung auf Basis einer gemeinsamen Umfrage der Bundesvereinigung der kommunalen Spitzenverbände, der Steuerschätzung September 2020 sowie Daten aus dem Arbeitskreis Stabilitätsrat. Die Zahlungen von kommunaler Ebene sind jeweils abgesetzt.
2) Einschließlich Steuerähnliche Einnahmen
3) Einschließlich Zweckgebundene Abgaben
4) Und jährliche Entgelte
5) Insbesondere Finanzinvestitionen

Prognose der kommunalen Spitzenverbände und eigene Zusammenstellung und Berechnung nach Angaben des Statistischen Bundesamtes.

Tab. 7: Einnahmen und Ausgaben der Flächenländer, ohne Stadtstaaten[87]

I

Die Gewerbesteuer (GewSt) und die Grundsteuer (GrdSt) sind demnach von hoher Bedeutung für die Finanzierung der Kommunen. Bedingt durch die Corona-Pandemie ist 2020 als Ausnahmejahr zu bezeichnen. Im letzten „normalen" Wirtschaftsjahr betrug der Anteil der Gewerbesteuer (netto = nach Abführung der Gewerbesteuerumlage an den Bund und die Länder) an den Einnahmen des Verwaltungshaushaltes 17,3 Prozent. Der Anteil der GrdSt betrug 5,3 Prozent (siehe Tabelle 8).

Anteil	2009	2019	2020
GewSt netto	16,1 %	17,3 %	13,7 %
GrdSt	6,2 %	5,3 %	5,2 %
Summe	22,3 %	22,6 %	18,9 %

Tab. 8: Anteil GewSt und GrdSt an den Einnahmen des Verwaltungshaushalts, eigene Berechnungen auf der Grundlage von Deutscher Städtetag Berlin und Köln (2020), S. 10

Die hohe Bedeutung der Gewerbesteuer und der Grundsteuer für die Finanzierung der kommunalen Haushalte erklärt die ständige Ausweisung neuer Gewerbe- und Baugebiete. Dies ist oft die einzige Möglichkeit für eine Kommune, zusätzliche Einnahmen zu generieren. Demnach wäre es Voraussetzung für eine Reduzierung des Flächenverbrauchs durch Gewerbe- und Baugebiete, die Kommunen auf eine neue Finanzierungsgrundlage zu stellen.

Eine höhere Beteiligung am Umsatzsteueraufkommen wäre eine einfache und pragmatische Lösung. Die GewSt ist gekennzeichnet durch hohen Verwaltungsaufwand, vielfach als ungerecht empfundene Abgrenzungsprobleme (freiberuflich oder gewerblich) und

87 *Deutscher Städtetag Berlin und Köln* (2020), S. 10

starke Schwankungen im Steueraufkommen. Als Beispiel dafür kann das Corona-Jahr 2020 herangezogen werden. Das Gewerbesteueraufkommen verringerte sich im Vergleich zu den anderen Steuerarten und Einnahmequellen überproportional stark. Dies wurde durch Zahlungen des Bundes und der Länder ausgeglichen, sodass die prognostizierten Einnahmen für 2020 sogar höher als für 2019 sind (siehe Tab. 9).

Einnahmen	**2019**	**2020**	**Veränderung**
	in Mrd. Euro		**in Prozent**
I. Verwaltungshaushalt			
Einnahmen			
Grundsteuer	12,9	13,10	1,3
Gewerbesteuer (netto)	42,6	34,70	–18,6
Gemeindeanteil an der Umsatzsteuer	7,6	8,30	9,9
Gemeindeanteil an der Einkommensteuer	39,7	36,80	–7,3
Zahlungen von Bund, Land	96,4	115,80	20,1
Gebühren	20,5	19,20	–6,5
Sonstige Einnahmen	24,5	24,10	–1,5
Sonstiges/Rundungsfehler	1,6	1,30	
Summe	**245,8**	**253,30**	**3,1**
II. Vermögenshaushalt			
Einnahmen			
Investitionszahlungen von Bund, Land	9,7	11,40	18,1
Veräußerungserlöse	4,7	5,30	11,8
Beiträge	1,6	1,70	5,6
Sonstige Einnahmen	2,2	2,30	2,7
Sonstiges/Rundungsfehler	0,0	–0,10	
Summe	**18,2**	**20,60**	**13,0**
Bereinigte Einnahmen (ohne besondere Finanzierungsvorgänge)	**264,0**	**273,90**	**3,7**

Tab. 9: Prognose der Veränderung der Einnahmearten von 2019 auf 2020 in Euro und in Prozent, eigene Berechnungen auf der Grundlage von Deutscher Städtetag Berlin und Köln (2020), S. 10

Die Gewerbesteuer könnte komplett entfallen, das nationale Steueraufkommen durch eine Erhöhung der Körperschaftsteuer und der (unternehmensbezogenen) Einkommensteuer gesichert werden. Der Gemeindeanteil an Umsatz- und Einkommensteuer müsste entsprechend erhöht werden.

Ein Kennzeichen für ein Verschuldungsproblem in einer Kommune sind dauerhaft hohe Kassenkredite. Eine wesentliche Ursache für die Entstehung von Kassenkrediten ist die Belastung der Kommunen mit den Kosten für die Unterkunft im Rahmen der Grundsicherung für Arbeitssuchende (Sozialgesetzbuch (SGB) II). Dadurch werden gerade wirtschaftlich schwache Regionen belastet und die Ungleichheit zwischen der ökonomischen Leistungskraft der Kommunen verstärkt. Ab 2020 hat der Bund seine Beteiligung an den genannten Kosten auf ca. 75 Prozent erhöht und unterstützt damit nachhaltig die von wirtschaftlichen Abschwüngen und Strukturwandel betroffenen Kommunen.[88]

Allerdings gilt dies nicht für die bislang aufgelaufenen Kassenkredite (Altschulden). Im Saarland wurde eine Lösung für diese Problematik gefunden. Gemäß dem „Gesetz zur nachhaltigen Sicherstellung der finanziellen kommunalen Handlungsfähigkeit im Rahmen des Saarlandpaktes – Saarlandpaktgesetz" übernimmt das (kleine) Bundesland die Hälfte der zum 31. Dezember 2017 bestehenden strukturellen kommunalen Kassenkredite. Geplant ist, diese innerhalb von 45 Jahren vollständig zu tilgen. Die andere Hälfte soll von den Kommunen im gleichen Zeitraum von 45 Jahren ebenfalls vollständig abgebaut werden. Insgesamt konnten trotz der coronabedingten Gewerbesteuereinbrüche 2020 im Vergleich zu 2019 die Kassenkredite pro Einwohnerin und Einwohner reduziert werden.[89]

---

88 *Deutscher Städtetag Berlin und Köln* (2020), S. 19

89 *Boettcher* et al. (2021), S. 52–53

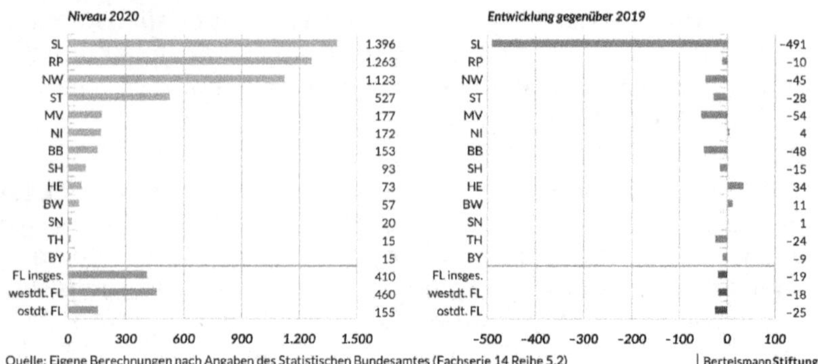

Abb. 11: Kassenkredite der Gemeinden und Gemeindeverbände – Niveau 2020 und Entwicklung gegenüber 2019, Schuldenstand jeweils zum 31.12. in Euro je Einwohnerin und Einwohner; Schulden beim nicht öffentlichen Bereich[90]

Die Gestaltungsmöglichkeiten der Kommunen für die eigenen Finanzen sind eingeschränkt. Dennoch haben sie zahlreiche Handlungsalternativen, um der nächsten Generation einen Haushalt zu hinterlassen, der Investitionen ermöglicht. Die wichtigste und sehr einfach umzusetzende Maßnahme ist sparsames und vorsichtiges Wirtschaften.

Misswirtschaft oder das Eingehen von Risiken sind unbedingt zu vermeiden. Dazu gibt es im Folgenden ein paar Beispiele.

Zur Misswirtschaft:

Vor einem Ausweis und der Erschließung von Gewerbegebieten ist zu prüfen, ob sich dieses für die Kommune unter dem Gesichtspunkt der Wirtschaftlichkeit rechnet. Wann sind die Steuereinnahmen höher als die Kosten? Gibt es in der Nähe Gewerbegebiete, die einen Leerstand aufweisen? Es schadet nicht, die ökologischen und sozialen Kosten in die Überlegungen mit einzubeziehen.

Zum Eingehen von Risiken:

Immer wieder gehen Kommunen hohe Summen durch riskante Anlagestrategien und Fehleinschätzungen verloren. Dies könnte an der Risikobereitschaft der Kämmererinnen und Kämmerer, deren Unkenntnis über die eingegangenen Risiken, an der Erwartungshal-

[90] *Boettcher* et al. (2021), Kap. C, S. 53, Abb. 39

tung ihrer Vorgesetzten und der gewählten kommunalen Vertreterinnen oder Vertreter oder schlicht an der Überzeugungskraft der Banken und Sparkassen liegen.

Beispiele in jüngerer Zeit waren Zinssicherungsgeschäfte (Zinsswaps) oder die Anlage von Tagesgeldern bei der Greensill Bank.

Zinssicherungsgeschäfte gibt es in verschiedenen Varianten. Sie dienen nur in bestimmten Fällen der Absicherung und sind ansonsten als Spekulationsgeschäfte einzustufen. Diese sollten für eine Kommune nicht infrage kommen.

Etwas anders sieht es aus mit der Anlage von kurzfristig verfügbaren Tagesgeldern bei der Greensill Bank. Dies ist nicht als Spekulationsgeschäft einzustufen. Allerdings hofften in diesem Fall die betroffenen Kommunen auf positive Renditen, die über der einer risikolosen Anlage liegen. Sie haben Millionen verloren und müssen nun auf eine teilweise Erstattung der Verluste im Rahmen des Insolvenzverfahrens hoffen.

Jeder Kämmererin und jedem Kämmerer muss klar sein, dass ein in Aussicht gestellter Ertrag, der über dem einer risikolosen Anlage liegt, nur unter Eingehung eines Risikos möglich ist. Aktuell ist die Rendite für eine risikolose Geldanlage negativ. Dies müssen deren Vorgesetzte sowie die gewählten Vertreterinnen und Vertreter der Kommune verinnerlichen und damit die Erwartungen an das Finanzergebnis herunterschrauben. Kommunen sollten mit ihren liquiden Mitteln keine Risiken am Kapitalmarkt eingehen und daher komplett auf Chancen, die dieser bietet, verzichten. Falls eine Kommune dauerhaft (zu) hohe Einnahmen erwirtschaftet und sich quasi im Anlagenotstand befindet, sollte sie zunächst die Schulden komplett reduzieren, überschüssige Mittel risikolos anlegen und damit künftigen Generationen finanziellen Handlungsspielraum hinterlassen.

Praxistipp:

Vor dem Beginn des Projekts „Nachhaltigkeitsberichterstattung" sollten Sie sich zunächst mit den Beteiligten in Ihrer Gemeinde oder Stadt auf ein gemeinsames Verständnis von Nachhaltigkeit einigen. Verwenden Sie als Basis die Definition aus Kapitel I.3.2 Unterlegen Sie diese mit konkreten Beispielen aus Ihrer Kommune. So wird die Idee für alle verständlich.

Zusammenfassung des Kapitels

Der Klimawandel, das Artensterben, die Armut, eine schwache wirtschaftliche Entwicklung in vielen Teilen der Welt, die Missachtung von Menschenrechten: Das sind nur einige der großen Herausforderungen der Weltgemeinschaft. Sowohl ökonomische und ökologische als auch soziale Aufgaben sind von den Gesellschaften der Welt zu bewältigen. Diese werden unter dem großen Ziel einer nachhaltigen Entwicklung vereint. Die Konkretisierung dieses Ziels durch die Sustainable Development Goals (SDGs) wird im nächsten Kapitel erläutert.

Historisch stammt die Idee der Nachhaltigkeit in Deutschland aus der Forstwirtschaft. Einer breiten Öffentlichkeit wurde der Begriff in der zweiten Hälfte des 20. Jahrhunderts bekannt, als sich internationale Organisationen und Kommissionen mit der zukünftigen Entwicklung der Welt beschäftigten. Besonders die „Brundtland-Kommission" von 1987 prägte das heutige Verständnis von Nachhaltigkeit und nachhaltiger Entwicklung.

Demnach ist eine Entwicklung nachhaltig, wenn sie den Bedürfnissen der heutigen Generation entspricht, ohne die Möglichkeiten künftiger Generationen zu gefährden, ihre eigenen Bedürfnisse zu befriedigen. Dies wird im Konzept der Generationengerechtigkeit ausgedrückt.

Diskussionen entbrennen im wissenschaftlichen und politischen Raum seitdem vor allem darüber, wie das Ziel der Nachhaltigkeit verwirklicht werden kann. In diesem Zusammenhang sind die Konzepte von starker und schwacher Nachhaltigkeit zu sehen. Im Kern geht es dabei um die Frage: Ist eine Verhaltensänderung aller vonnöten oder können die globalen Herausforderungen nicht besser durch technologischen Fortschritt erreicht werden?

Für die Städte und Gemeinden ist die nachhaltige Entwicklung eine konkrete Aufgabe. Einerseits müssen sie in ihrem Verantwortungsbereich selbst nachhaltig handeln und sich zukunftsfest aufstellen; andererseits können und müssen sie einen Beitrag zum Erreichen globaler Nachhaltigkeitsziele leisten – beispielsweise bei der Bekämpfung des Klimawandels.

II. Die Rolle der Kommunen für eine nachhaltige Entwicklung

II. Die Rolle der Kommunen für eine nachhaltige Entwicklung

Ziel

In diesem Kapitel wird die rechtliche Stellung der Kommunen im Staatsgefüge erläutert. Zudem wird aufgezeigt, welche Rolle den Städten und Gemeinden im Rahmen von internationalen Vereinbarungen oder nationalen Aktionsprogrammen zugesprochen wird. Schließlich wird die Bedeutung der Kommunen für das Erreichen der Entwicklungsziele dargelegt.

1. Die rechtliche Stellung der Kommunen und ihre Aufgaben

Kurz und knapp

Die Gemeinden und Städte sind als kleinste Verwaltungseinheiten Teil des föderalen Staatsaufbaus der Bundesrepublik Deutschland. Verfassungsrechtlich sind sie den Ländern zugeordnet. Das Grundgesetz wie auch die Landesverfassungen garantieren ihnen das Recht der kommunalen Selbstverwaltung, wodurch sich in vielen Bereichen ein großer Handlungsspielraum der Kommunen ergibt. Innerhalb ihrer Aufgabenbereiche können sie in sehr vielfältiger Weise zu mehr Nachhaltigkeit beitragen.

Der föderale Staatsaufbau der Bundesrepublik Deutschland

Der Begriff „Kommune" bezeichnet die Verwaltungseinheiten unterhalb der Ebene der Bundesländer. Er schließt damit Gemeinden, Landkreise und in einigen Bundesländern auch Bezirke ein. Wenn in diesem Buch von Kommunen die Rede ist, so sind in der Regel die Gemeinden angesprochen. Um zu verdeutlichen, dass Gemeinden unterschiedlicher Größe in die Überlegungen einbezogen werden, wird in diesem Buch auch die Kombination Städte und Gemeinden verwendet.

Um zu verstehen, in welchem Rahmen Städte und Gemeinden selbstständig entscheiden und handeln können, muss ihre Rolle im deutschen Staatsaufbau betrachtet werden. Die Bundesrepublik Deutschland ist

– wie der Name schon sagt – als föderaler Bundesstaat organisiert. Sowohl der Bund als Gesamtstaat wie auch die Länder als Gliedstaaten besitzen eigenständig die staatlichen Strukturen der Gewaltenteilung, also Legislative, Exekutive und Judikative. Diese Ordnung ist neben anderen Grundsätzen im Wesenskern unveränderbar in Art. 20 GG verankert.[91]

Mit dem föderalen Aufbau der Bundesrepublik folgt das Grundgesetz dem Subsidiaritätsprinzip, das besagt: Alle Dinge sollen zuerst auf der untersten Ebene geregelt werden. Erst dann, wenn diese Ebene einer Aufgabe nicht mehr eigenverantwortlich nachkommen kann, soll sie an eine höhere Ebene übertragen werden. Dies sichert einen höheren Grad an Bürgernähe und individueller Problemlösungskompetenz zu, da viele Aufgaben durch an örtliche Gegebenheiten angepasste Entscheidungen besser gelöst werden können.

Innerhalb der Bundesrepublik legt das Grundgesetz fest, ob jeweils der Bund oder die Länder Handlungs- und Gesetzgebungskompetenz besitzen. Soweit gesetzlich nicht anderweitig geregelt, soll nach Art. 30 GG jede staatliche Tätigkeit zuerst Sache der Länder sein. Ebenso soll die Gesetzgebungskompetenz nach Art. 70 Abs. 1 GG bei den Ländern liegen, soweit Gesetzgebungsbefugnisse durch das GG nicht ausdrücklich an den Bund übertragen werden, was als Residualkompetenz der Länder bezeichnet wird. Die Verfassungswirklichkeit sieht dennoch anders aus, obwohl die Befugnisse der Länder in der Föderalismusreform von 2006 in einigen Bereichen gestärkt worden sind. Durch die umfassende Übertragung von Gesetzgebungskompetenzen an den Bund verbleiben den Ländern nur noch wenige Bereiche, in denen die Länder autonom tätig werden können. Letztlich ist heute vor allem die Bundesebene für die Gesetzgebung zuständig, die Länder stärker für die Ausführung dieser Gesetze sowie für Verwaltungsaufgaben.[92]

---

[91] Vgl. *Härtel* (2012), S. 528

[92] Vgl. *Härtel* (2012), S. 528 und S. 544 f.; *Leunig/Reutter* (2012), S. 746–749

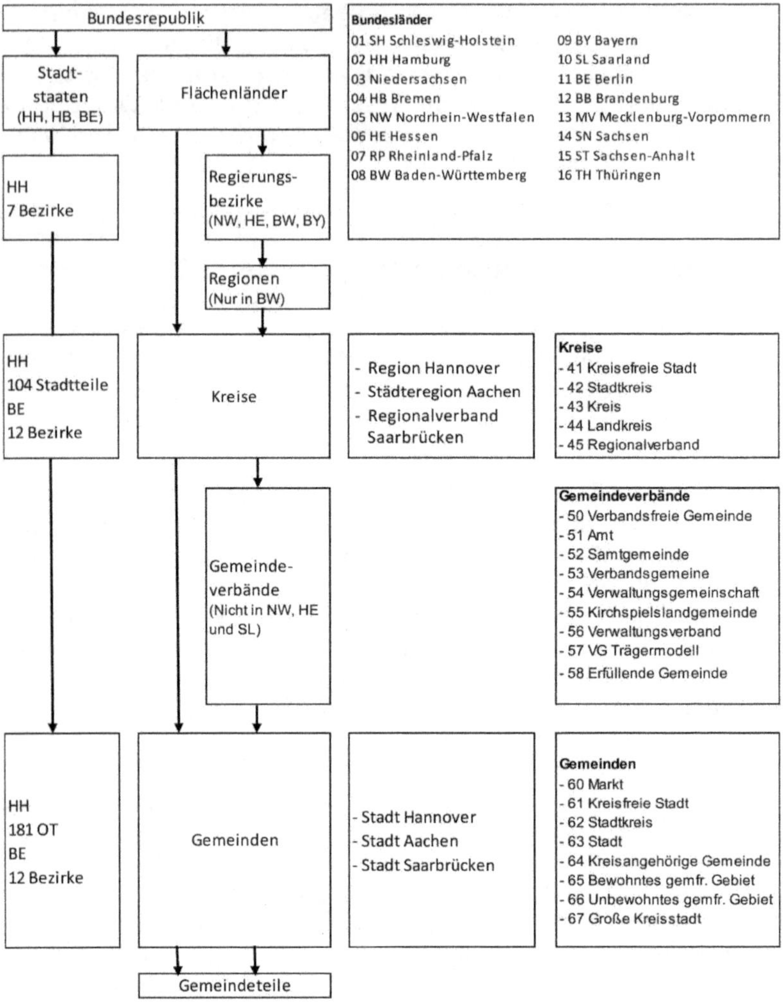

Bundesrepublik

Stadtstaaten (HH, HB, BE)

HH
7 Bezirke

Flächenländer

Regierungsbezirke (NW, HE, BW, BY)

Regionen (Nur in BW)

Bundesländer

01 SH Schleswig-Holstein	09 BY Bayern
02 HH Hamburg	10 SL Saarland
03 Niedersachsen	11 BE Berlin
04 HB Bremen	12 BB Brandenburg
05 NW Nordrhein-Westfalen	13 MV Mecklenburg-Vorpommern
06 HE Hessen	14 SN Sachsen
07 RP Rheinland-Pfalz	15 ST Sachsen-Anhalt
08 BW Baden-Württemberg	16 TH Thüringen

HH
104 Stadtteile
BE
12 Bezirke

Kreise

- Region Hannover
- Städteregion Aachen
- Regionalverband Saarbrücken

Kreise
- 41 Kreisefreie Stadt
- 42 Stadtkreis
- 43 Kreis
- 44 Landkreis
- 45 Regionalverband

Gemeindeverbände (Nicht in NW, HE und SL)

Gemeindeverbände
- 50 Verbandsfreie Gemeinde
- 51 Amt
- 52 Samtgemeinde
- 53 Verbandsgemeine
- 54 Verwaltungsgemeinschaft
- 55 Kirchspielslandgemeinde
- 56 Verwaltungsverband
- 57 VG Trägermodell
- 58 Erfüllende Gemeinde

HH
181 OT
BE
12 Bezirke

Gemeinden

- Stadt Hannover
- Stadt Aachen
- Stadt Saarbrücken

Gemeinden
- 60 Markt
- 61 Kreisfreie Stadt
- 62 Stadtkreis
- 63 Stadt
- 64 Kreisangehörige Gemeinde
- 65 Bewohntes gemfr. Gebiet
- 66 Unbewohntes gemfr. Gebiet
- 67 Große Kreisstadt

Gemeindeteile

Abb. 12: Regionaleinheiten in Deutschland[93]

Von Bundesseite werden durch das Grundgesetz einige wichtige Kernelemente der kommunalen Ordnung festgelegt. So fordert Art. 28 Abs. 1 GG, dass das Volk auch in den Ländern, Kreisen und Gemeinden eine nach den demokratischen Grundsätzen gewählte

[93] *Statistisches Bundesamt* (2021a), S. 2

Vertretung haben muss. Damit werden die Kommunen bewusst als selbstständige Einheit der demokratischen Ordnung den Ländern gleichgesetzt. Sie sind Teil der dezentral organisierten föderalen Ordnung der Bundesrepublik und ebenso der vertikalen Gewaltenteilung.[94] Durch die bürgerschaftliche Mitwirkungsmöglichkeit vor Ort wird der demokratische Gedanke ebenfalls auf der untersten Ebene verwirklicht und gefördert.

Verwaltungsorganisatorisch und finanzverfassungsrechtlich sind die Kommunen ausschließlich den Ländern zugeordnet.[95] Seit der Föderalismusreform darf der Bund keine zusätzlichen Aufgaben mehr direkt an die Gemeinden übertragen. Eine Übertragung ist nur an die Länder möglich, die dann darüber entscheiden, welcher Verwaltungsebene die Aufgabe weiter übertragen werden kann.[96]

Dies würde beispielsweise eine Verpflichtung der Städte und Gemeinden zur Veröffentlichung von Nachhaltigkeitsberichten betreffen.

Das Selbstverwaltungsrecht der Kommunen

Durch Art. 28 Abs. 2 GG wird den Kommunen das Recht der kommunalen Selbstverwaltung garantiert. Das bedeutet, dass sie „alle Angelegenheiten der örtlichen Gemeinschaft im Rahmen der Gesetze in eigener Verantwortung" regeln dürfen und sollen. Da im zweigliedrigen System aus Bund und Ländern Zweitere die Gesetzgebungskompetenz für die Kommunen innehaben, wurde die normative Forderung des Grundgesetzes in den jeweiligen Landesverfassungen verankert. Entsprechend betont beispielsweise die Verfassung des Landes Niedersachsen (Verf ND): „Gemeinden und Landkreise und die sonstigen öffentlich-rechtlichen Körperschaften verwalten ihre Angelegenheiten im Rahmen der Gesetze in eigener Verantwortung" (Art. 75 Abs. 1 Verf ND). Die Bayerische Verfassung (BV) betont darüber hinaus die Rolle der Gemeinden und ihrer Selbstverwaltung als Fundament des Staats: „Die Selbstverwaltung der Gemeinden dient dem Aufbau der Demokratie in Bayern von unten nach oben" (Art. 11 Abs. 4 BV). Die Angelegenheiten, die sich aus den örtlichen Bedürfnissen ergeben und nicht von anderer Stelle den Gemeinden aufgetragen wurden, werden als Aufgaben des eigenen Wirkungskreises bezeichnet.

94 *Mann* (2012), S. 166; *Ehlers* (2007), S. 461–463

95 Vgl. *Mann* (2012), S. 166

96 Vgl. *Lissack* (2019), S. 1

Das Selbstverwaltungsrecht der Kommunen umfasst drei Dimensionen:

(1) Existenzgarantie

(2) Zuständigkeiten

(3) Hoheiten bzw. modale Elemente der Selbstverwaltung

Die Existenzgarantie der Gemeinden ergibt sich jeweils aus dem GG und den Landesverfassungen (u. a. Art. 28 Abs. 2 GG; Art. 1 Abs. 1 Verfassung für das Land Nordrhein-Westfalen (Verf NW); Art. 91 Verfassung des Freistaats Thüringen (ThürVerf); Art. 11 BV). Demnach ist verfassungsmäßig gesichert, dass Gemeinden als unterste Ebene im Staatsaufbau institutionell eingerichtet sind und bleiben. Nicht geschützt sind jedoch einzelne Gemeinden, weshalb Eingemeindungen oder Zusammenlegungen von Gemeinden grundsätzlich zulässig sind.[97]

Hinsichtlich der Zuständigkeiten der Gemeinden ist grundsätzlich vom Prinzip der Universalität bzw. Allzuständigkeit auszugehen. Damit wird ihnen das Recht gegeben, ihre Angelegenheiten im Rahmen der Gesetze eigenverantwortlich zu regeln, solange sie nicht per Gesetz einer anderen Verwaltungsebene zugeordnet wurden. Anders verhält es sich bei den Kreisen und Bezirken: Hier sind Aufgabenbereiche angesiedelt, die überörtliche Angelegenheiten betreffen und die ihnen explizit per Gesetz zugewiesen wurden (Spezialität anstelle von Universalität). Ob, wann und wie Kommunen die Aufgaben des eigenen Wirkungskreises wahrnehmen, bleibt ihnen in einem großzügigen Rahmen selbst überlassen.[98] Eine Einschränkung erfährt dieses freie Ermessen nur im Bereich der gesetzlichen Pflichtaufgaben. So sind die bayerischen Gemeinden nach Art. 57 Abs. 2 Satz 1 Gemeindeordnung für den Freistaat Bayern (BayGO) dazu verpflichtet, „die aus Gründen des öffentlichen Wohls erforderlichen Einrichtungen zur Versorgung mit Trinkwasser herzustellen und zu unterhalten". Wie diese Bereitstellung der Trinkwasserversorgung jedoch im Einzelfall aussieht, bestimmen wiederum die Gemeinden selbst.

Diese Eigenverantwortlichkeit der Gemeinden in ihrem eigenen Wirkungskreis drückt sich in den sogenannten **Gemeindehoheiten** aus:

- **Gebietshoheit**

  Rechtsmacht der Kommunen, gegenüber den Bürgern und Bürgerinnen ihres Gebiets Hoheitsgewalt auszuüben.

---

97 *Knemeyer* (2007), S. 41

98 *Lissack* (2019), S. 18–25

- **Finanzhoheit inklusive Abgabenhoheit**

  Recht der Kommunen, im Rahmen des gesetzlich geregelten Haushaltswesens ihre Einnahmen und Ausgaben selbst zu verwalten. Zudem folgt daraus der Anspruch auf eine angemessene finanzielle Ausstattung. Kommunen können allgemein Abgaben, d. h. Gebühren und Beiträge sowie privatrechtliche Entgelte, erheben, die Gemeinden zusätzlich auch örtliche Steuern.

- **Personalhoheit**

  Kompetenz der Kommunen, zur Verwaltung und Erfüllung ihrer Aufgaben selbstständig Personal einzustellen und alle damit zusammenhängenden Entscheidungen zu treffen. Dies geschieht unabhängig davon, ob die beschäftigten Personen für Aufgaben des eigenen oder des übertragenen Wirkungskreises herangezogen werden.

- **Organisationshoheit inklusive Kooperationshoheit**

  Befugnis, die innere Organisation der Kommune, insbesondere in Bezug auf die Form der Aufgabenerfüllung, deren Abläufe und die Entscheidungszuständigkeiten, selbst zu gestalten. Im Rahmen der Organisationshoheit können die Kommunen darüber befinden, ob die Bewältigung der Aufgaben eigenständig oder in Zusammenarbeit mit anderen Verwaltungsträgern geleistet werden soll (=Kooperationshoheit). Den Kommunen sind dabei durch das landesrechtlich gefasste Kommunalverfassungsrecht insofern Grenzen gesetzt, als dass die grundlegende (z. B. institutionelle) Organisationsform der Kommunen dadurch festgelegt wird.

- **Planungshoheit**

  Kompetenz der Kommunen, für alle Aufgabenbereiche (z. B. in der Finanzplanung) selbstständig vorausschauende Festlegungen zu treffen. Darin eingeschlossen ist vor allem die für die Kommunen besonders wichtige Raumplanungshoheit bzw. die Bauleitplanung, d. h. die eigenverantwortliche Entscheidung über die Bodennutzung im Gemeindegebiet.

- **Rechtssetzungshoheit**

  Befugnis zum Erlass von Satzungen, d. h. von Rechtsnormen zur Regelung der Selbstverwaltungsangelegenheiten.[99]

[99] *Lissack* (2019), S. 25–29; *Lange* (2019), S. 21–32

Insgesamt zeigt sich, dass den Kommunen im Rahmen ihrer Selbstverwaltungstätigkeiten recht große Spielräume verbleiben. Insbesondere trifft dies auf die Gemeinden zu. Gleichzeitig bedeutet das, dass für die Frage der nachhaltigen Entwicklung der Kommunen eine große Verantwortung bei ihnen selbst liegt. Sie selbst können ökonomische, ökologische und soziale Zielsetzungen aufstellen und ihre Entscheidungen darauf ausrichten. Ebenso können durch unscharfe Betrachtung, einseitige Gewichtung oder schlicht Nichtbeachtung Entwicklungen zugelassen werden, die dem übergeordneten Ziel der nachhaltigen Entwicklung zuwiderlaufen.

Aufgaben der Gemeinden

Die grundsätzliche Allzuständigkeit der Gemeinden findet dort ihre Grenzen, wo Aufgaben per Gesetz an höhere Ebenen zugewiesen wurden. Wie bereits gezeigt lassen sich die Aufgaben von Gemeinden grundsätzlich in solche des eigenen Wirkungskreises und solche des übertragenen Wirkungskreises unterteilen. Aufgaben des übertragenen Wirkungskreises umfassen Angelegenheiten, die eigentlich Staatsaufgaben sind, für deren Erfüllung sich der Staat jedoch aufgrund der Zweckmäßigkeit der vorhandenen Infrastruktur der Gemeinden bedient und ihnen deshalb diese Aufgaben übertragen hat. Übertragene Aufgaben sind echte Gemeindeaufgaben, für deren Erfüllung die Gemeinden verantwortlich sind. Der Kostenaufwand ist von den Gemeinden zu erbringen. Jedoch ist durch das von der BV geforderte und rechtlich umgesetzte Konnexitätsprinzip gewährleistet, dass der Staat bei jeder neuen Aufgabenzuweisung „eine konkrete Aussage zur Zuweisung der erforderlichen Finanzmittel“[100] erbringen muss.

Aufgaben des eigenen Wirkungskreises betreffen alle Angelegenheiten im Rahmen der kommunalen Selbstverwaltung. In ihnen handeln die Gemeinden nach eigenem Ermessen. Darunter fallen insbesondere die Angelegenheiten der sogenannten Daseinsvorsorge.

Daseinsvorsorge

Daseinsvorsorge bedeutet, dass die Gemeinden „in den Grenzen ihrer Leistungsfähigkeit die öffentlichen Einrichtungen schaffen und erhalten, die nach den örtlichen Verhältnissen für das wirt-

[100] *Knemeyer* (2007), S. 134

schaftliche, soziale und kulturelle Wohl und die Förderung des Gemeinschaftslebens ihrer Einwohner erforderlich sind" (Art. 57 Abs. 1 BayGO). Sie umfasst damit die grundlegenden Bereiche, die für ein „sinnvolles menschliches Dasein"[101] notwendig sind. Die Bayerische Verfassung führt beispielsweise einen Katalog an Aufgaben an, die in den eigenen Wirkungskreis der Gemeinden fallen: „insbesonders die Verwaltung des Gemeindevermögens und der Gemeindebetriebe; der örtliche Verkehr nebst Straßen- und Wegebau; die Versorgung der Bevölkerung mit Wasser, Licht, Gas und elektrischer Kraft; Einrichtungen zur Sicherung der Ernährung; Ortsplanung, Wohnungsbau und Wohnungsaufsicht; örtliche Polizei, Feuerschutz; örtliche Kulturpflege; Volks- und Berufsschulwesen und Erwachsenenbildung; Vormundschaftswesen und Wohlfahrtspflege; örtliches Gesundheitswesen; Ehe- und Mütterberatung sowie Säuglingspflege; Schulhygiene und körperliche Ertüchtigung der Jugend; öffentliche Bäder; Totenbestattung; Erhaltung ortsgeschichtlicher Denkmäler und Bauten" (Art. 83 Abs. 1 BV). Dabei ist dieser Katalog selbstverständlich nicht vollständig. Die Gemeinden können ihren Aufgabenkatalog auf freiwilliger Basis im Grunde beliebig erweitern und zusätzliche Angebote schaffen. Beispiele sind die Bereitstellung eines Trimm-Dich-Pfads, eines Schwimmbads oder einer Bücherei. Ökologische Projekte wie das Anlegen von Blühwiesen, Busch- und Heckenwerk oder das Anbringen von Nistmöglichkeiten an gemeindlichen Liegenschaften fallen ebenfalls unter die Kategorie der freiwilligen Aufgaben einer Gemeinde.

Gleichermaßen verhält es sich derzeit mit der Erstellung von kommunalen Nachhaltigkeitsberichten: Ob und in welchem Umfang eine Gemeinde hier Personal und finanzielle Ressourcen zur Verfügung stellt, liegt in ihrem eigenen Ermessen.

Einige der Aufgaben des eigenen Wirkungskreises können von den Gemeinden nicht auf freiwilliger Basis getätigt werden und sind deshalb sogenannte Pflichtaufgaben. Hier wurde das Entschließungsermessen gesetzlich ausgeschlossen, d. h., dass die Gemeinden nicht entscheiden können, ob sie eine solche Aufgabe bewältigen, sondern nur wie. Beispiele dafür sind die Bereitstellung einer adäquaten Trinkwasserversorgung, der Abwasserbeseitigung, der Bau und Unterhalt von Gemeindestraßen u. v. m.[102]

---

101 *Lissack* (2019), S. 49, Fn. 6

102 *Lissack* (2019), S. 49–51

Aufgaben		
eigener Wirkungskreis		übertragener Wirkungskreis
Pflichtaufgaben	**freiwillige Aufgaben**	
Wasserversorgung	Öffentlichkeitsarbeit	Hilfe bei Verwaltungsverfahren
Abwasserbeseitigung	Gemeindegärtnerei	Mitwirkung bei allen Wahlen (Bundestag-, Landtag-, Kommunalwahlen)
Bau, Unterhalt Gemeindestraßen	Ehrung verdienter Persönlichkeiten	Standesamtswesen
Bürgerversammlung	Herausgabe eines Amtsblattes	Vollzug des Melderechts
Einstellung des Personals	Volkshochschule	Ausstellung von Pässen, Personalausweisen
Aufstellung Haushaltsplan	Bücherei	Mitwirkung bei statistischen Erhebungen
Feuerwehrwesen	Jugendzentrum	Erlass von Verordnungen
Unterhalt für Grund und Hauptschulen	Heimatmuseum	Sperrzeitregelungen
Schülerbeförderung	Museum	Ausstellung von Leichenpässen
Friedhofswesen	Patenschaften	Vorbehandlung der Bauanträge
Erlass der Geschäftsordnung	Festspielwoche	Erteilung von Fischereischeinen
Obdachlosenunterbringung	Sportförderung	Entscheidung über Gastschulanträge
Schuldenverwaltung	Jugendherberge	Sühneversuch
Rechnungslegung	Wanderwege	
Bauleitplanung	Bolzplätze	
Sicherung der Bestattung	Campingplätze	
	Reitwege	
	Naturparks	
	Zoologischer Garten	
	Schwimmbäder	
	Eislaufplätze	
	Skiabfahrten	
	Ausstellungen, Messen	
	Radwege	
	Altenheim	
	öffentliche Toilettenanlagen	
	Beratungseinrichtungen	
	Musikschulen	
	Sparkassen	

Abb. 13: Übersicht der gemeindlichen Aufgaben gemäß Lissack (2019), S. 54, Übersicht 16

Nachhaltigkeit als Aufgabe

Nachhaltigkeit kann in den Gemeinden vor allem im Bereich des eigenen Wirkungskreises realisiert werden: entweder, indem ökologische Standards bei den Pflichtaufgaben angesetzt werden, oder als eigenständige freiwillige Aufgabe, wie beim Klimaschutzmanagement. Beispielsweise kann eine Modernisierung der Kläranlage und eine damit einhergehende Verbesserung der Klärleistung einen positiven Beitrag zur Gewässerqualität leisten. Die konsequente Instandhaltung des Trinkwassersystems kann Wasserverluste vermindern und so den Verbrauch an Grundwasser geringhalten. Dies wird immer bedeutender, da sich das potenzielle Dargebot in Deutschland in den letzten Jahrzehnten aufgrund von Trockenheit und Hitze verringert hat.[103]

Gleichzeitig ist ein strenges Kostenmanagement ein Beitrag zur nachhaltigen Finanzentwicklung einer Gemeinde. Wie die Pflichtaufgaben selbst sind die Möglichkeiten zur Förderung einer nachhaltigen Entwicklung in diesem Bereich relativ begrenzt. Dagegen sind die Handlungsoptionen im Bereich der freiwilligen Aufgaben nahezu unerschöpflich, ein Engpassfaktor können hier die finanziellen Kapazitäten sein. Die Möglichkeiten reichen von der Installation von Photovoltaikanlagen auf gemeindlichen Liegenschaften über das Anlegen von Blühwiesen bis hin zur Zertifizierung als Fair-Trade-Gemeinde oder zur Verteilung eines Nachhaltigkeitsleitfadens an die Bevölkerung. Weitere Ideen für Projekte finden sich in Kapitel V.4.

Selbst im Bereich der übertragenen (Pflicht-)Aufgaben können Gemeinden jedoch zumindest kleine Beiträge zur Nachhaltigkeit leisten, z. B. durch das Verwenden von Recyclingpapier.

Die kommunalen Unternehmen können gleichfalls zu einer nachhaltigen Kommunalentwicklung beitragen. In diesem Bereich haben die Gemeinden weitgehende Einflussmöglichkeiten. Letztlich ist das Spektrum der Handlungsoptionen unüberschaubar groß. Gleichzeitig liegen die möglichen Anpassungen nicht immer im Fokus der Entscheidungsträgerinnen und Entscheidungsträger. Beispiele von Aktivitäten anderer Gemeinden könnten als Vorbild für das eigene Handeln dienen.

---

103 *Krahe/Nielson* (2021)

Praxistipp:

Verschaffen Sie sich eine Übersicht der gemeindlichen Aufgaben (siehe z. B. Abb. 13). Überlegen Sie, wie diese auf nachhaltige Art und Weise ausgeführt werden können. Wo gibt es Verbesserungsbedarf? Dadurch entwickeln Sie schnell Ideen für neue Projekte.

2. Die Kommunen in den Entwicklungsagenden der Vereinten Nationen

Kurz und knapp

In den vergangenen Jahrzehnten wurden im Rahmen von UN-Konferenzen zwei wichtige Entwicklungsprogramme verabschiedet: im Jahr 1992 die Agenda 21 und im Jahr 2015 die Agenda 2030. In beiden wurde den Städten und Gemeinden eine wichtige Rolle im Bemühen um eine nachhaltige Entwicklung zugesprochen. Die 17 Entwicklungsziele der Agenda 2030, die SDGs erfuhren seither eine breite Akzeptanz und finden in vielen staatlichen und privaten Programmen für mehr Nachhaltigkeit Verwendung.

2.1 Die Kommunen im globalen Kontext

Wie gezeigt bilden die Kommunen die unterste Ebene im föderalen Staatsaufbau der Bundesrepublik Deutschland. Sie sind damit bei ihren Bemühungen um Nachhaltigkeit stark von den Rahmenbedingungen abhängig, die Bund und Ländern vorgeben. Allerdings existieren auch Bereiche, in denen eine teilweise Aufgabenübertragung an supranationale Organisationen erfolgt ist, beispielsweise bei der Wirtschaftspolitik, der Armutsbekämpfung oder der Verteidigung. Dazu wurde das sogenannte Mehrebenensystem nach oben erweitert und durch Governance-Strukturen oberhalb der nationalstaatlichen Ebene ergänzt. Dieser Prozess setzte im 20. Jahrhundert angesichts der internationalen Katastrophen der beiden Weltkriege ein und wird im 21. Jahrhundert aufgrund der globalen Herausforderungen fortgesetzt. Innereuropäisch bildet die Europäische Union (EU) eine ebensolche übergeordnete Ebene. In globaler Perspektive sind es völkerrechtliche Einrichtungen wie die Welthandelsorganisation (engl. World Trade Organization (WTO)), die Nordatlantikpakt-Organisation (engl. North Atlantic Treaty Organization (NATO)) oder die Vereinten Nationen (VN).[104] Ebenso können internationale Zusammenkünfte wie die Rio-Konferenz von 1992, die gemeinsame Beschlüsse und Absichtserklärungen fassen, im weiteren Sinn als Teil eines solchen globalen Governance-Systems gesehen werden.

Abb. 14: Die Gemeinden sind die kleinsten Verwaltungseinheiten im Staatsaufbau bzw. in der internationalen Ordnung. Gleichzeitig bilden sie deren Fundament; eigene Darstellung.

Sowohl Entscheidungen in supranationalen Organisationen als auch internationale Abkommen haben damit auf die Kommunen zumindest einen mittelbaren Einfluss. Im Folgenden soll herausgearbeitet werden, welchen Stellenwert den Gemeinden und Städten in den globalen Bemühungen um eine nachhaltige Entwicklung zugesprochen wurde bzw. wird.

2.2 Agenda 21 und Lokale Agenda 21

Einen wichtigen Meilenstein auf dem Weg zu einem internationalen Bemühen um nachhaltige Entwicklung markierte die Konferenz der Vereinten Nationen über Umwelt und Entwicklung (United Nations Conference on Environment and Development), die im Jahr 1992 in Rio de Janeiro stattfand. Neben rechtlich bindenden Übereinkommen wie der Klimarahmenkonvention der VN (engl. United Nations Framework Convention on Climate Change (UNFCCC)) wurden völkerrechtlich nicht bindende Absichtserklärungen der teilnehmenden Nationen verabschiedet.[105] Als bekanntestes Dokument ging aus der Rio-Konferenz die sogenannte Agenda 21 hervor.[106] In

[104] *Härtel* (2012), S. 562–596
[105] Vgl. *Mathis* (2017), S. 138
[106] *Vereinte Nationen* (1992)

40 Kapiteln wurden darin Grundsätze festgehalten, die der Weltgemeinschaft eine nachhaltige Entwicklung ermöglichen sollten. Maximen wie partnerschaftliche Zusammenarbeit, Wissenstransfer zwischen den Nationen und gegenseitige Berichterstattung sollten diesen Prozess fördern und ermöglichen. Insbesondere sollte ein Ausgleich zwischen dem Erhalt des Ökosystems sowie ökonomischen und sozialen Fragen erreicht werden.[107]

In dem Aktionsprogramm wurde den Regionen und Kommunen eine zentrale Rolle zugesprochen. Dahinter stand die Erkenntnis, dass viele der globalen Ziele nur durch Anstrengungen vor Ort erreicht werden können – noch weit unterhalb der Ebene der Nationen. Entsprechend wurde ein ganzes Kapitel der Agenda 21 den Kommunen und ihrer Rolle im Entwicklungsprozess gewidmet. In der Einleitung von Kapitel 28 wird die Bedeutung der kommunalen Ebene betont:

> „Da so viele der in der Agenda 21 angesprochenen Probleme und Lösungen ihre Wurzeln in Aktivitäten auf örtlicher Ebene haben, ist die Beteiligung und Mitwirkung der Kommunen ein entscheidender Faktor bei der Verwirklichung der Agendaziele. Kommunen errichten, verwalten und unterhalten die wirtschaftliche, soziale und ökologische Infrastruktur, überwachen den Planungsablauf, stellen die kommunale Umweltpolitik und kommunale Umweltvorschriften auf und wirken an der Umsetzung der nationalen und regionalen Umweltpolitik mit. Als Politik- und Verwaltungsebene, die den Bürgern am nächsten ist, spielen sie eine entscheidende Rolle dabei, die Öffentlichkeit aufzuklären und zu mobilisieren und im Hinblick auf die Förderung einer nachhaltigen Entwicklung auf ihre Anliegen einzugehen."[108]

Vor dem Hintergrund der Bedeutung der Kommunen für eine erfolgreiche und flächendeckende Umsetzung der Agenda 21 wurden folgende Ziele festgelegt:

1. Gründung einer Lokalen Agenda 21 unter Einbeziehung der Bevölkerung in einer Mehrzahl der Kommunalverwaltungen der Mitgliedsländer bis 1996
2. Einleitung eines internationalen Konsultationsprozesses zur Förderung der kommunalen Zusammenarbeit bis 1993

---

[107] Vgl. *Mathis* (2017), S. 139–143
[108] *Vereinte Nationen* (1992), S. 291

3. Vernetzung der kommunalen Verbände mit dem Ziel des Erfahrungs- und Informationsaustauschs bis 1994
4. Einsetzung von Programmen, die die Beteiligung von Frauen und Jugendlichen in den vorgenannten Prozessen sicherstellen

Um diese Ziele zu erreichen, wurde den Kommunen bzw. Kommunalverwaltungen eine Handlungsanleitung vorgegeben und sie wurden für die Durchführung des Prozesses mit in die Verantwortung genommen. Zentraler Bestandteil war es, eine Lokale Agenda 21 ins Leben zu rufen. Damit war eine Strategie gemeint, die die Umsetzung der Agendaziele in den Städten und Gemeinden voranbringen sollte. Die Initiative dafür sollte explizit von den kommunalen Spitzen ausgehen – und nicht erst auf entsprechende Bemühungen vonseiten der Bevölkerung warten. In der Realität sah dies allerdings oft anders aus: Nicht selten wurde die Aufnahme einer Lokalen Agenda 21 aus kirchlichen oder sonstigen zivilgesellschaftlichen Kreisen angestoßen.

Letztlich passte dies jedoch zum basisdemokratischen und integrativen Charakter, den die Lokalen Agenden haben sollten. Die Bürgerinnen und Bürger wurden als wichtige Partner gesehen – sei es als Privatpersonen, in Form der organisierten Bürgerschaft (Verbände, Vereine, Bürgerinitiativen usw.) oder als Teil der lokalen Wirtschaft. Sie sollten den Kommunen Ideen und Anstöße für eine nachhaltige Entwicklung liefern, die in die Entscheidungsprozesse mit einfließen sollten. Einerseits sollten diese Anstöße eine Grundlage für politische Entscheidungen vor Ort bilden; andererseits sollten sie als Informationsquelle für nationale, regionale und internationale Aktive dienen. Für den Steuerungs- und Evaluationsprozess sollten geeignete Monitoring- und Reporting-Strukturen geschaffen und entsprechende Indikatorensysteme entwickelt werden.[109]

Die Lokale Agenda 21 orientiert sich insgesamt am Bottom-up-Prinzip, das in der Agenda 21 insgesamt mehrfach Anwendung findet.[110] Dies ist u. a. daran zu erkennen, dass den untersten Verwaltungseinheiten eine besonders große Rolle bei der Umsetzung von globalen Entwicklungszielen zugesprochen wurde. Zum anderen folgen die Prozesse innerhalb der Kommunen diesem Prinzip, nämlich indem der inhaltliche Input für eine nachhaltige kommunale Entwicklung

---

109 Vgl. *Baker* (2016), S. 240–242
110 Vgl. *Mathis* (2017), S. 142; vgl. *Baker* (2016), S. 142 f.

von unten aus der Bürgerschaft in die Politik und Verwaltung gegeben werden soll.

Die Ziele des 28. Kapitels der Agenda 21 zog weltweit und in Deutschland eine Vielzahl entsprechender Initiativen von Städten und Gemeinden nach sich. So bemerkte das „Handbuch Lokale Agenda 21" des Umweltbundesamts im Jahr 1998:

> „Während im Jahr 6 nach Rio einerseits immer noch darüber räsoniert wird, ob eine *Lokale Agenda 21* für deutsche Kommunen überhaupt etwas neues darstellt, beschließen andererseits Hunderte von Städten, Gemeinden und Landkreisen die Aufstellung einer solchen Lokalen Agenda 21. Nahezu jede wissenschaftliche Disziplin setzt sich in irgendeiner Weise mit Fragen einer zukunftsbeständigen Entwicklung auseinander, zahlreiche Institutionen und Planungsbüros bieten Hilfestellung und Begleitung bei lokalen Agenda-21-Prozessen an und kaum eine Konferenz mit kommunaler Zielgruppe kommt mehr ohne einen Workshop oder zumindest einen Redebeitrag zur Lokalen Agenda aus."[111]

Tatsächlich wurden im Nachgang der Rio-Konferenz und der Veröffentlichung ihrer Ergebnisse in ca. 2.600 von insgesamt rund 12.000 deutschen Städten und Gemeinden Lokale Agenden 21 ins Leben gerufen. Wissenschaftliche Veröffentlichungen zu diesem Thema häuften sich bis zur Jahrtausendwende, meist allerdings ohne über den Status von Ideensammlungen und ersten Konzeptvorschlägen für ein standardisiertes Vorgehen in den Kommunen hinauszukommen. Mit der Zeit flaute das Interesse sowohl vor Ort als auch in der Forschung scheinbar ab, ehe es seit 2015 mit der Verabschiedung der Agenda 2030 wieder etwas an Fahrt aufnahm. Trotz allem fehlt nach wie vor eine umfassende Vorlage bzw. ein Konzept eines einheitlichen Prozesses, der die Voraussetzung für eine koordinierte und vergleichbare Vorgehensweise der Kommunen wäre. Diese Lücke will dieses Buch mit dem Vorschlag einer vereinheitlichten Nachhaltigkeitsberichterstattung zumindest teilweise schließen.

2.3 Die Agenda 2030

Der Rio-Konferenz von 1992 folgten mehrere Konferenzen. Auf diesen wurde nicht nur die Umsetzung der vereinbarten Entwicklungsziele erörtert, sondern eine Weiterentwicklung dieser Ziele vor-

[111] *Bundesumweltministerium/Umweltbundesamt* (1998), S. 9

genommen. Zudem wurden im Rahmen von internationalen Gipfeln weitere Zielvereinbarungen getroffen, die u. a. die Armutsbekämpfung und den Erhalt der natürlichen Grundlagen voranbringen sollten. Ein Beispiel dafür sind die „Milleniumsentwicklungsziele", die auf einer UNO-Konferenz im Jahr 2000 beschlossen wurden. Diese Millennium Development Goals (MDGs) richteten sich v. a. an die ärmeren Länder des globalen Südens und sollten zur Entwicklung menschenwürdiger Lebensstandards beitragen.[112] Sie sollten bis 2015 erreicht werden.

Als Nachfolgevereinbarung verabschiedete eine UNO-Konferenz im September 2015 in New York die Resolution „Transformation unserer Welt: die Agenda 2030 für nachhaltige Entwicklung"[113]. In dieser wurden die MDGs weiterentwickelt und um zusätzliche Aspekte ergänzt.

Der verkürzt als Agenda 2030 bezeichneten Resolution wurden die sogenannten „5 Ps" vorangestellt. Diese lauten: People (Menschen), Planet (Planet), Prosperity (Wohlstand), Peace (Friede) und Partnership (Partnerschaft). Zu jedem „P" wurden spezifische Ziele ausformuliert:

5 Ps	Übersetzung	Ziele
People	Menschen	Armut und Hunger in all ihren Formen und Dimensionen ein Ende setzen und sicherstellen, dass alle Menschen ihr Potenzial in Würde und Gleichheit und in einer gesunden Umwelt voll entfalten können.
Planet	Planet	Den Planeten vor Schädigung schützen, u. a. durch nachhaltigen Konsum und nachhaltige Produktion, die nachhaltige Bewirtschaftung seiner natürlichen Ressourcen und umgehende Maßnahmen gegen den Klimawandel, damit die Erde die Bedürfnisse der heutigen und der kommenden Generationen decken kann.

112 Vgl. *Mathis* (2017), S. 151–159
113 *Vereinte Nationen* (2015)

5 Ps	Übersetzung	Ziele
Prosperity	Wohlstand	Dafür sorgen, dass alle Menschen ein von Wohlstand geprägtes und erfülltes Leben genießen können und dass sich der wirtschaftliche, soziale und technische Fortschritt in Harmonie mit der Natur vollzieht.
Peace	Friede	Friedliche, gerechte und inklusive Gesellschaften fördern, die frei von Furcht und Gewalt sind. Ohne Frieden kann es keine nachhaltige Entwicklung geben und ohne nachhaltige Entwicklung keinen Frieden.
Partnership	Partnerschaft	Die für die Umsetzung dieser Agenda benötigten Mittel durch eine mit neuem Leben erfüllte Globale Partnerschaft für nachhaltige Entwicklung mobilisieren, die auf einem Geist verstärkter globaler Solidarität gründet, insbesondere auf die Bedürfnisse der Ärmsten und Schwächsten ausgerichtet ist und an der sich alle Länder und alle Menschen beteiligen.

Tab. 10: Die Leitmotive „5 Ps" der Agenda 2030, eigene Darstellung in Anlehnung an Vereinte Nationen (2015), S. 1–2

Zur Verwirklichung dieser Leitmotive wurden weiterhin 17 Ziele für eine nachhaltige Entwicklung, die Sustainable Development Goals (SDGs) beschlossen.[114] Ein wichtiger Paradigmenwechsel war dabei, dass sich die neuen SDGs nicht mehr nur an die Entwicklungsländer, sondern explizit auch an alle Mitgliedsstaaten richteten.[115] Damit liegt die Verantwortung für ihre Umsetzung heute eindeutig bei allen Mitgliedern der Weltgemeinschaft. Die SDGs traten am 1. Januar 2016 mit einer Laufzeit von 15 Jahren (daher die Bezeichnung Agenda 2030) in Kraft.

Basis für die Verabschiedung der Agenda 2030 durch die Generalversammlung der Vereinten Nationen war ein breiter Konsens innerhalb der Staatengemeinschaft. Allerdings wurden für die vereinbarten

114 *Vereinte Nationen* (2015)
115 Vgl. *Mathis* (2017), S. 159

Ziele keine einheitlichen Maßnahmen festgelegt. Diese müssen von jedem Land in eigener Verantwortung entwickelt und umgesetzt werden. Dies trägt den nationalen Besonderheiten und den daraus folgenden unterschiedlichen Bedürfnissen Rechnung, ist gleichzeitig aber ein Ausdruck von Unverbindlichkeit. Dazu passt, dass die Eigenständigkeit der Länder in der Erklärung mehrfach herausgestellt wird.[116] Dies gilt ebenso für die Weiterverfolgungs- und Überprüfungsprozesse.[117] Die Resolution der Generalversammlung ist demzufolge völkerrechtlich nicht bindend und die Agenda 2030 vielmehr eine freiwillige Selbstverpflichtung der Mitgliedstaaten. Sie ist nicht durch internationales Recht einklagbar. Dementsprechend sind keine Sanktionen vorgesehen, die in der Praxis ohnehin nur schwer durchsetzbar wären.

Praxistipp:

Die Resolution der Generalversammlung, verabschiedet am 25.9.2015, „Transformation unserer Welt" ist auf Deutsch abrufbar auf https://www.un.org/depts/german/gv-70/band1/ar70001.pdf?OpenElement= (Stand: 25.2.2022).

Exkurs:

Im Gegensatz zur Agenda 2030 wurde drei Monate später im Dezember 2015 auf der UN-Klimakonferenz von Paris (21st Conference of the Parties" (COP 21)) das „Übereinkommen von Paris" von fast allen Ländern der Welt ratifiziert und damit völkerrechtlich verbindlich anerkannt. Darin wurde beschlossen (Art. 2 Abs. 1a), dass „[...] der Anstieg der durchschnittlichen Erdtemperatur deutlich unter 2 °C über dem vorindustriellen Niveau gehalten wird und Anstrengungen unternommen werden, um den Temperaturanstieg auf 1,5 °C über dem vorindustriellen Niveau zu begrenzen, [...]" (Deutsche Übersetzung abrufbar auf https://www.bmu.de/fileadmin/Daten_BMU/Download_PDF/Klimaschutz/paris_abkommen_bf.pdf, Stand: 25.2.2022). Allerdings wurden auch in diesem Abkommen nur die Ziele, nicht aber Maßnahmen oder gar Sanktionen festgelegt.

---

116 *Vereinte Nationen* (2015), S. 11 ff., z. B. Nr. 41, 47 und 59

117 *Vereinte Nationen* (2015), S. 34 ff., Nr. 74

Über den Stand der Umsetzung berichten die Länder in sogenannten Voluntary National Reviews (VNRs). Diese werden als Fortschrittsberichte oder freiwillige Staatenberichte bezeichnet. Eine Übersicht zu den bisherigen und angekündigten VNRs stellen die Vereinten Nationen auf ihrer „Sustainable Development Knowledge Platform" dar.[118]

Adressat der Berichte ist das High-level Political Forum on Sustainable Development (HLPF). Dieses verfügt nicht über eigene Entscheidungsbefugnisse, sondern sammelt Informationen über den Stand der Verwirklichung der SDGs in den einzelnen Ländern.[119]

Ein standardisiertes Format für die VNRs gibt es nicht. Jedes Land entwickelt seinen eigenen Bericht. Das erhöht den Erstellungsaufwand beträchtlich und erschwert bzw. verhindert die Vergleichbarkeit. Zum Beispiel enthalten die 2021 übermittelten Berichte Deutschlands 144 Seiten, der Bericht der Volksrepublik China dagegen nur 84 Seiten.[120] Die Gliederungen und die verwendeten Indikatoren (zu den Indikatoren vgl. auch Kap. 4.4.) sind völlig unterschiedlich, selbst die Symbole für die 17 SDGs sind nicht identisch. Die Vereinten Nationen stellen den Ländern lediglich eine unvollständige Empfehlung für die Erstellung der Berichte zur Verfügung.[121] Besser wäre ein einheitliches und verpflichtendes Berichtsformat. Die verwendeten Indikatoren inklusive ihrer Berechnungsmethoden sollten ebenfalls einheitlich vorgeschrieben werden.

Auch wird der Inhalt der VNRs nicht von unabhängiger Seite geprüft. Dies kritisiert beispielsweise der Rat für Nachhaltige Entwicklung (RNE) und regt an, diese Berichte durch unabhängige Expertinnen und Experten aus dem Ausland prüfen zu lassen (Peer Review).[122] Die beschriebenen Unzulänglichkeiten scheinen ein generelles Merkmal von Nachhaltigkeitsberichten – auch in der Privatwirtschaft – zu sein. Ein Teil der Mängel soll – wenigstens für die kommunalen Nachhaltigkeitsberichte – mit diesem Buch behoben werden.

Deutschland hat die Agenda 2030 anerkannt und die Deutsche Nachhaltigkeitsstrategie an den 17 globalen Nachhaltigkeitszielen ausgerichtet. Beim ersten Treffen des HLPF nach der Verabschiedung der 2030-Agenda im Sommer 2016 stellten 22 Staaten, darunter Deutschland, einen Staatenbericht vor.[123] Deutschland hat der Staaten-

---

118 https://sustainabledevelopment.un.org/vnrs/#VNRDatabase (Stand: 31.10.2021)
119 *Martens* (2020)
120 *Ministry of Foreign Affairs of the People's Republic of China* (2021)
121 *Department of Economic and Social Affairs (DESA) United Nations* (2020)
122 *Ohne Verfasser* (2019)
123 *Abshagen* (2016)

gemeinschaft dabei seine an den SDGs orientierte Nationale Nachhaltigkeitsstrategie präsentiert.[124] Diese wurde von den ausländischen Beobachterinnen und Beobachtern als Beispiel für eine konsequente Verfolgung der Nachhaltigkeitsziele positiv aufgenommen.[125]

Die Länder berichten in unregelmäßigen Abständen. Zum Beispiel haben 2020 insgesamt 47 Länder Fortschrittsberichte an das HLPF übermittelt (2021: 42 Länder bis 31.10.2021). Im Jahr 2016[126] hat Deutschland einen ersten freiwilligen Staatenbericht an das HLPF gesandt, im Jahr 2021[127] einen zweiten. Darin werden wesentliche Teile der im März 2021 beschlossenen Weiterentwicklung der Deutschen Nachhaltigkeitsstrategie (DNS) aufgeführt. Für 2024 ist die dritte Berichterstattung Deutschlands an das HLPF vorgesehen.[128] Um Auswertungen und Vergleiche durchführen zu können, wäre ein regelmäßiger, für alle Länder verpflichtender Turnus zielführend. Ideal wäre ein Zeitraum von zwei Jahren. Der Bericht und die darin enthaltenen Daten sollte jeweils zum 31.12. des Jahrs erstellt werden.

Die Vereinten Nationen berichten jährlich über den aktuellen Stand der weltweiten Umsetzung der Agenda 2030. Der letzte Bericht „The Sustainable Development Goals Report 2020" ist geprägt von den Auswirkungen der Covid-19-Pandemie.[129] António Guterres, der Generalsekretär, stellt in seinem Vorwort fest, dass vor der Pandemie die Fortschritte in Bezug auf die Agenda 2030 weltweit ungleich verteilt waren und nicht ausreichen würden, um die SDGs zu erreichen. Die Pandemie habe weltweit sehr unterschiedliche Auswirkungen und erschwere das Erreichen der SDGs zusätzlich. Als Beispiele nennt Guterres Rückschritte bei der Bildung (SDG 1), beim Schutz und der Gleichstellung von Frauen (SDG 5) und beim Abbau von gesellschaftlichen Ungleichheiten (SDG 10).

2.4 Die Sustainable Development Goals der Agenda 2030

Im Zentrum der Agenda 2030 stehen die 17 SDGs. Diese werden von der neuen Bundesregierung im Koalitionsvertrag als Richtschnur ihrer Politik bezeichnet.[130] Sie sollen nachhaltige Entwicklung in allen

124 *Bundesregierung* (2016)
125 *Bachmann* (2017)
126 *Bundesregierung* (2016)
127 *Bundesregierung* (2021)
128 *Die Bundesregierung* (2021a), S. 129
129 *United Nations* (2020)
130 *Sozialdemokratische Partei Deutschlands* et al. (2021), S. 36 ff. und S. 131

Staaten und in allen drei Dimensionen der Nachhaltigkeit gewährleisten. Gleichzeitig dienen sie als wichtiges Kommunikationsmittel, da sie die in der Agenda 2030 formulierten Zielsetzungen sehr prägnant zusammenfassen.

Abb. 15: Die 17 Ziele für eine nachhaltige Entwicklung der Vereinten Nationen (SDGs), https://unric.org/de/17ziele/ (Stand: 25.2.2022), bei einem Klick auf das Symbol erscheinen weitere Informationen zu dem gewählten SDG

In der grafischen Darstellung sind die Kurzbezeichnungen der SDGs dargestellt. In der folgenden Tabelle 11 finden sich neben den Kurzbezeichnungen die Bezeichnungen gemäß dem Originaldokument der Vereinten Nationen von 2015 in deutscher Übersetzung.

SDG	Kurz-bezeichnung	Originalbezeichnung (deutsche Übersetzung)
1	**Keine Armut**	Armut in all ihren Formen und überall beenden.
2	**Kein Hunger**	Den Hunger beenden, Ernährungssicherheit und eine bessere Ernährung erreichen und eine nachhaltige Landwirtschaft fördern.
3	**Gesundheit und Wohlergehen**	Ein gesundes Leben für alle Menschen jeden Alters gewährleisten und ihr Wohlergehen fördern.
4	**Hochwertige Bildung**	Inklusive, gleichberechtigte und hochwertige Bildung gewährleisten und Möglichkeiten lebenslangen Lernens für alle fördern.
5	**Geschlechter-gleichheit**	Geschlechtergleichstellung erreichen und alle Frauen und Mädchen zur Selbstbestimmung befähigen.

SDG	Kurz-bezeichnung	Originalbezeichnung (deutsche Übersetzung)
6	**Sauberes Wasser und Sanitäreinrichtungen**	Verfügbarkeit und nachhaltige Bewirtschaftung von Wasser und Sanitärversorgung für alle gewährleisten.
7	**Bezahlbare und saubere Energie**	Zugang zu bezahlbarer, verlässlicher, nachhaltiger und moderner Energie für alle sichern.
8	**Menschenwürdige Arbeit und Wirtschaftswachstum**	Dauerhaftes, inklusives und nachhaltiges Wirtschaftswachstum, produktive Vollbeschäftigung und menschenwürdige Arbeit für alle fördern.
9	**Industrie, Innovation und Infrastruktur**	Eine widerstandsfähige Infrastruktur aufbauen, inklusive und nachhaltige Industrialisierung fördern und Innovationen unterstützen.
10	**Weniger Ungleichheiten**	Ungleichheit in und zwischen Ländern verringern.
11	**Nachhaltige Städte und Gemeinden**	Städte und Siedlungen inklusiv, sicher, widerstandsfähig und nachhaltig gestalten.
12	**Nachhaltige/r Konsum und Produktion**	Nachhaltige Konsum- und Produktionsmuster sicherstellen.
13	**Maßnahmen zum Klimaschutz**	Umgehend Maßnahmen zur Bekämpfung des Klimawandels und seiner Auswirkungen ergreifen.
14	**Leben unter Wasser**	Ozeane, Meere und Meeresressourcen im Sinne nachhaltiger Entwicklung erhalten und nachhaltig nutzen.
15	**Leben an Land**	Landökosysteme schützen, wiederherstellen und ihre nachhaltige Nutzung fördern, Wälder nachhaltig bewirtschaften, Wüstenbildung bekämpfen, Bodendegradation beenden und umkehren und dem Verlust der biologischen Vielfalt ein Ende setzen.
16	**Frieden, Gerechtigkeit und starke Institutionen**	Friedliche und inklusive Gesellschaften für eine nachhaltige Entwicklung fördern, allen Menschen Zugang zur Justiz ermöglichen und leistungsfähige, rechenschaftspflichtige und inklusive Institutionen auf allen Ebenen aufbauen.
17	**Partnerschaften zur Erreichung der Ziele**	Umsetzungsmittel stärken und die Globale Partnerschaft für nachhaltige Entwicklung mit neuem Leben erfüllen.

Tab. 11: Die SDGs der Agenda 2030: Kurzbezeichnung und Originalbezeichnung, eigene Darstellung in Anlehnung an Vereinte Nationen (2015), S. 15–30

Die Operationalisierung der SDGs erfolgte durch die Definition von insgesamt 169 Unterzielen. Die Abarbeitung dieser Unterziele gewährleistet das Erreichen des jeweiligen SDGs. Auf eine weitergehende Erläuterung der Unterziele wird hier verzichtet. Für eine erste Orientierung werden die Ziele der einzelnen SDGs durch die Originalbezeichnung ausreichend definiert. Die Unterziele werden anschaulich von RENN.nord (2019) dargestellt. Die Fortschritte bei der Erreichung dieser Unterziele werden auf Länderebene z. B. auf der Global SDG Indicator Platform des International Institute for Sustainable Development (IISD) dargestellt.[131]

Die SDGs können den fünf Leitmotiven (5 Ps) der Agenda 2030 und darauf aufbauend den drei Dimensionen der Nachhaltigkeit zugeordnet werden (siehe folgende Tabelle 12). Eine eindeutige Zuordnung ist oft nicht möglich, da jedes SDG Auswirkungen auf alle drei Dimensionen haben kann:

Zum Beispiel umfasst das Leitmotiv „Menschen (People)" das SDG 5 „Gleichstellung der Geschlechter". Dies ermöglicht allen Geschlechtern ein selbstbestimmtes Leben und hat damit eine starke soziale (gesellschaftliche) Komponente. Gleichzeitig ergeben sich erhebliche positive ökonomische Auswirkungen, wenn z. B. Frauen eine Ausbildung gemäß ihren Neigungen und Talenten absolvieren können. Dies erhöht das Potenzial an Wissen und Ideen, die in den wirtschaftlichen Prozess eingebracht werden können. Im Folgenden wird nur die jeweils direkt betroffene Dimension der Nachhaltigkeit dargestellt.

Leitmotive 5 Ps	**Zuordnung SDGs zu den 5 Ps**	**Dimension der Nachhaltigkeit**
Menschen	SDG 1: Keine Armut	**Soziales**
	SDG 2: Kein Hunger	
	SDG 3: Gesundheit und Wohlergehen	
	SDG 4: Hochwertige Bildung	
	SDG 5: Geschlechtergleichheit	
	SDG 6: Sauberes Wasser und sanitäre Einrichtungen	

131 https://sdg.tracking-progress.org/ (Stand: 31.10.2021)

Leitmotive 5 Ps	Zuordnung SDGs zu den 5 Ps	Dimension der Nachhaltigkeit
Wohlstand	SDG 7: Bezahlbare und saubere Energie	**Ökonomie**
	SDG 8: Menschenwürdige Arbeit und Wirtschaftswachstum	
	SDG 9: Industrie, Innovation und Infrastruktur	
	SDG 10: Weniger Ungleichheiten	
Planet	SDG 11: Nachhaltige Städte und Gemeinden	**Ökologie**
	SDG 12: Nachhaltige/r Konsum und Produktion	
	SDG 13: Maßnahmen zum Klimaschutz	
	SDG 14: Leben unter Wasser	
	SDG 15: Leben an Land	
Frieden	SDG 16: Frieden, Gerechtigkeit und starke Institutionen	**Soziales**
Partnerschaft	SDG 17: Partnerschaften zur Erreichung der Ziele	**Soziales**

Tab. 12: Zusammenhang zwischen den Leitmotiven („5 Ps"), den SDGs und den Dimensionen der Nachhaltigkeit, eigene Darstellung

Aus der Darstellung in obiger Tabelle wird ersichtlich, dass in den SDGs alle drei Dimensionen der Nachhaltigkeit berücksichtigt werden. Dadurch, dass sie sich an alle Staaten der Welt richten, konnten sie in die nationalen und regionalen Programme übernommen werden. Sie sind von Nichtregierungsorganisation (NGOs) und in der Zivilgesellschaft weithin anerkannt und erfahren eine große Resonanz. Das macht ihre Verwendung in kommunalen Nachhaltigkeitsstrategien praktikabel. Eine Ausrichtung des kommunalen Nachhaltigkeitsmanagements an den SDGs bewirkt zielgerichtete Aktivitäten und bettet sie in die weltweiten Bemühungen um eine nachhaltige Entwicklung ein.

2.5 Die Rolle der Kommunen in der Agenda 2030

Wie in der Agenda 21 wird gleichermaßen in der Agenda 2030 die herausragende Bedeutung der Städte für das Erreichen von Entwicklungszielen betont. Der Entwicklung von Städten wurde sogar ein eigenes SDG gewidmet, nämlich das **SDG 11 mit dem Titel „Nachhaltige Städte"**. Das erklärte Grundziel des SDG Nr. 11 ist es, „Städte und Siedlungen inklusiv, sicher, widerstandsfähig und nachhaltig [zu] gestalten"[132].

Das Entwicklungsziel nimmt die Stadt primär als menschlichen Lebensraum in den Fokus. Entsprechend stehen an erster Stelle soziale Ziele wie der Zugang zu Wohnraum und zur Grundversorgung, sichere Verkehrssysteme oder die gleichberechtigte Teilhabe von Frauen, Kindern, älteren Menschen und Menschen mit Behinderung. Ökologische Aspekte wie die Luftverschmutzung werden in ihrer Wirkung auf den Menschen betrachtet. Da Städte in besonderem Maß von extremen Naturereignissen bedroht sind, sollen sie zudem widerstandsfähig gegen Naturkatastrophen und die Auswirkungen des Klimawandels gemacht werden.

Insgesamt konzentriert sich das SDG Nr. 11 also sehr stark auf das Leben in den Städten selbst. Dennoch wird auch auf die externen Auswirkungen der Städte abgezielt. So wird die Abfallentsorgung in den Blick genommen, die häufig nicht nur zu Belastungen innerhalb, sondern besonders auch außerhalb der Städte führt. Mit der Forderung nach integrierten Plänen zur Abschwächung des Klimawandels werden die Städte in diesem Bereich in die Verantwortung genommen. Dass dies nur folgerichtig ist, zeigt ein Blick auf die Zahlen: In den Städten werden rund 70 Prozent des globalen BIPs erwirtschaftet, gleichzeitig fallen dort ca. 70 Prozent der Treibhausgasemissionen und des Abfalls an.[133] Nicht umsonst stellte der Bericht der High-Level Group of Eminent Persons der UN zur Entwicklungsagenda nach 2015 fest: „Cities are where the battle for sustainable development will be won or lost."[134]

---

[132] *Vereinte Nationen* (2015), S. 23

[133] *Martens/Obenland* (2017), S. 110

[134] *UN High-Level Panel of Eminent Persons on the Post-2015 Development Agenda* (2013), S. 17

In der folgenden Tabelle sind die Unterziele des SDG 11 aufgeführt.

SDG 11	**Städte und Siedlungen inklusiv, sicher, widerstandsfähig und nachhaltig gestalten**
Unterpunkt	**Inhalt**
11.1	Bis 2030 den Zugang zu angemessenem, sicherem und bezahlbarem Wohnraum und zur Grundversorgung für alle sicherstellen und Slums sanieren.
11.2	Bis 2030 den Zugang zu sicheren, bezahlbaren, zugänglichen und nachhaltigen Verkehrssystemen für alle ermöglichen und die Sicherheit im Straßenverkehr verbessern, insbesondere durch den Ausbau des öffentlichen Verkehrs, mit besonderem Augenmerk auf den Bedürfnissen von Menschen in prekären Situationen, Frauen, Kindern, Menschen mit Behinderungen und älteren Menschen.
11.3	Bis 2030 die Verstädterung inklusiver und nachhaltiger gestalten und die Kapazitäten für eine partizipatorische, integrierte und nachhaltige Siedlungsplanung und -steuerung in allen Ländern verstärken.
11.4	Die Anstrengungen zum Schutz und zur Wahrung des Weltkultur- und -naturerbes verstärken.
11.5	Bis 2030 die Zahl der durch Katastrophen, einschließlich Wasserkatastrophen, bedingten Todesfälle und der davon betroffenen Menschen deutlich reduzieren und die dadurch verursachten unmittelbaren wirtschaftlichen Verluste im Verhältnis zum globalen Bruttoinlandsprodukt wesentlich verringern, mit dem Schwerpunkt auf dem Schutz der Armen und von Menschen in prekären Situationen.
11.6	Bis 2030 die von den Städten ausgehende Umweltbelastung pro Kopf senken, u. a. mit besonderer Aufmerksamkeit auf der Luftqualität und der kommunalen und sonstigen Abfallbehandlung.
11.7	Bis 2030 den allgemeinen Zugang zu sicheren, inklusiven und zugänglichen Grünflächen und öffentlichen Räumen gewährleisten, insbesondere für Frauen und Kinder, ältere Menschen und Menschen mit Behinderungen.

SDG 11	Städte und Siedlungen inklusiv, sicher, widerstandsfähig und nachhaltig gestalten
Unterpunkt	**Inhalt**
11.a	Durch eine verstärkte nationale und regionale Entwicklungsplanung positive wirtschaftliche, soziale und ökologische Verbindungen zwischen städtischen, stadtnahen und ländlichen Gebieten unterstützen.
11.b	Bis 2020 die Zahl der Städte und Siedlungen, die integrierte Politiken und Pläne zur Förderung der Inklusion, der Ressourceneffizienz, der Abschwächung des Klimawandels, der Klimaanpassung und der Widerstandsfähigkeit gegenüber Katastrophen beschließen und umsetzen, wesentlich erhöhen und gemäß dem Sendai-Rahmen für Katastrophenvorsorge 2015–2030 ein ganzheitliches Katastrophenrisikomanagement auf allen Ebenen entwickeln und umsetzen.
11.c	Die am wenigsten entwickelten Länder u. a. durch finanzielle und technische Hilfe beim Bau nachhaltiger und widerstandsfähiger Gebäude unter Nutzung einheimischer Materialien unterstützen.

Tab. 13: Das SDG 11 und dessen Unterziele, eigene Darstellung gemäß Vereinte Nationen (2015), S. 23–24

Zwar wurde den Städten und Gemeinden in der Agenda 2030 ein eigenes SDG gewidmet, es fehlt jedoch ein konkreter Auftrag im Sinne einer zweiten „Lokalen Agenda“. Dies ist möglicherweise ein Grund dafür, warum die Verabschiedung auf kommunaler Ebene noch keine entsprechende Wirkung entfalten konnte, wie dies nach der Konferenz in Rio de Janeiro 1992 mit dem globalen Aktionsprogramm zur Agenda 21 der Fall war. In den Jahren nach dieser Konferenz hatten sich zahlreiche kommunale Initiativen gegründet, die sich für eine nachhaltigere Entwicklung ihrer Wohnorte einsetzen wollten.

Ein Beispiel für die bislang unzureichende Mobilisierung der Kommunen durch die Agenda 2030 ist die Musterresolution der vom Bundesministerium für wirtschaftliche Zusammenarbeit und Entwicklung unterstützten Servicestelle für Kommunen in der Einen Welt

(SKEW), mit der sich Kommunen zu den Zielen der Agenda 2030 bekennen können. Diese wurde in Deutschland bisher lediglich von 200 Kommunen unterzeichnet (Stand: 25. Februar 2022). Nur sehr wenige davon liegen außerdem in den östlichen Bundesländern.[135] Die Musterresolution enthält in Kapitel III Anregungen, wie die Agenda 2030 auf die kommunale Ebene übertragen werden kann.

Eine sehr umfassende Behandlung der globalen Entwicklung und Transformation von Städten wurde im Jahr 2016 auf der United Nations Conference on Housing and Sustainable Urban Development („Habitat III") vorgenommen. Ein Ergebnis der Konferenz, die in der ecuadorianischen Hauptstadt Quito stattfand, war die Neue Urbane Agenda (NUA).

Die NUA bezieht sich explizit auf die Agenda 2030 und bekennt sich zu deren Zielen:

> „Die Neue Urbane Agenda ist eine Bekräftigung unseres globalen Engagements für nachhaltige Stadtentwicklung als wesentlicher Schritt zur Verwirklichung einer integrierten und koordinierten nachhaltigen Entwicklung auf globaler, regionaler, nationaler, subnationaler und lokaler Ebene unter Beteiligung aller relevanten Akteure. Die Umsetzung der Neuen Urbanen Agenda trägt dazu bei, die Agenda 2030 für nachhaltige Entwicklung auf integrierte Weise und entsprechend den jeweiligen lokalen Gegebenheiten umzusetzen und die Ziele und Unterziele für nachhaltige Entwicklung zu erreichen, darunter Ziel 11, Städte und menschliche Siedlungen inklusiv, sicher, widerstandsfähig und nachhaltig zu gestalten."[136]

Die NUA ist in zwei Teile gegliedert: Der erste Teil stellt eine Deklaration über nachhaltige Städte dar, während der zweite Teil ein Umsetzungsplan für die angestrebten Transformationen ist.[137] Was in der NUA fehlt, ist eine konkrete Handlungsanweisung an die Kommunen und lokalen Ebenen, wie die angestrebten Transformationen umgesetzt werden können. Konkrete Vorschläge für geeignete Planungs-, Steuerungs- und Evaluationsinstrumente, mithilfe derer die Kommunen einen einheitlichen, vergleichbaren und ziel-

---

[135] Angabe der SKEW, https://skew.engagement-global.de/zeichnungskommunen-agenda-2030.html (Stand: 25.2.2022), auf der gleichen Webseite kann die Musterresolution abgerufen werden

[136] *Vereinte Nationen* (2016), Abs. 9

[137] Vgl. *Woodbridge/Zimmermann* (2016), S. 2

gerichteten Weg in Richtung Nachhaltigkeit gehen könnten, werden nicht gegeben.[138]

Analog zu den bereits beschriebenen Länderberichten können ebenso Bundesländer oder Kommunen (Local Authorities) Fortschrittsberichte, sogenannte Voluntary Local Reviews (VLRs) an das HLPF übermitteln. Dadurch kann die nachhaltige Entwicklung auf kommunaler Ebene international präsentiert werden. Weiterhin werden dadurch die SDGs auf lokaler Ebene dargestellt. Die VLRs werden als mächtiges Mittel angesehen, Aktivitäten vor Ort zur Erreichung der SDGs zu stimulieren.[139] Bislang haben diese Möglichkeit in Deutschland nur drei Kommunen und ein Bundesland genutzt (Übersicht siehe Tabelle 14, Stand: 3.8.2021).

Local Authority	Jahr	Titel
Bonn	2020	Agenda 2030 on the local level: Implementation of the UN Sustainable Development Goals in Bonn
Stuttgart	2020	Lebenswertes Stuttgart Die globale Agenda 2030 auf lokaler Ebene
Mannheim	2019	The implementation of the United Nations' Sustainable Development Goals in Mannheim
Nordrhein-Westfalen	2016	Sustainability Strategy for North Rhine-Westphalia

Tab. 14: Voluntary Local Reviews von deutschen „Local Authorities", eigene Darstellung gemäß https://sdgs.un.org/topics/voluntary-local-reviews (Stand: 25.2.2022)

Wie die freiwilligen nationalen Fortschrittsberichte sind auch die lokalen Berichte sehr unterschiedlich aufgebaut, sodass sie nur schwer vergleichbar sind. Dies wird schon an den unterschiedlichen Titeln deutlich. Der Aufwand für die Erstellung der Berichte ist beträchtlich und erklärt, warum bislang nur wenige Kommunen und ein Bundesland VLRs veröffentlicht haben.

Es ist erstrebenswert, dass mehr Kommunen ihre Fortschritte in puncto Nachhaltigkeit auf kommunaler Ebene international präsentieren. Damit könnten sie Vorbild und Beispiel für andere Städte und Ge-

[138] Vgl. *Woodbridge/Zimmermann* (2016), S. 2 f.
[139] *Ciambra* (2021), S. 60

meinden sein. Die Berichte sollten in Englisch verfasst werden, um der internationalen Öffentlichkeit einen Zugang zu ermöglichen. Eine vereinheitlichte Form würde den Arbeitsaufwand minimieren und die Vergleichbarkeit erhöhen. Auf eine ausführliche Darstellung von Sinn und Zweck der SDGs könnte verzichtet werden, da dies bereits in den zahlreichen Papieren der Vereinten Nationen getan wurde. Die Vorgehensweise für die Veröffentlichung erläutern wir in Kapitel V.6.2 „Veröffentlichung als Voluntary Local Review bei den Vereinten Nationen".

Insgesamt ist festzustellen, dass trotz der Betonung der Bedeutung von Städten und Gemeinden in der Agenda 2030 und der Neuen Urbanen Agenda die Bestrebungen auf kommunaler Ebene in den vergangenen Jahren keine solche Dynamik entwickelten, wie dies um die Jahrtausendwende im Rahmen der Lokalen Agenda 21 geschehen war. Die Gründe dafür sind in Deutschland sicherlich vielfältig und nicht nur in den geschilderten Defiziten bezüglich konkreter Handlungsaufträge an die Kommunen zu suchen. Weitere wichtige Aufgaben wie die Flüchtlingskrise ab 2015, die die Kommunen vor zum Teil große Herausforderungen bei der Unterbringung der ankommenden Menschen stellte, oder die Corona-Pandemie könnten den Fokus von einer kommunalen Nachhaltigkeitsstrategie abgewendet haben. In jüngster Zeit dürfte das Bewusstsein für eine nachhaltige Entwicklung auf kommunaler Ebene wieder zugenommen haben. Vor allem ökologische Themen wurden und werden in den vergangenen Jahren wieder in breiter Öffentlichkeit diskutiert. Dabei sei an das erfolgreiche Volksbegehren „Rettet die Bienen" in Bayern ebenso erinnert wie an die Fridays-for-Future-Demos und die Debatten um den Klimaschutz im Bundestagswahlkampf 2021.

Im folgenden Kapitel soll es nun um die Deutsche Nachhaltigkeitsstrategie gehen. Im Fokus steht dabei die Frage, welche Rolle den Kommunen in diesem nationalen Nachhaltigkeitsprogramm zugedacht worden ist.

Praxistipp:

Zur Agenda 2030 haben viele Behörden oder NGOs Informationen veröffentlicht. Nutzen Sie dieses breite Angebot, um immer auf dem Laufenden zu bleiben und sich neue Inspirationen zu holen. Die Vereinten Nationen bieten umfangreiche Informationen auf den Webseiten https://www.2030agenda.de/de und https://17ziele.de/ an.

3. Die Kommunen in der Deutschen Nachhaltigkeitsstrategie

Kurz und knapp

Im Jahr 2002 veröffentlichte die damalige Bundesregierung die erste Deutsche Nachhaltigkeitsstrategie (DNS). Seither gab es mehrere Aktualisierungen und Neuauflagen. In der aktuellen Fassung von 2021 wird die Rolle der Kommunen nicht besonders hervorgehoben. Dies steht in einem gewissen Widerspruch zur Agenda 2030 und wird u. a. von den kommunalen Spitzenverbänden kritisiert.

Im Rahmen der Konferenz der Vereinten Nationen über Umwelt und Entwicklung 1992 in Rio de Janeiro wurde nicht nur die Agenda 21 beschlossen. Es wurden daneben alle beteiligten Länder dazu aufgefordert, eine Strategie zu entwickeln, die eine wirtschaftlich leistungsfähige, sozial gerechte und ökologisch verträgliche Entwicklung ermöglichen sollte: „Für die Bundesregierung war dieser Auftrag Verpflichtung."[140] Auf dem Weltgipfel für nachhaltige Entwicklung (World Summit on Sustainable Development (WSSD)) in Johannesburg im Jahr 2002 wurde die erste DNS präsentiert. In den Jahren 2004, 2008 und 2012 wurden jeweils Fortschrittsberichte zur DNS veröffentlicht. Die DNS ist kein Gesetz, sondern lediglich der Entwurf einer Strategie zur Umsetzung der Ziele der Agenda 2030. Sie stellt eine freiwillige Selbstverpflichtung der Bundesregierung dar. Für die Nichteinhaltung der Zielvorgaben sind keine Sanktionen vorgesehen.

Nach Verabschiedung der Agenda 2030 durch die Vereinten Nationen im Jahr 2015 wurde die DNS grundlegend überarbeitet und auf die Erreichung der SDGs ausgerichtet. Die Neuauflage der Strategie wurde von der Bundesregierung im Jahr 2017 beschlossen. Seither wird die DNS ständig weiterentwickelt. Parallel veröffentlicht das Statistische Bundesamt alle zwei Jahre Daten über die Entwicklung der nationalen Nachhaltigkeitsindikatoren.[141] Die derzeit gültige Fassung der DNS stammt von März 2021.[142] Sie ist die Grundlage für den freiwilligen Staatenbericht Deutschlands an das HLPF im Juni 2021. Die DNS soll Ende 2023/Anfang 2024 weiterentwickelt werden.[143]

Für die Abbildung und Messung der Zielerreichung des SDG 11 wurden auf nationaler Ebene eine Reihe von Indikatoren entwickelt.

---

[140] *Bundesregierung* (2002), S. 2

[141] http://sdg-indikatoren.de/ (Stand: 31.10.2021)

[142] *Die Bundesregierung* (2021a)

[143] *Die Bundesregierung* (2021a), S. 129

Diese wurden mit Zielvorgaben versehen, die bis 2030 erreicht werden sollen (siehe Abb. 17). Mit Wettersymbolen wird veranschaulicht, ob die Zielerreichung wahrscheinlich oder gefährdet ist (siehe Abb. 16).

Status der Indikatoren

Ziel wird (nahezu) erreicht

Entwicklung geht in die richtige Richtung, aber Zielverfehlung zwischen 5 und 20 Prozent bleibt

Entwicklung in die richtige Richtung, aber Lücke von mehr als 20 Prozent verbleibt

Entwicklung in die falsche Richtung

Abb. 16: Darstellung Status der Indikatoren in der Deutschen Nachhaltigkeitsstrategie 2021[144]

SDG 11. Städte und Siedlungen inklusiv, sicher, widerstandsfähig und nachhaltig gestalten				
11.1.a	**Flächeninanspruchnahme** *Flächen nachhaltig nutzen*	Anstieg der Siedlungs- und Verkehrsfläche in ha pro Tag	Senkung auf durchschnittlich unter 30 ha pro Tag bis 2030	
11.1.b		Freiraumverlust	Verringerung des einwohnerbezogenen Freiflächenverlustes	
11.1.c		Siedlungsdichte	Keine Verringerung der Siedlungsdichte	
11.2.a	**Mobilität** *Mobilität sichern – Umwelt schonen*	Endenergieverbrauch im Güterverkehr	Senkung um 15 bis 20 % bis 2030	
11.2.b		Endenergieverbrauch im Personenverkehr	Senkung um 15 bis 20 % bis 2030	
11.2.c		Erreichbarkeit von Mittel- und Oberzentren mit öffentlichen Verkehrsmitteln	Verringerung der durchschnittlichen Reisezeit mit öffentlichen Verkehrsmitteln	–
11.3.	**Wohnen** *Bezahlbarer Wohnraum für alle*	Überlastung durch Wohnkosten	Senkung des Anteils der überlasteten Personen an der Bevölkerung auf 13 % bis 2030	
11.4	**Kulturerbe** *Zugang zum Kulturerbe verbessern*	Zahl der Objekte in der Deutschen Digitalen Bibliothek	Steigerung der Zahl der in der Deutschen Digitalen Bibliothek vernetzten Objekte auf 50 Millionen bis 2030	

Abb. 17: Indikatoren, Zielvorgaben und Beurteilung der wahrscheinlichen Zielerreichung bis 2030 von SDG 11 in der Deutschen Nachhaltigkeitsstrategie 2021[145]

---

[144] *Die Bundesregierung* (2021a), S. 98
[145] *Die Bundesregierung* (2021a), S. 100

Die Indikatoren „11.1.a Flächeninanspruchnahme" und „11.3 Wohnen" sind – angesichts des offensichtlichen Aufholbedarfs erstaunlicherweise – jeweils mit einer Sonne markiert. Angesichts der gewaltigen Herausforderungen in diesen Politikfeldern sind dies recht optimistische Aussagen. Das gilt gleicherweise für andere Indikatoren. Ein Beispiel ist der Indikator „7.2.a Anteil erneuerbarer Energien am Brutto-Endenergieverbrauch". Die Erklärung dazu findet sich in der DNS 2021 auf S. 216/217. Die Anpassungslasten werden einfach auf die Zukunft verschoben (siehe Abb. 18).

Erzeugung erneuerbarer Energien in Relation zum Brutto-Endenergieverbrauch
in Prozent

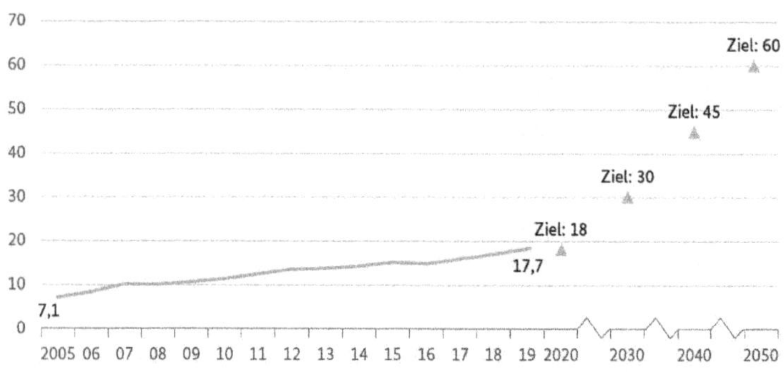

2019 vorläufige Daten.
Quellen: Arbeitsgruppe Erneuerbare Energien-Statistik, Bundesministerium für Wirtschaft und Energie; Datenstand: Dezember 2020

DESTATIS
Statistisches Bundesamt

Abb. 18: Beispiel für die Überwälzung der Anpassungslasten an künftige Generationen in der Deutschen Nachhaltigkeitsstrategie 2021, S. 216

Diese optimistischen Angaben bezüglich der Umsetzung der SDGs sind ebenso in dem oben erwähnten freiwilligen Staatenbericht Deutschlands 2021 an das HLPF enthalten.[146] Die bisherigen und geplanten Entwicklungsschritte der DNS sind in Tabelle 15 zusammengefasst.

146 *Bundesregierung* (2021), S. 84

Jahr	Ereignis
1992	Vereinte Nationen bekennen sich zum Leitbild nachhaltiger Entwicklung
2002	Bundesregierung beschließt die erste DNS „Perspektiven für Deutschland"
2015	Vereinte Nationen beschließen Agenda 2030 mit 17 nachhaltigen Entwicklungszielen (SDGs)
2016	Grundlegende Überarbeitung und Neuorientierung der DNS
2018	Bundesregierung beschließt die „Deutsche Nachhaltigkeitsstrategie 2018"
2021	Bundesregierung beschließt „Die deutsche Nachhaltigkeitsstrategie. Weiterentwicklung 2021"
Ende 2023/ Anfang 2024	Weiterentwicklung der DNS ist für die Mitte der Legislaturperiode geplant

Tab. 15: Bisherige und geplante Entwicklungsschritte der DNS, eigene Darstellung

Rolle der Kommunen in der Deutschen Nachhaltigkeitsstrategie

In der Neuauflage der DNS von 2016 wurden die Kommunen noch explizit als wichtige Akteure adressiert. Die kommunalen Spitzenverbände (Deutscher Städtetag, Deutscher Landkreistag und Deutscher Städte- und Gemeindebund) wurden mit einem eigenen Beitrag berücksichtigt. Darin führten sie u. a. aus:

> „Die Städte, Kreise und Gemeinden in Deutschland messen dem Thema ‚Nachhaltigkeit' eine besondere Bedeutung bei. Das Ziel einer nachhaltigen Entwicklung berührt über das Ressort der Umweltpolitik hinaus nahezu alle Sektoren des kommunalen Handelns: die Finanzen, das soziale Leben, die Stadtentwicklung sowie den Klimaschutz, die Klimaanpassung, die intelligente Vernetzung und aus aktuellem Anlass die Integration der Flüchtlinge, die in Deutschland Schutz vor Krieg und politischer Verfolgung suchen. Dafür bedarf es aber auch der Mitwirkung der Bürgerinnen und Bürger sowie der gesamten Gesellschaft und ihrer Multiplikatoren. […] Die Bedeutung von Städten, Kreisen und Gemeinden als zentrale Akteure für nachhaltige Entwicklung wurde durch die globalen Nachhaltigkeitsziele der Vereinten

> Nationen nochmals unterstrichen und gewürdigt. Insbesondere begrüßen die kommunalen Spitzenverbände die Aufnahme des ‚Stadtziels' SDG Nr. 11 ‚Städte und Siedlungen inklusiv, sicher, widerstandsfähig und nachhaltig machen'. Dieses soll durch eine kommunale Beteiligung und Verantwortung mit Leben gefüllt werden und gleichzeitig eine ambitionierte Aufgabe für Kommunen für die nächsten Jahre beinhalten. [...] Die entscheidende Rolle der Städte, Kreise und Gemeinden bei der Umsetzung von Nachhaltigkeitszielen liegt auf der Hand. Insbesondere ist es Aufgabe der Kommunen als bürgernächste Ebene, die Bürgerschaft für das Thema ‚Nachhaltigkeit' zu sensibilisieren und bürgerschaftliches Engagement anzuregen und zu fördern. Die kommunalen Akteure haben den unmittelbarsten und bürgernächsten Gestaltungsspielraum. Sie sind zudem flexibler in der Umsetzung von Maßnahmen. Im Rahmen der kommunalen Selbstverwaltung verfügen sie über die Personal-, Finanz-, Organisations-, Planungs-, Gebiets- und Aufgabenhoheit."[147]

Unter der Überschrift „Bedeutung der Länder und Kommunen für eine nachhaltige Entwicklung" adressierte gleichermaßen die Bundesregierung die Kommunen als wichtige Protagonisten im Bemühen um eine nachhaltige Entwicklung:

> „Die Bundesregierung teilt die Einschätzung der kommunalen Spitzenverbände [...], dass die Kommunen wesentliche Akteure und treibende Kraft zur Erreichung der Agenda 2030 sind. Deswegen setzt sich die Bundesregierung dafür ein, dass auf kommunaler Ebene ein Beitrag zur Umsetzung der Agenda 2030 und der Erreichung der SDGs geleistet wird. Sie unterstützt Kommunen bei der Formulierung von kommunalen Nachhaltigkeitsstrategien, der Umstellung ihres Beschaffungswesens auf nachhaltig produzierte Güter sowie der Initiierung von kommunalen Partnerschaften im Sinne des Zieles 17."[148]

In der DNS von 2018 war ein ähnliches Kapitel nicht mehr vorhanden. Vonseiten des Deutschen Landkreistages und des Deutschen Städtetages führte dies zu Kritik.[149] Die untergeordnete Rolle der

---

[147] *Die Bundesregierung* (2017), S. 238 f.

[148] *Die Bundesregierung* (2017), S. 46 f.

[149] *Elsaeßer, M., Deutscher Landkreistag/Milbert, L., Deutscher Städtetag* (2020)

Kommunen in der DNS 2018 spiegelte sich z. B. in den ausgewählten Indikatoren wider. Diese waren nur bedingt auf kommunaler Ebene anwendbar.

Bei der Ausarbeitung der DNS 2021 setzte sich offenbar wieder verstärkt die Erkenntnis durch, dass die angestrebten Nachhaltigkeitsziele nicht allein vom Bund erreicht werden können, sondern dass es dafür die Unterstützung und das aktive Mitwirken der Länder und Kommunen braucht. Daher wurde den Kommunen in der DNS 2021 wieder ein eigenes Kapitel „Zusammenarbeit mit der kommunalen Ebene" gewidmet. Darin wird auf die Bedeutung der Kommunen für die Erreichung der SDGs hingewiesen:

> „In einem föderalen Mehrebenensystem tragen alle staatlichen Ebenen gemeinsam Verantwortung für die Erreichung der Ziele der Agenda 2030 in und mit Deutschland. Entwicklung und Umsetzung von integrierten Nachhaltigkeitsstrategien auf kommunaler Ebene sind ein bedeutendes Instrument, welches zukünftig weiter gestärkt werden sollte."[150]

Ein Beispiel für die konsequent durchgehaltene Unverbindlichkeit der DNS 2021 ist in obigem Zitat das Verb „sollte". Stattdessen hätte die Bundesregierung ebenso „muss" schreiben können. Vermutlich ist die Formulierung jedoch dem föderalen System der Bundesrepublik Deutschland selbst geschuldet – denn die Zuständigkeit für die Kommunen liegt bei den Ländern. Insgesamt ist die DNS so formuliert, dass sie nicht den Eindruck erweckt, als seien große Verhaltensänderungen vonseiten der Bürgerinnen und Bürger notwendig.

Kompetenzstelle für nachhaltige Beschaffung (KNB)

In der DNS 2021 werden zahlreiche Beratungsangebote für Länder und Kommunen erwähnt. Zum Beispiel unterstützt die Kompetenzstelle für nachhaltige Beschaffung (KNB) öffentliche Auftraggeber von Bund, Ländern und Kommunen bei der Berücksichtigung von Nachhaltigkeitskriterien in ihren Beschaffungen.[151] Die KNB bietet Hilfe per Telefonhotline und E-Mail an. Außerdem werden Schulungen zu nachhaltiger Beschaffung und zu Menschenrechten in der

---

[150] *Die Bundesregierung* (2021a), S. 21; auch ebd. S. 116 f.

[151] *Die Bundesregierung* (2021a), S. 112

Beschaffung angeboten. Sie betreibt zusammen mit den Bundesländern eine zentrale Informationsplattform zu allen Themen nachhaltiger öffentlicher Beschaffung mit rechtlichen Rahmenbedingungen, Leitfäden u. v. m.[152] In der DNS 2021 wird z. B. für das SDG 12 „Nachhaltiger Konsum und Produktion" für den Indikator „Nachhaltige Beschaffung" eine Erhöhung des Anteils des Papiers mit Blauem Engel am Gesamtpapierverbrauch der unmittelbaren Bundesverwaltung auf 95 Prozent angestrebt. Eine konkrete Handlungsanweisung für Länder und Kommunen gibt es jedoch nicht.[153]

SDG-Portal

Die Indikatoren sind in der DNS 2021 analog zur DNS 2018 meist auf die Bundesebene ausgerichtet. Für die Kommunen wird auf das von den Vereinten Nationen im Jahr 2019 ausgezeichnete SDG-Portal www.sdg-portal.de hingewiesen. Dort können Kommunen Daten zum Thema „Nachhaltigkeit" ermitteln. Allerdings sind auf der Webseite nur Daten für Kommunen und Landkreise mit mehr als 5.000 Einwohnerinnen und Einwohnern verfügbar. Dadurch soll mit wenig Aufwand ein Nachhaltigkeitsbericht erstellt werden können.[154] Aktuell ist dies jedoch nicht der Fall. In Kapitel III.4 dieses Buchs werden u. a. das SDG-Portal und dessen Möglichkeiten ausführlich dargestellt.

Zusammenfassend ist festzustellen, dass die Situation Deutschlands auf kommunaler Ebene in Bezug auf Nachhaltigkeit in der DNS 2021 und auf dem SDG-Portal nur unzureichend erfasst wird. Wir haben daher in der Gliederung für den indikatorengestützten Teil des kommunalen Nachhaltigkeitsberichts Indikatoren aus anderen Quellen verwendet oder selbst entwickelt. Beispielsweise nennt die Bertelsmann Stiftung et al. (2020) weitere Indikatoren für die einzelnen SDGs und beurteilt, ob dafür Daten auf kommunaler Ebene zur Verfügung stehen.

---

[152] https://www.nachhaltige-beschaffung.info/DE/Home/home_node.html (Stand: 31.10.2021)
[153] *Die Bundesregierung* (2021a), S. 300–302
[154] *Die Bundesregierung* (2021a), S. 116

Fazit

Die Bedeutung der Kommunen und deren Rolle bzw. Anteil am Erreichen der SDGs werden in der DNS 2021 zwar erwähnt, aber nicht besonders herausgestellt.[155] Dies ist erstaunlich, da sogar in der Agenda 2030 der Vereinten Nationen den Kommunen mit dem SDG 11 „Städte und Siedlungen inklusiv, sicher, widerstandsfähig und nachhaltig gestalten" ein eigenes Nachhaltigkeitsziel gewidmet worden ist. Daneben gibt es noch weitere SDGs, in denen die Kommunen zwar nicht explizit genannt werden, in Deutschland die Kommunen jedoch dafür zuständig sind oder einen wesentlichen Einfluss haben. Als Beispiele sind SDG 3 „Gesundheit und Wohlergehen" und SDG 4 „Hochwertige Bildung" zu nennen.

Im Bericht Deutschlands über die Umsetzung der Agenda 2030 für nachhaltige Entwicklung an das HLPF werden dagegen die Städte und Kommunen explizit als „zentrale Akteure zur Umsetzung der Agenda 2030" genannt.[156] Weiterhin ist dort eine ausführliche Stellungnahme der Bundesvereinigung der kommunalen Spitzenverbände (Deutscher Städtetag, Deutscher Landkreistag und Deutscher Städte- und Gemeindebund) enthalten.

4. Die Bedeutung der Kommunen für das Erreichen der Nachhaltigkeitsziele

Kurz und knapp

Allein die große Bandbreite an Aufgaben, die eine Gemeinde oder Stadt zu bewältigen hat, macht klar, dass eine nachhaltige Entwicklung Deutschlands und der Welt ohne die Mitwirkung der Kommunen nicht zu erreichen ist. Entsprechend betonen staatliche Stellen und andere Organisationen die Bedeutung, die die Kommunen in diesem Prozess haben. Wichtig ist es, nicht nur die großen Städte, sondern auch die kleinen Gemeinden mit ins Boot zu holen. Nur so können die Herausforderungen flächendeckend und in ihrer ganzen Vielfalt bewältigt werden.

155 Der gleichen Ansicht ist z. B. *Bartels* (2021a).

156 *Bundesregierung* (2021), S. 19–20

Dass den Kommunen eine wichtige Rolle bei der Erreichung der Nachhaltigkeitsziele zuzuschreiben ist, betont u. a. der Rat für nachhaltige Entwicklung in seiner Stellungnahme vom 20. November 2020. Demnach sind die Kommunen zentrale Akteure bei der Umsetzung der nationalen Nachhaltigkeitsziele. Nach Auffassung des RNE sind die politisch vereinbarten Nachhaltigkeitsziele in den Bereichen „Biodiversität", „Klimaschutz", „Mobilität" und „Soziale Gerechtigkeit" ohne starke Beiträge der kommunalen Ebene nicht zu erreichen.[157]

Der Staatssekretärsausschuss für nachhaltige Entwicklung unterstreicht ebenfalls in seinem Beschluss vom 14. Juni 2021 die zentrale Rolle der Kommunen für die Erreichung der SDGs. Weiterhin weist er den Kommunen eine besondere Verantwortung bei den nötigen sozialen, wirtschaftlichen und ökologischen Transformationsleistungen zu. Dies gilt insbesondere für das Ziel der Klimaneutralität (Energie-, Mobilitäts-, Ernährungs- und Ressourcenwende).[158]

Ebenso hebt die Servicestelle Kommunen in der Einen Welt (SKEW) vom Bundesministerium für wirtschaftliche Zusammenarbeit und Entwicklung die Bedeutung der Kommunen für das Erreichen der Agenda-2030-Ziele hervor. Auf den Webseiten der SKEW finden Kommunen, die sich in eine nachhaltige Richtung entwickeln wollen, vielfältige Unterstützung. Als Beispiel sei das SDG 17 „Partnerschaften zur Erreichung der Ziele" hervorgehoben.

Die Bedeutung der Kommunen wird gleichfalls in Bezug auf den Klimawandel deutlich. Die notwendigen Veränderungen können nur mithilfe der Kommunen erreicht werden. Sie haben einen maßgeblichen Einfluss auf entscheidende Handlungsfelder wie „Bauen" oder „Städtische Energieversorgung".[159]

Die enorme Bedeutung der Kommunen für eine nachhaltige Entwicklung wird klar, sobald man ihre vielfältigen Aufgaben betrachtet. Beispielhaft sollen einige Bereiche angeführt werden, in denen die Kommunen in ökonomischer, ökologischer und sozialer Verantwortung stehen. Teils handelt es sich dabei um Pflichtaufgaben, größtenteils jedoch um freiwillige Aufgaben.

---

[157] *Rat für NACHHALTIGE Entwicklung* (2021), S. 1

[158] *Die Bundesregierung* (2021b), S. 1

[159] Vgl. *Janssen* et al., S. 90–94

Ökonomie	Ökologie	Soziales
▪ Haushaltsplanung ▪ Ausweisung von Gewerbegebieten ▪ Wirtschaftsförderung ▪ Festlegung von Hebesätzen ▪ Erhebung von Steuern (z.B. Hundesteuer)	▪ Wasserversorgung ▪ Abwasserbeseitigung ▪ z.T. Abfallentsorgung ▪ Bauleitplanung ▪ Energie-/ Wärmeversorgung ▪ Steigerung der Energieeffizienz der kommunalen Liegenschaften ▪ Festsetzungen, z. B. zu Photovoltaik auf Dächern ▪ Verpachtung gemeindeeigener Flächen nach Öko-Kriterien ▪ Berücksichtigung von Öko-Kriterien bei Ausschreibungen ▪ Anlegen von Blühflächen ▪ Mähkonzepte für Randstreifen ▪ Beratungs- und Informationsangebote für Bürger, z.B. zur Energieeffizienz von Gebäuden	▪ Feuerwehrwesen ▪ Sachaufwandträger für Schulen ▪ Obdachlosenunterbringung ▪ Baulandausweisung ▪ Schaffung von bezahlbarem Wohnraum ▪ Bürgerbeteiligung/-information ▪ Vereinswesen ▪ Jugendarbeit ▪ Büchereien ▪ (Heimat-)Museen ▪ Kunst- und Kulturförderung ▪ Freizeitangebote wie z.B. Schwimmbäder ▪ Sportförderung ▪ Öffentliche Toilettenanlagen ▪ Unterstützung von Familien, z.B. mit dem „Windelsack"

Abb. 19: Auswahl von Pflichtaufgaben und freiwilligen Aufgaben der Kommunen im Zusammenhang mit Nachhaltigkeit; die Listen zeigen nur einen kleinen Ausschnitt von möglichen Betätigungsfeldern der Gemeinden und Städte, eigene Darstellung

Insgesamt kann festgestellt werden, dass die Bedeutung der Kommunen für das Erreichen der Nachhaltigkeitsziele sehr hoch ist. Trotz dieser Erkenntnis beruht in Deutschland das Engagement der Kommunen fast völlig auf Freiwilligkeit. In der DNS 2021 sind keine konkreten Vorschriften in Bezug auf Einhaltung der SDGs vorgesehen. Demzufolge gibt es keine Sanktionen, falls sich eine Kommune nicht im Sinne der Deutschen Nachhaltigkeitsstrategie verhält. Dies lässt sich mit der fehlenden rechtlichen Zuständigkeit des Bundes für die Kommunen erklären. Die Bundesländer geben jedoch ebenfalls keine konkreten Handlungsanweisungen oder zumindest Leitlinien für eine nachhaltige Entwicklung der Städte und Gemeinden. Insofern kann konstatiert werden, dass das föderale System die Bemühungen in diesem Bereich zumindest bremst.

Die Bedeutung der kleinen Städte und Gemeinden für das Erreichen der Nachhaltigkeitsziele wird deutlich, wenn man sich genauer anschaut, welcher Anteil der Bevölkerung dort wohnt und welche Flächen dort verwaltet werden.

Das Bundesinstitut für Bau-, Stadt- und Raumforschung (BBSR) ordnet die Kommunen anhand von Gemeindegrößenklassen in Landgemeinden, Klein-, Mittel- und Großstädte:

Anzahl der Einwohner/-innen	Stadt- und Gemeindetypen
bis 5.000	Landgemeinde
5.000 bis unter 10.000	Kleine Kleinstadt
10.000 bis unter 20.000	Große Kleinstadt
20.000 bis unter 50.000	Kleine Mittelstadt
50.000 bis unter 100.000	Große Mittelstadt
100.000 bis unter 500.000	Kleine Großstadt
ab 500.000	Große Großstadt

Tab. 16: Stadt- und Gemeindetypen in Deutschland gemäß dem BBSR[160]

Die Urbanisierung ist in Deutschland bereits weit fortgeschritten. 97 Prozent der Bevölkerung leben hierzulande in Städten ab 5.000 Einwohnerinnen und Einwohnern (Stand: 31.12.2020).

Kleine Teilbereiche des Staatsgebiets sind gemeindefreie Gebiete. Zum Beispiel wird der nach der Fläche mit 77,76 km² (Destatis 2021) drittgrößte See in Deutschland, der Chiemsee, als unbewohntes und gemeindefreies Gebiet geführt. Er liegt im Landkreis Traunstein. Verantwortlich für die Verwaltung ist die Bayerische Verwaltung der staatlichen Schlösser, Gärten und Seen (kurz: Bayerische Schlösserverwaltung). Der Anteil der unbewohnten, gemeindefreien Gebiete an der Gesamtfläche Deutschlands ist mit 1,1 Prozent sehr gering:

[160] *Bundesinstitut für Bau-, Stadt- und Raumforschung* (2020)

Bundesländer	Unbewohnte, gemeindefreie Gebiete		
	Anzahl	Fläche in km²	Anteil in % an Fläche der unbewohnten, gemeindefreien Gebiete
Baden-Württemberg	2	74,57	1,9
Bayern	174	2.202,04	57,4
Berlin	–	–	0,0
Brandenburg	–	–	0,0
Bremen	–	–	0,0
Hamburg	–	–	0,0
Hessen	4	326,99	8,5
Mecklenburg-Vorpommern	1	1,00	0,0
Niedersachsen	23	1.127,29	29,4
Nordrhein-Westfalen	–	–	0,0
Rheinland-Pfalz	1	6,20	0,2
Saarland	1	1,03	0,0
Sachsen	–	–	0,0
Sachsen-Anhalt	–	–	0,0
Schleswig-Holstein	2	99,40	2,6
Thüringen	–	–	0,0
Summe	**208**	**3.838,52**	**100**
Gesamtfläche Deutschland		**357.587,35**	
Anteil unbewohnte, gemeindefreie Gebiete		**1,1 %**	

Tab. 17: Unbewohnte, gemeindefreie Gebiete (Nr. 66) in Deutschland (Stand: 31.12.2020), eigene Berechnungen gemäß Statistischem Bundesamt (Destatis, 2021)[161]

[161] *Statistisches Bundesamt* (2021d); unbewohnte, gemeindefreie Gebiete werden mit der Nr. 66 geführt.

Bei den folgenden Auswertungen werden die unbewohnten, gemeindefreien Gebiete nicht weiter berücksichtigt.

Neben der Bevölkerungszahl sind, insbesondere aus ökologischer Sicht, für einen Nachhaltigkeitsbericht die Flächen interessant, für die eine Kommune verantwortlich ist.

In den Landgemeinden und Kleinstädten bis 20.000 Einwohnerinnen und Einwohnern leben zwar 10,8 Prozent der Bevölkerung in Deutschland, sie verwalten jedoch 27,2 Prozent der Fläche. Die Landgemeinden für sich betrachtet umfassen 3 Prozent der Bevölkerung und 10,7 Prozent der Fläche (Stand: 31.12.2020).

Gemeindegrößenklassen gemäß Einwohnerinnen und Einwohnern	**Bevölkerung**	**Anteil in % an Gesamtbevölkerung**	**Fläche in km²**	**Anteil in % an Gesamtfläche**
unter 2.000	1.008.097	1,2	19.573	5,5
2.000–5.000	1.517.355	1,8	18.489	5,2
5.000–20.000	6.470.801	7,8	58.357	16,5
20.000–50.000	9.132.552	11,0	71.044	20,1
50.000–100.000	9.059.026	10,9	51.165	14,5
100.000–500.000	24.771.807	29,8	86.771	24,5
500.000 und mehr	31.195.393	37,5	48.350	13,7
Gesamtbevölkerung bzw. -fläche:	**83.155.031**	**100**	**353.749**	**100**
Landgemeinden und Städte bis 20.000:	**8.996.253**	**10,8**	**96.419**	**27,3**
Städte von 20.000–100.000:	**18.191.578**	**21,9**	**122.209**	**34,5**
Städte ab 100.000:	**55.967.200**	**67,3**	**135.121**	**38,2**

Tab. 18: Bevölkerung und verwaltete Flächen in Deutschland nach Gemeindegrößenklassen (Stand: 31.12.2020), ohne unbewohnte gemeindefreie Gebiete; eigene Berechnungen gemäß Statistischem Bundesamt[162]

[162] *Statistisches Bundesamt* (2021c)

Interessant ist zudem die Bevölkerungsdichte je km². Sie gibt einen Hinweis darauf, welche Handlungsspielräume z. B. noch für ökologische Maßnahmen bestehen. In Landgemeinden und Kleinstädten beträgt die Dichte 51,5 bis 110,9 Einwohnerinnen und Einwohner je km². In den großen Großstädten ist sie hingegen wesentlich höher. Spitzenreiter in Deutschland ist Berlin. Dort leben im Kerngebiet 4.112 Personen je km²; demnach ist die Versiegelung mit Siedlungs- und Verkehrsflächen bereits weit fortgeschritten. In der Statistik sind unbewohnte, gemeindefreie Gebiete nicht enthalten. Mit SGTYP1 wird in Tabelle 19 das Kerngebiet und mit SGTYP 2/3/4 werden Verdichtungsbereich, Übergangsbereich und peripherer Bereich zusammengefasst.

Gemeindegrößenklassen gemäß Einwohnerinnen und Einwohnern	Bevölkerung	Fläche in km²	Anteil in % an Gesamtfläche	Bevölkerung je km²
unter 2.000	1.008.097	19.573	5,5	51,5
2.000–5.000	1.517.355	18.489	5,2	110,9
5.000–20.000	6.470.801	58.357	16,5	82,1
20.000–50.000	9.132.552	71.044	20,1	128,5
50.000–100.000 SGTYP1	1.842.064	1.876	0,5	981,7
50.000–100.000 SGTYP 2/3/4	7.216.962	49.289	13,9	146,4
100.000–500.000 SGTYP1	12.331.460	10.500	3,0	1.174,4
100.000–500.000 SGTYP 2/3/4	12.440.347	76.271	21,6	163,1
500.000 und mehr SGTYP1	23.151.216	11.670	3,3	1.983,9
500.000 und mehr SGTYP 2/3/4	8.044.177	36.680	10,4	219,3
Gesamtbevölkerung bzw. -fläche:	**83.155.031**	**353.749**	**100**	

Tab. 19: Bevölkerungsdichte in Deutschland nach Gemeindegrößenklassen (Stand: 31.12.2020), ohne unbewohnte gemeindefreie Gebiete, eigene Berechnungen gemäß Statistischem Bundesamt

Der größte Teil der Wirtschaftskraft weltweit wird in Städten erwirtschaftet. Zeitgleich verbrauchen Städte 60 bis 80 Prozent der Ressourcen. Bis zum Jahr 2030 soll der Anteil der städtischen Bevölkerung bis auf 60 Prozent steigen.[163]

Nachhaltigkeitsberichte im Sinne dieser Arbeit wurden in Bayern (Stand: 9/2021) fast ausschließlich von Mittel- und Großstädten erstellt und veröffentlicht (siehe Kapitel III.2). In den Landgemeinden und Kleinstädten machen sich die begrenzten Kapazitäten an Personal und finanziellen Mitteln besonders bemerkbar, weshalb freiwillige Zusatzaufgaben wie Berichterstattung über nachhaltiges kommunales Handeln zum gegenwärtigen Zeitpunkt häufig nicht geleistet werden können. Für die gesamte Bundesrepublik dürfte sich ein ähnliches Bild ergeben.

Um eine flächendeckende Nachhaltigkeitsberichterstattung der deutschen Kommunen zu erreichen, muss eine Reporting-Strategie insbesondere auf Landgemeinden und Kleinstädte anwendbar sein.

Großstädte können detaillierter berichten als kleine Landgemeinden. Neben den größeren Kapazitäten in der Verwaltung liegt dies auch an der Verfügbarkeit statistischer Daten. Diese sind manchmal nur bis auf Kreisebene erhoben und veröffentlicht. In einem Nachhaltigkeitsbericht wäre z. B. die Arbeitslosenquote und der Vergleich mit Deutschland interessant. Die Bundesagentur für Arbeit (BA) veröffentlicht jedoch keine Arbeitslosenquoten für Gemeinden mit weniger als 15.000 abhängigen zivilen Erwerbspersonen.[164]

Weiterhin werden auf den Portalen https://www.wegweiser-kommune.de und https://sdg-portal.de/de Daten für Kommunen unter 5.000 Einwohnerinnen und Einwohnern gar nicht ausgewiesen (Diese Portale werden in Kapitel III.4 näher erläutert.). D. h., die nach der Definition des Bundesinstitut für Bau-, Stadt- und Raumforschung (BBSR) sogenannten Landgemeinden werden komplett vernachlässigt. Für kleine Städte ist die Datenlage ebenfalls oft unzureichend, da Werte für die sogenannten Indikatoren häufig nur auf Kreisebene ausgewiesen werden.

[163] *Martens/Obenland* (2017), S. 110

[164] Auskunft Statistik-Service Südost der Bundesagentur für Arbeit vom 17.5.2021

Mithilfe der kommunalen Nachhaltigkeitsberichte soll sowohl ein möglichst großer Anteil der Bevölkerung als auch der Fläche Deutschlands erfasst werden. Um gerade den kleineren Verwaltungseinheiten die Möglichkeit zu einem eigenen Nachhaltigkeitsbericht zu geben, erscheinen folgende Maßnahmen zweckmäßig:

1. **Standardisierung der Berichterstattung,** um den individuellen Aufwand zu minimieren

   Dieses Handbuch leistet dazu einen Beitrag.

2. **Nachhaltigkeitsberichterstattung als Aufgabe der Kommunen anerkennen,** wodurch eine Finanzierung durch die Bundesländer gewährleistet werden könnte.

3. **Schaffung landesweiter Berichterstattungsstellen** in den einzelnen Bundesländern, die die Berichterstattung koordiniert und Kommunen bei der Umsetzung durch Beratungsleistungen unterstützt.

4. **Koordinierung der landesweiten Berichterstattungsstellen durch den Bund,** um sicherzustellen, dass die kommunalen Nachhaltigkeitsberichte nach einheitlichen Regeln erstellt werden.

Zusammenfassend ist festzustellen, dass Kommunen jeder Größe (gemessen an der Bevölkerungszahl) für die Erreichung der Nachhaltigkeitsziele wichtig sind und daher in ein Nachhaltigkeitsmonitoring einzubeziehen sind. Die Großstädte trifft eine besondere Verantwortung, da sie für den Großteil des Ressourcenverbrauchs verantwortlich sind. Die kleineren Städte und Landgemeinden sind jedoch ebenfalls von entscheidender Bedeutung, da sie für einen großen Teil der Flächen in Deutschland verantwortlich sind. Außerdem sind sie weniger dicht besiedelt, sodass zumindest in ökologischer Hinsicht mehr Handlungsspielraum besteht. Dies gilt im positiven wie im negativen Sinn. In einer Landgemeinde ist es oft viel leichter möglich, Naturflächen zu versiegeln, als in den Kerngebieten der Großstädte. In ländlichen Gebieten besteht die Gefahr, dass der zur Verfügung stehende Raum nicht als knapp wahrgenommen wird. Dies führt z. B. zu nicht unbedingt notwendigen Umgehungsstraßen, wirtschaftlich fragwürdigen Gewerbegebieten oder nicht effizienter Wohnbebauung. Zum Teil werden ausschließlich Einfamilienhäuser oder Doppelhäuser gebaut und platzsparende Mehrfamilienhäuser nicht einmal erwogen, obwohl diese in der Stadt eine Selbstverständlichkeit sind.

Jede Kommune ist daher aufgerufen, sich an der Erreichung der SDGs zu beteiligen, einen kommunalen Nachhaltigkeitsbericht zu erstellen und darauf aufbauend ein Nachhaltigkeitsmanagement zu etablieren.

Praxistipp:

Beurteilen Sie, welche Pflichtaufgaben und freiwilligen Aufgaben der Kommunen in Zusammenhang mit Nachhaltigkeit in Ihrer Gemeinde oder Stadt von Bedeutung sind (siehe z. B. Abb. 26). Welche Gemeindegrößenklasse ist zutreffend?

Zusammenfassung des Kapitels

Unter dem Oberbegriff der Kommune werden im deutschen Kontext die Verwaltungseinheiten unterhalb der Ebene der Bundesländer verstanden. Wenn in diesem Buch von Kommunen die Rede ist, dann sind darunter in der Regel die Städte und Gemeinden zu verstehen. Diese bilden die unterste Verwaltungsebene. Gleichzeitig wird ihnen durch das Grundgesetz das Recht der Selbstverwaltung zugesprochen. Dieses sagt aus, dass die Kommunen alle Angelegenheiten in ihrem Gebiet im Rahmen der Gesetze ordnen und verwalten können. Daraus ergibt sich ein großer Handlungsspielraum.

Dass Städte und Gemeinden wichtige Akteure im Rahmen der nachhaltigen Entwicklung sind, wurde in internationalen Vereinbarungen ausdrücklich vermerkt. So sprach die Agenda 21, die 1992 beschlossen wurde, den Kommunen eine zentrale Stellung zu. Die Städte und Gemeinden der Welt sollten ermutigt werden, sich aktiv an den entscheidenden Weichenstellungen zu beteiligen. Im Zuge der sich daraus entwickelnden Aufbruchsstimmung wurden in Deutschland zahlreiche Initiativen für eine „Lokale Agenda 21" gegründet.

Im Jahr 2015 beschlossen die Vereinten Nationen die Agenda 2030 als Nachfolgeprogramm der Agenda 21. Sie enthält 17 Entwicklungsziele, die SDGs. Neu war, dass sich diese Ziele nicht nur an die Länder des globalen Südens, sondern auch explizit an die gesamte Weltgemeinschaft richteten. Die SDGs fanden eine breite Akzeptanz und finden sich in nationalen Programen wie der Deutschen Nachhaltigkeitsstrategie wieder. In Städten und Gemeinden wächst seitdem das Bewusstsein, wie bedeutsam das aktive Handeln auf kommunaler Ebene für das Bewältigen der globalen Herausforderungen ist.

Die Neufassung der DNS aus dem Jahr 2021 hebt die Rolle der Kommunen nicht besonders hervor, sondern konzentriert sich stärker auf bundesweite Maßnahmen. Dennoch ist klar, dass die Städte und Gemeinden große Einflussmöglichkeiten haben – beispielsweise in den Bereichen „Bauen“, „Wohnen“ und „Energieversorgung“. Ein bedeutender Teil der Fläche Deutschlands wird von kleineren Kommunen verwaltet. Deshalb müssen Nachhaltigkeitsstrategien explizit auch für diese Kommunen anwendbar sein.

III. Grundlagen zu kommunalen Nachhaltigkeitsberichten

III. Grundlagen zu kommunalen Nachhaltigkeitsberichten

Ziel

Es wird dargelegt, was kommunale Nachhaltigkeitsberichte sind und welche Funktionen sie erfüllen. Zudem wird eine Übersicht bereits veröffentlichter Nachhaltigkeitsberichte von Städten und Gemeinden gegeben. Abschließend werden zwei Online-Portale verglichen, mit denen Nachhaltigkeitsberichte und Daten für Indikatoren abgerufen werden können.

1. Was sind kommunale Nachhaltigkeitsberichte?

Kurz und knapp

In kommunalen Nachhaltigkeitsberichten stellen Gemeinden und Städte dar, wie sie im Hinblick auf die drei Dimensionen der Nachhaltigkeit aufgestellt sind und welche Herausforderungen sie in ihrem Zuständigkeitsbereich sehen. Bisher gibt es kein einheitliches Konzept für kommunale Nachhaltigkeitsberichte. Bestandteile, die sich in vielen bisher veröffentlichten Berichten finden lassen, sind zum einen statistische Daten, zum anderen Maßnahmen und Zielsetzungen der Kommune, mit denen mehr Nachhaltigkeit erreicht werden soll.

Wenn bisher in diesem Buch von „Kommunalen Nachhaltigkeitsberichten" die Rede war, so war damit ein breites Spektrum an unterschiedlichen Veröffentlichungen von Gemeinden, Städten und mitunter auch Landkreisen gemeint. Ebenso wie der Begriff sind auch die Inhalte dieser Veröffentlichungen nicht einheitlich definiert. Weder liegen eindeutige Berichtstandards kommunaler oder privater Initiativen vor, noch gibt es eine gesetzliche Regelung des Bundes oder der Länder. Wissenschaftliche Konzeptvorschläge kamen bisher meist nicht über den Status von Ideensammlungen hinaus. Orientierung bieten den Kommunen einzelne Veröffentlichungen wie „N!-Berichte für Kommunen"[165] des baden-württem-

[165] *Haeften/Oelsner* (2016); *Ministerium für Umwelt, Klima und Energiewirtschaft Baden-Württemberg* (2021)

bergischen Umweltministeriums oder Indikatorenbaukästen wie die „SDG-Indikatoren für Kommunen“[166], die in Zusammenarbeit von der Bertelsmannstiftung, kommunalen Spitzenverbänden und weiteren Partnern entstanden.

Weit verbreitet sind Nachhaltigkeitsberichte mittlerweile bei privatwirtschaftlichen Unternehmen. Sie können als erweiterte Form sogenannter Umweltberichte, in denen Unternehmen ab den 1990er-Jahren vor allem ökologische Auswirkungen ihrer Geschäftstätigkeit und entsprechende Gegenmaßnahmen darstellten, angesehen werden. Auch diese Berichte sind sehr individuell gestaltet und unterscheiden sich voneinander in Umfang, Art und Inhalt deutlich. Die meisten Nachhaltigkeitsberichte eint das Verständnis des Konzepts „Nachhaltigkeit“, wie es in den ersten beiden Kapiteln dargestellt wurde. Entsprechend werden sowohl ökonomische, ökologische als auch soziale Aspekte beleuchtet, teils ergänzt um Bereiche wie „Governance“ oder „Organisationsführung“. Mehrheitlich werden Nachhaltigkeitsberichte von Unternehmen freiwillig erstellt und veröffentlicht, oftmals aus Gründen des Marketings und des öffentlichen Ansehens. Derzeit sind nur relativ große Kapitalgesellschaften (§ 289b Handelsgesetzbuch (HGB)) verpflichtet, ihren Lagebericht um eine „nichtfinanzielle Erklärung“ zu erweitern.

Anders als für Kommunen liegen für Unternehmen mittlerweile zahlreiche Reporting-Standards vor, nach denen sie sich richten können. Der wohl am weitesten verbreitete Standard ist derjenige der Global Reporting Initiative (GRI). Daneben existieren weitere Standards wie die ISO-Norm 26000, die Richtlinien des UN Global Compacts oder der Deutsche Nachhaltigkeitskodex (DNK), um nur einige zu nennen.

Ebenso wie für die meisten Unternehmen besteht für Städte und Gemeinden keine Pflicht zur Erstellung von Nachhaltigkeitsberichten. Dennoch veröffentlichen in Deutschland zahlreiche Kommunen Berichte, in denen sie über Nachhaltigkeitsaspekte berichten. Von diesen Berichten wird in Kapitel III.3 eine Auswahl vorgestellt. Die Analyse zeigt, dass in fast jedem Bericht zunächst erläutert wird, welchen Inhalt, Sinn und Zweck dieser hat. Diese Begriffs-

166 *Bertelsmann Stiftung* et al. (2020)

bestimmungen sind naturgemäß unterschiedlich. Weiterhin unterscheiden sich die Berichte erheblich in Aufbau bzw. Gliederung und Inhalt.

In einem kommunalen Nachhaltigkeitsbericht werden überwiegend bereits vorhandene Daten aus verschiedenen Quellen zusammengeführt. Es handelt sich im Wesentlichen nicht um neue, bislang unbekannte Zahlen. Ansonsten wäre der Erstellungsaufwand zu hoch. Diese Daten zeigen den aktuellen Stand der Kommune in Bezug auf die Situation der Nachhaltigkeit. Dabei werden die drei Dimensionen der Nachhaltigkeit zu verschiedenen Zeitpunkten dargestellt. Auf diese Weise wird eine Entwicklung der Daten erkennbar. Außerdem wird damit konkretisiert, welche Themen die Kommune dem Oberbegriff „Nachhaltigkeit" zuordnet.

Der Nachhaltigkeitsbericht wird so zur Ausgangsbasis für ein kommunales Nachhaltigkeitsmanagement. Auf der Basis einer gemeinsam verfügbaren Datengrundlage können weitere Schritte für eine nachhaltige Entwicklung in der Kommune eingeleitet werden.

Praxistipp:

Mittlerweile veröffentlichen viele kommunale Unternehmen Nachhaltigkeitsberichte. Lesen Sie sich die Berichte der kommunalen Unternehmen aus Ihrer oder einer nahegelegenen Kommune durch. Möglicherweise finden Sie darin nützliche Informationen und Gestaltungsideen für den eigenen kommunalen Nachhaltigkeitsbericht.

2. Nachhaltigkeitsberichte als Teil des kommunalen Nachhaltigkeitsmanagements

Kurz und knapp

Nachhaltigkeitsberichte sind ein wichtiger Bestandteil des kommunalen Nachhaltigkeitsmanagements. Mit ihrer Hilfe können der Ist-Stand dokumentiert und Handlungsfelder analysiert werden. Außerdem kann durch regelmäßige Fortschreibungen der Berichte der Erfolg oder Misserfolg von Maßnahmen evaluiert werden. Darüber hinaus sind sie ein wichtiges Informationsinstrument für Stakeholder und zugleich ein Marketinginstrument für die Kommunen.

Eine flächendeckende kommunale Nachhaltigkeitsberichterstattung könnte zukünftig die Grundlage für regionales und überregionales Nachhaltigkeitsmanagement sein.

2.1 Grundsätzliches zu kommunalem Nachhaltigkeitsmanagement

Die Bedeutung einer nachhaltigen Lebensweise und der entsprechenden Weichenstellungen findet in den vergangenen Jahren auch in der Kommunalpolitik eine immer stärkere Berücksichtigung. Oft bleibt es auf kommunaler Ebene jedoch bei Einzelmaßnahmen. Ein Randstreifen wird später gemäht, eine effizientere Heizung in der Kinderbetreuungseinrichtung verbaut und im Rathaus gibt es nur noch Kaffee aus fairem Handel. Dies sind zweifellos sinnvolle Maßnahmen und zumindest kleine Schritte zum großen Ziel einer nachhaltigen Gemeinde. Dennoch bleiben viele Bereiche außen vor, zumeist vor allem deshalb, weil sie gar nicht in den Fokus derjenigen rücken, die entscheiden. Damit sich eine Kommune konsequent in Richtung Nachhaltigkeit entwickeln kann, bedarf es deshalb eines Nachhaltigkeitsmanagementsystems. Damit wird sichergestellt, dass nicht nur Einzelmaßnahmen mehr oder weniger wahl- und ziellos umgesetzt werden, sondern dass diese Teil einer strategischen Entwicklung sind. Außerdem werden im Rahmen des Managements Auswirkungen von Entscheidungen und Maßnahmen evaluiert und bei Bedarf angepasst.

Nachhaltigkeitsmanagement ist also nichts anderes als der gezielte, geplante und verwirklichte Prozess in einer Kommune, mit dem versucht wird, den Weg einer nachhaltigen Entwicklung zu beschreiten.

In der klassischen Management-Theorie hat sich das Modell eines vierstufigen Aufbaus etabliert, der sogenannte „PDCA-Zyklus". Dieser soll eine ständige Verbesserung des Management-Prozesses garantieren. Die vier Stufen sind: Plan (= Planung), Do (= Umsetzung), Check (= Kontrolle/Evaluation), Act (= Anpassung).

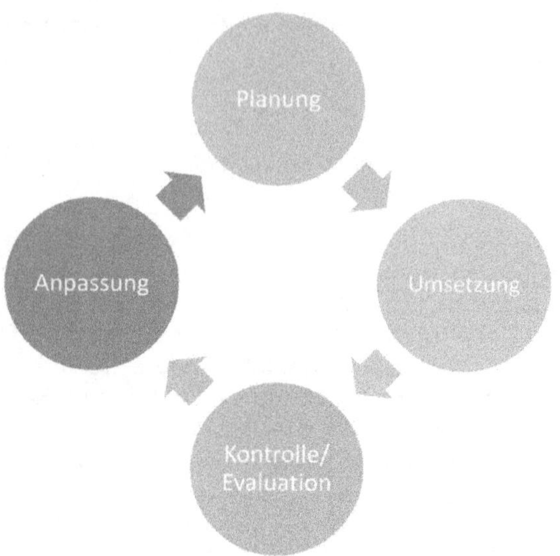

Abb. 20: Die vier Stufen des PDCA-Zyklus, eigene Darstellung

Der PDCA-Zyklus lässt sich analog auf kommunales Handeln anwenden. Ebenso wie bei der Steuerung eines privatwirtschaftlichen Unternehmens kann eine Beachtung der Grundsätze des Zyklus zu einer effizienteren Entwicklung führen. Defizite im Bereich der Nachhaltigkeit können auf einen Mangel an Informationen zurückgeführt werden, der sowohl die Phase der Planung als auch die Phase der Evaluation beeinträchtigt. Genau hier setzt der kommunale Nachhaltigkeitsbericht an: Er bündelt die vorhandenen Daten und stellt sie für die kommunalen Entscheidungsträgerinnen und -träger bereit. Dies ist die Grundlage für eine ordentliche Planung von Maßnahmen. Gleichzeitig werden über die Fortschreibung der Berichte Entwicklungen sichtbar, die eine Erfolgskontrolle der umgesetzten Maßnahmen möglich machen.

Der Nachhaltigkeitsbericht dient im Managementzyklus folglich einerseits der Planung, andererseits der Kontrolle und Evaluation. Beides bildet die Basis für mögliche kommunalpolitische Entscheidungen, die in der Folge durch die Verwaltung umgesetzt werden. Kommunale Entscheidungsprozesse erfolgen in der Regel in dieser Reihenfolge:[167]

[167] Hier und für die folgenden Ausführungen vgl. *Riedel* (2020), S. 20–26

1. Bestandsaufnahme
2. Identifizierung eines Problems/einer Aufgabe
3. Formeller Beschluss (je nach Tragweite der Entscheidung können diese Beschlüsse innerhalb der Verwaltung, von der Bürgermeisterin bzw. vom Bürgermeister oder von den Mitgliedern des Stadt- oder Gemeinderats getroffen werden)
4. Umsetzung der Beschlüsse (entweder durch kommunale Mitarbeitende, kommunale Unternehmen oder externe Dritte)
5. Kontrolle des Umsetzungsstands bzw. des Erfolgs der Maßnahme/Evaluation

Im Fall plötzlich auftretender Probleme (z. B. bei einem Wasserrohrbruch) entfällt Schritt 1. Bei Maßnahmen, die langfristiger Natur sind (z. B. Entwicklung hin zu einer nachhaltigeren Gemeinde), ist Schritt 5, die Evaluation, gleichzeitig auch immer wieder eine neue Bestandsaufnahme. Damit ergibt sich für den in diesem Buch behandelten Bereich ein vierstufiger Entscheidungszyklus. Ein Nachhaltigkeitsbericht unterstützt vor allem bei den Schritten 1 und 2. Schematisch können Entscheidungen in einer Kommune im Zusammenhang mit nachhaltiger Entwicklung folgendermaßen dargestellt werden:

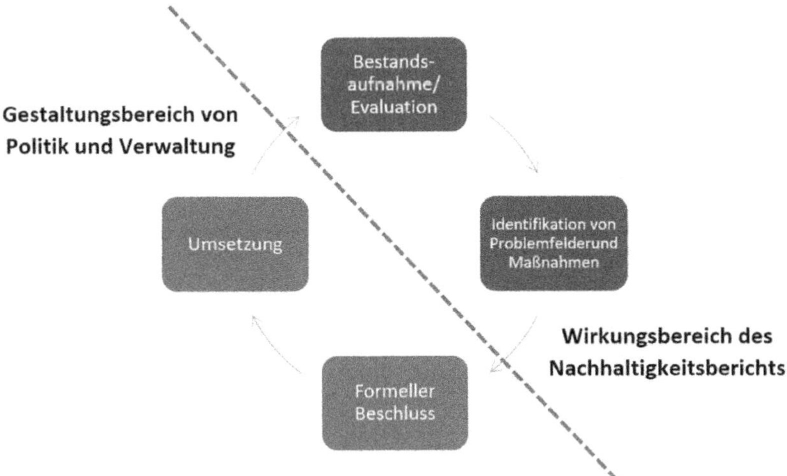

Abb. 21: Vereinfachte Darstellung von kommunalen Entscheidungsprozessen, eigene Darstellung

Im klassischen PDCA-Zyklus liegen vor allem die Schritte der Planung und der Evaluation im Bereich des Nachhaltigkeitsberichts. Die Kombination beider Modelle ergibt folgendes Schema:

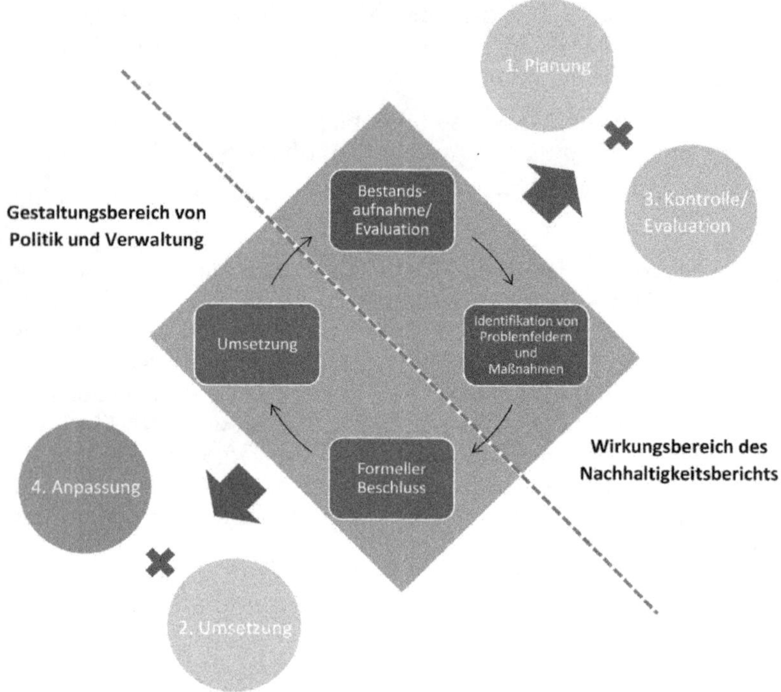

Abb. 22: Kombinierte Darstellung des klassischen PDCA-Zyklus und des idealtypischen kommunalen Entscheidungsprozesses, eigene Darstellung

2.2 Funktionen eines Nachhaltigkeitsberichts im kommunalen Nachhaltigkeitsmanagement

Nachhaltigkeitsberichte von Kommunen erfüllen mehrere Funktionen, die für das Nachhaltigkeitsmanagement von Kommunen dienlich sind.

Dokumentation der Ausgangslage/Identifizierung von Problemfeldern

Eine wichtige Funktion von Nachhaltigkeitsberichten ist die Dokumentation des Ist-Zustands in einer Kommune. Ohne eine derartige zentrale Erfassung ist in der Regel nicht klar, wo die Kommune bereits nachhaltig handelt und in welchen Bereichen noch Verbesserungsbedarf besteht. Teilbereiche und einzelne bereits angestoßene Projekte mögen zwar bekannt sein, jedoch bleiben viele Aspekte unbeleuchtet. Nur wenn die Verantwortlichen in der Kommune wissen, wo sie stehen, können Maßnahmen zielgerichtet umgesetzt werden. Der Vorteil der standardisierten Berichterstattung ist, dass stets Indikatoren aus allen drei Dimensionen der Nachhaltigkeit erfasst werden. Auf der Grundlage des Berichts ist es möglich, besonders dringende Handlungsfelder zu identifizieren und entsprechende Maßnahmen anzustoßen.

Erfolgs-/Wirkungskontrolle kommunaler Ziele und Maßnahmen

Die Erfolgs- und Wirkungskontrolle ist eine zweite wichtige Funktion von Nachhaltigkeitsberichten. Durch die regelmäßige Fortschreibung der Berichte können Trends sichtbar gemacht werden.

Ein Beispiel für die Erfolgskontrolle:

Eine ländliche Gemeinde erfasst in ihrem ersten Nachhaltigkeitsbericht, dass alle an Landwirte verpachteten kommunalen Flächen konventionell bewirtschaftet sind. Sie setzt sich zum Ziel, den Anteil der nach den Grundsätzen des ökologischen Landbaus bewirtschafteten Fläche bis zum Jahr 2030 auf 20 Prozent zu steigern (vgl. Indikator 2b im Bericht der Gemeinde Rott a. Inn, abgedruckt in den Anlagen). Die Gemeinde kann in einem ersten Schritt auf die Landwirte zugehen und ihnen eine Umstellung der Bewirtschaftung auf freiwilliger Basis nahelegen. Bleibt diese Maßnahme ohne Effekt, kann die Gemeinde Pachtverträge kündigen und an andere vergeben oder die Pachtverträge ändern – beides wird auf Widerstand von Betroffenen stoßen.

Mit jeder Fortschreibung des Berichts kann kontrolliert werden, ob man sich dem Ziel annähert oder nicht. Schließlich wird Bilanz gezogen, ob die Kommune das gesetzte Ziel erreicht hat. Die Kontrolle findet dabei im Kreis der Verwaltung und der politisch Verantwortlichen sowie in der Öffentlichkeit statt. Das kann den Druck erhöhen, auch unter Umständen unpopuläre Maßnahmen umzusetzen. Hier wird das Erreichen des Ziels kontrolliert, da die Mittel im Grunde klar sind.

Ein Beispiel für die Wirkungskontrolle:

Eine Gemeinde möchte die Anzahl und die Gesamtleistung der Photovoltaikanlagen auf privaten Dächern erhöhen. In regelmäßigen Abständen werden deshalb entsprechende Aufrufe und Informationen im monatlichen Mitteilungsblatt der Gemeinde veröffentlicht. Zusätzlich wird einmal jährlich eine Veranstaltung organisiert, in der eine Expertin oder ein Experte über Voraussetzungen, Fördermöglichkeiten und die Wirtschaftlichkeit der Anlagen informiert. Ist auch nach der zweiten Fortschreibung des Nachhaltigkeitsberichts, z. B. nach vier Jahren, die Anzahl der Photovoltaikanlagen nur minimal gestiegen, ist klar: Die bisherigen Maßnahmen konnten nicht die gewünschte Wirkung erzielen. Die Kommune steuert deshalb nach und bietet die Möglichkeit einer kostenlosen und individuellen Energieberatung an. Sie prüft zudem die Festsetzung einer Photovoltaikanlagenpflicht im Bebauungsplan für eine neues Wohngebiet.

Hier wurde folglich stärker die Effizienz der getroffenen Entscheidungen überprüft. Deshalb konnten im Nachhinein noch Anpassungen getroffen werden. In beiden Fällen wäre zwar eine individuelle Überprüfung möglich gewesen, durch den Bericht ist sie jedoch stärker formalisiert und damit zwingender. Zudem kann im Nachhaltigkeitsbericht die Öffentlichkeit die Entwicklungen mitverfolgen. Nicht zuletzt können die selbst gesteckten Ziele angepasst werden, falls dies notwendig oder sinnvoll erscheint.

Information der Stakeholder

Der Nachhaltigkeitsbericht ist in erster Linie ein Kommunikationsmittel. Mit ihm kann eine Gemeinde oder Stadt darstellen, welche Maßnahmen sie für eine nachhaltige Entwicklung in ihrem Zuständigkeitsbereich ergreift. Nur wer informiert ist, kann fundierte Entscheidungen treffen – dies trifft auf die Verantwortlichen in der Kommune ebenso wie auf jede Bürgerin bzw. jeden Bürger zu. Diese beeinflussen durch Wahlentscheidungen, wie sich ihr Heimatort entwickelt. Außerdem können sie sich in zivilgesellschaftliche Initiativen und engagierte Gruppen einbringen oder in ihrem privaten Umfeld dazu beitragen, dass die Nachhaltigkeitsziele erreicht werden. Mit dem Nachhaltigkeitsbericht stellt eine Kommune wichtige Informationen für die Stakeholder anschaulich und gebündelt bereit. Folgende Stakeholder, d. h. Personen oder Personengruppen, für die die Informationen eines Nachhaltigkeitsberichts von Interesse sein könnten, lassen sich identifizieren:

- Kommunalpolitikerinnen bzw. Kommunalpolitiker
- Kommunale Verwaltung
- Kommunale Einrichtungen wie Schulen, der Bauhof, das Klärwerk o. Ä.
- Kommunale Unternehmen
- Private Unternehmen
- Vereine
- Bürgerinitiativen und andere zivilgesellschaftliche Organisationen
- Glaubensgemeinschaften
- Private Haushalte bzw. Privatpersonen
- Übergeordnete staatliche Ebenen wie die Bundesländer, die Bundesrepublik oder die EU

Marketinginstrument

Eine Nebenfunktion erfüllt der Nachhaltigkeitsbericht als Marketinginstrument. Solange Kommunen noch nicht flächendeckend berichten, kann allein die Erstellung eines Berichts ein Aushängeschild nach innen und außen sein. Die nachhaltige Gestaltung einer Kommune kann die Standortentscheidung mancher Unternehmen beeinflussen. Für neu Hinzugezogene und Reisende kann das sichtbare Bemühen um eine nachhaltige Dorfentwicklung attraktiv sein. Nach innen können die Entscheidungsträgerinnen und -träger, die sich regelmäßigen Wahlen stellen müssen, ihr als positiv bewertetes Handeln kommunizieren und Entscheidungen transparent darstellen. Das Vermarkten des Berichts und seiner Informationen sollte sich letztlich positiv auf die nachhaltige Entwicklung auswirken, denn es erhöht zum einen die Motivation zur Erstellung eines Berichts, zum anderen aber auch zur Umsetzung von Maßnahmen.

Wichtig ist, dass der Marketinggedanke nicht das eigentliche Ziel überstrahlt und den Bericht dominiert. Dieser muss vollständig und faktisch korrekt sein. Negative Entwicklungen müssen ebenso benannt werden. Sogenanntes Greenwashing, gleichbedeutend mit der einseitigen Darstellung nur positiver Aspekte und Erfolge, ist in jedem Fall zu vermeiden.

Schaffung einer Grundlage für regionales und überregionales Nachhaltigkeitsmanagement/-reporting

Ein standardisiertes Berichtsverfahren kann ebenfalls für das überörtliche Nachhaltigkeitsmanagement herangezogen werden. Je mehr Daten und Maßnahmen auf der untersten Ebene erfasst sind, desto besser sind auch die Auswirkungen von Entscheidungen auf einer übergeordneten Ebene erfassbar. In einem Nachhaltigkeitsbericht, der auf Landkreisebene erscheint und eine konsolidierte Fassung der Berichte der einzelnen Gemeinden enthält, können beispielsweise besonders erfolgreiche Einzelmaßnahen herausgestellt werden und so als Vorbild für andere Gemeinden der Region dienen.

Keinesfalls zu unterschätzen ist der Mehrwert, den schon der Prozess der Erstellung eines Nachhaltigkeitsberichts bietet. Nicht nur das Ergebnis, sondern auch bereits der Weg dorthin kann in einer Kommune positive Impulse setzen. So betont das "European Handbook for SDG Voluntary Local Reviews": „For the city, the value is in the journey as much as in the product, since the processes used help local administrations to strengthen the links with a number of stakeholders and, internally, foster cooperation among different departments."[168]

Praxistipp:

Das kommunale Nachhaltigkeitsmanagement, dessen Basis der Nachhaltigkeitsbericht bildet, wird sinnvollerweise durch ein Leitbild ergänzt. Darin formuliert eine Gemeinde oder Stadt in wenigen Sätzen, was sie unter der nachhaltigen Entwicklung ihres Orts versteht. Außerdem können einige Schwerpunktbereiche explizit genannt werden. Bringen Sie in Ihrer Kommune die Idee ein, ein eigenes Nachhaltigkeitsleitbild zu erstellen.

3. Auswahl kommunaler Nachhaltigkeitsberichte in Deutschland

Kurz und knapp

Bisher liegen vor allem Nachhaltigkeitsberichte von größeren Städten vor, solche von kleineren Gemeinden sind die Ausnahme. Die Berichte unterscheiden sich sowohl vom Inhalt als auch vom Umfang

[168] *Siragusa* et al. (2020), S. 14

her erheblich. Deshalb sind Vergleiche zwischen verschiedenen Kommunen nur sehr bedingt möglich. In diesem Kapitel wird ein Überblick gegeben, welche deutschen Städte mit mehr als 200.000 Einwohnerinnen und Einwohnern bereits einen Nachhaltigkeitsbericht veröffentlicht haben. Angefügt sind außerdem die Ergebnisse einer Recherche unter allen bayerischen Kommunen.

Vorbemerkung

Die Links der im Internet abrufbaren Nachhaltigkeitsberichte finden Sie in den Anlagen zu diesem Buch. Bereits veröffentlichte Berichte enthalten im Sinne von „Best Practice" Anregungen für den eigenen kommunalen Nachhaltigkeitsbericht. In folgendem Kapitel wird dargestellt, welche Bundesländer und Städte ab 200.000 Einwohnerinnen und Einwohnern Nachhaltigkeitsberichte veröffentlichen. Eine Übersicht wurde außerdem für die Kommunen im Freistaat Bayern erstellt. Diese zweite Aufstellung soll bei der Einordnung unseres Praxisbeispiels der oberbayerischen Landgemeinde Rott a. Inn (siehe Kapitel VI) helfen.

Die in Kapitel II.3 vorgestellte Deutsche Nachhaltigkeitsstrategie kann als Nachhaltigkeitsbericht auf nationaler Ebene gelten. Die Mehrzahl der Bundesländer veröffentlicht gleichfalls ähnliche Berichte. Von den Kommunen in Deutschland erstellt nur eine Minderheit Nachhaltigkeitsberichte.

Vorab ist festzustellen, dass sämtliche Berichte nicht gemäß einem einheitlichen Konzept erstellt werden. Daher baut die DNS nicht auf den Berichten der Bundesländer auf. Die Berichte der Bundesländer haben keinen Bezug zu den Berichten der Kommunen, ein abgestimmtes Konzept ist nicht erkennbar. Langsam beginnt sich eine Gliederung gemäß der 17 SDGs durchzusetzen, wobei die verwendeten Indikatoren sehr unterschiedlich sind.

Übersicht: Nachhaltigkeitsberichte der Bundesländer

Von sämtlichen Bundesländern finden sich Veröffentlichungen zum Thema „Nachhaltigkeit", meist ein Nachhaltigkeitsbericht oder eine Nachhaltigkeitsstrategie. Die Berichte sind vergleichsweise aktuell und sehr umfangreich. Beispielsweise umfasst der „1. Bericht Schleswig-Holsteins zu den UN-Nachhaltigkeitszielen" 270 (!) Seiten. Daher wird der Bericht als Zusammenfassung in „normaler" (elf Seiten) und in leichter Sprache (zwölf Seiten) angeboten. Die Kurzfassung bietet einen knappen Überblick und motiviert möglicherweise zur Lektüre einzelner Kapitel der Langfassung des Nachhaltigkeitsberichts.

Eine Übersicht der Berichte der Bundesländer ist in der folgenden Tabelle zusammengestellt. Die Einwohnerzahlen und das BIP dienen als Anhaltspunkt für die Gewichtung der Bundesländer in Deutschland. Je größer diese Zahlenwerte sind, umso höher ist die ökonomische Bedeutung, aber auch der (vermutete) Ressourcenverbrauch des jeweiligen Bundeslands.

Bundesland	Bezeichnung (Jahr der Veröffentlichung)	Bevölkerung in 1.000	BIP in Mio. Euro	Anteil BIP in Prozent
Baden-Württemberg	Nachhaltigkeitsbericht 2019 Übergreifender Berichtsteil der Landesregierung Baden-Württemberg (2020)	11.103	500.790	15,0
Bayern	Indikatorenbericht zur nachhaltigen Entwicklung in Bayern (2021)	13.140	610.217	18,3
Berlin	Kernindikatoren zur nachhaltigen Entwicklung Berlins (2014)	3.664	154.634	4,6
Brandenburg	Nachhaltigkeitsstrategie für das Land Brandenburg (2019)	2.531	73.931	2,2
Bremen	Bericht zur Umsetzung der SDGs im Land Bremen. Indikatorenbericht 2021	680	31.577	0,9
Hamburg	Hamburger Nachhaltigkeitsbericht (2015)	1.852	118.135	3,5
Hessen	Nachhaltigkeitsstrategie Hessen Ziele und Indikatoren (2020)	6.293	281.418	8,4
Mecklenburg-Vorpommern	Kein Bericht, aber eine Übersicht zu den SDGs 17 Ziele in der Praxis Mecklenburg-Vorpommerns (2020)	1.611	46.012	1,4
Niedersachsen	Fortschrittsbericht zur Nachhaltigkeitsstrategie für Niedersachsen (2020)	8.003	295.895	8,9

Bundesland	Bezeichnung (Jahr der Veröffentlichung)	Bevölkerung in 1.000	BIP in Mio. Euro	Anteil BIP in Prozent
Nordrhein-Westfalen	Die globalen Nachhaltigkeitsziele konsequent umsetzen (2020)	17.926	697.125	20,9
Rheinland-Pfalz	Statistische Indikatoren zur nachhaltigen Entwicklung (2020)	4.098	141.905	4,3
Saarland	Gemeinsam Verantwortung tragen für heute und morgen – Nachhaltigkeitsstrategie für das Saarland (2017)	984	33.608	1,0
Sachsen	Sachsen hat Zukunft – Nachhaltigkeitsbericht (2016)	4.057	125.571	3,8
Sachsen-Anhalt	Nachhaltigkeitsstrategie des Landes Sachsen-Anhalt, Stand: Dezember 2018 (ohne Datum)	2.181	62.654	1,9
Schleswig-Holstein	1. Bericht Schleswig-Holsteins zu den UN-Nachhaltigkeitszielen (2020)	2.911	97.222	2,9
Thüringen	Die Thüringer Nachhaltigkeitsstrategie 2018 (2018)	2.120	61.536	1,8
	Summen	**83.155**	**3.332.230**	**100**

Tab. 20: Bundesländer und Nachhaltigkeitsberichte (Stand: 31.10.2021), Bevölkerung und BIP (Stand jeweils: 31.12.2020), Quelle für Bevölkerung und BIP: Statista

III

Übersicht: Nachhaltigkeitsberichte von Städten mit mehr als 200.000 Einwohnerinnen bzw. Einwohnern

In Deutschland gibt es 40 kleine und große Großstädte mit mehr als 200.000 Einwohnerinnen und Einwohnern. Dort leben ca. 25,7 Prozent der deutschen Bevölkerung (Stand: 31.12.2020). In der folgenden Tabelle 21 sind sämtliche kleinen und großen Großstädte und deren Nachhaltigkeitsberichte in alphabetischer Reihenfolge aufgeführt. Es sind weiterhin Dokumente, die nicht der Definition von kommunalen Nachhaltigkeitsberichten entsprechen, aufgeführt. In manchen werden nur Teilaspekte der Nachhaltigkeit betrachtet, in anderen wird über kommunale Unternehmen berichtet. So hat beispielsweise Berlin 2020 einen Nachhaltigkeitsbericht über die Berliner Landesunternehmen veröffentlicht, der hier aufgelistet wird.[169] Duisburg veröffentlichte 2020 für den Berichtszeitraum 2018–19 einen Nachhaltigkeitsbericht über die Wirtschaftsbetriebe Duisburgs.[170]

Stadt	Nachhaltigkeitsberichte Stand: 31.12.2021	Bevölkerung	Bundesland
Aachen	Kein Bericht	248.878	Nordrhein-Westfalen
Augsburg	Wo Nachhaltigkeit gemeinsame Sache ist. Augsburger Nachhaltigkeitsbericht 2018	295.830	Bayern
Berlin (Stadt)	Nachhaltigkeitsbericht 2020 über die Berliner Landesunternehmen	3.769.962	Berlin
Bielefeld	Kein Bericht	338.980	Nordrhein-Westfalen
Bochum	Kein Bericht	370.899	Nordrhein-Westfalen
Bonn	NACHHALTIGKEIT. SUSTAINABILITY. DURABILITÉ. BONN. Nachhaltigkeitsbericht der Stadt Bonn 2016–2018	333.794	Nordrhein-Westfalen
Braunschweig	Kein Bericht	250.495	Niedersachsen
Bremen (Stadt)	Das Land Bremen hat einen Indikatorenbericht 2021 erstellt.	566.573	Bremen
Chemnitz	Kein Bericht	245.051	Sachsen
Dortmund	Bestandsaufnahme zur nachhaltigen Entwicklung in Dortmund	603.167	Nordrhein-Westfalen
Dresden	Kein Bericht	561.942	Sachsen
Duisburg	Nachhaltigkeitsbericht 2018–19 – Wirtschaftsbetriebe Duisburg	498.686	Nordrhein-Westfalen

169 *Senatsverwaltung für Finanzen* (2021)
170 *Wirtschaftsbetriebe Duisburg – AöR* (2020)

Stadt	Nachhaltigkeitsberichte Stand: 31.12.2021	Bevölke-rung	Bundesland
Düsseldorf	BERICHT. IST-ERFASSUNG NACHHALTIGE ENTWICKLUNG IN DER STADTVERWALTUNG DÜSSELDORF. 19.2.2021	644.280	Nordrhein-Westfalen
Erfurt	Kein Bericht	241.174	Thüringen
Essen	Kein Bericht	591.000	Nordrhein-Westfalen
Frankfurt am Main	Stadt Frankfurt am Main Nachhaltigkeitsbericht 2020	758.847	Hessen
Freiburg im Breisgau	4. Freiburger Nachhaltigkeitsbericht 2020	230.900	Baden-Württemberg
Gelsenkirchen	Kein Bericht	259.100	Nordrhein-Westfalen
Halle (Saale)	Kein Bericht	238.762	Sachsen-Anhalt
Hamburg (Stadt)	Hamburger Nachhaltigkeitsbericht 2015	1.852.478	Hamburg
Hannover	Nachhaltigkeitsbericht der Landeshauptstadt Hannover 2020	542.668	Niedersachsen
Karlsruhe	Kein Bericht	299.785	Baden-Württemberg
Kassel	Integriertes Klimaschutzkonzept für die Stadt Kassel	204.059	Hessen
Kiel	Kein Bericht	247.863	Schleswig-Holstein
Köln	Kein Bericht	1.083.498	Nordrhein-Westfalen
Krefeld	Kein Bericht	226.800	Nordrhein-Westfalen
Leipzig	Kein Bericht	605.407	Sachsen
Lübeck	Kein Bericht	215.800	Schleswig-Holstein
Magdeburg	Maßnahmenkatalog zum „Masterplan 100 % Klimaschutz" für die Landeshauptstadt Magdeburg	239.408	Sachsen-Anhalt
Mainz	Kein Bericht	218.578	Rheinland-Pfalz

III

Stadt	Nachhaltigkeitsberichte Stand: 31.12.2021	Bevölke-rung	Bundesland
Mannheim	Nachhaltigkeitsbericht der Stadt Mannheim 2016	320.010	Baden-Württemberg
Mönchengladbach	Kein Bericht	270.771	Nordrhein-Westfalen
München	Nachhaltigkeitsbericht München 2014	1.488.202	Bayern
Münster	Jahres-Statistik 2015 der Stadt Münster – Kapitel „Indikatoren zur nachhaltigen Entwicklung"	314.713	Nordrhein-Westfalen
Nürnberg	Nürnberg nachhaltig 4. Bericht zur nachhaltigen Entwicklung der Stadt Nürnberg (2015–2017)	515.543	Bayern
Oberhausen	Kein Bericht	210.321	Nordrhein-Westfalen
Rostock	Indikatoren der nachhaltigen Stadtentwicklung 2018	209.061	Mecklenburg-Vorpommern
Stuttgart	Lebenswertes Stuttgart – Die globale Agenda 2030 auf lokaler Ebene	608.260	Baden-Württemberg
Wiesbaden	Kein Bericht	291.109	Hessen
Wuppertal	Kein Bericht	354.922	Nordrhein-Westfalen
	Summe:	**21.367.576**	
	Bevölkerungszahl Deutschland	83.155.031	Stand: 31.12.2020
	Anteil in Prozent	**25,7**	

Tab. 21: Übersicht Nachhaltigkeitsberichte deutscher Städte mit einer Einwohnerzahl von mehr als 200.000 (Stand: 31.12.2020)

Die Städte Bonn, Dortmund, Düsseldorf, Köln und Münster nehmen an dem Projekt „Global Nachhaltige Kommune NRW" teil. Ziele sind die Erstellung von „Voluntary Local Reviews (VLR)" und von Nachhaltigkeitsberichten. Dabei soll der „Berichtsrahmen nachhaltige Kommune (BNK)" weiterentwickelt und angewendet werden.

Allerdings beschäftigen sich ebenso all jene Städte, die keinen Bericht veröffentlicht oder geplant haben, in irgendeiner Weise mit dem Thema „Nachhaltigkeit". Auf jeder der Webseiten der Stadtverwaltungen ist etwas zum Thema „Nachhaltigkeit" zu finden.

Die Stadt Pfaffenhofen a. d. Ilm (Bevölkerung: 26.272, Stand: 31.12.2020)[171] z. B. nimmt am „Deutschen Nachhaltigkeitspreis“ teil und veröffentlicht zahlreiche Inhalte zum Bereich „Nachhaltigkeit“ auf ihrer Webseite. U. a. ist dort eine unterschriebene Nachhaltigkeitserklärung einsehbar, die jedoch nicht als Nachhaltigkeitsbericht betitelt wird.

Es mangelt zudem nicht an originellen Ideen: Als erste Kommune in Deutschland hat Stuttgart zu jedem der 17 SDGs einen lokalen Bezug zu den Verhältnissen in Stuttgart hergestellt (https://www.meinstuttgart-meinewelt.de/).[172] Dies kann als Vorbild für Nachhaltigkeitsberichte der Kommunen in Deutschland dienen.[173] Allerdings fehlt es in Stuttgart an einer systematischen Information der Stakeholder. Der Begriff „Nachhaltigkeitsbericht“ führt in der Suchleiste der Webseite der Stadt Stuttgart (https://www.stuttgart.de/) nur zu den zusammengefassten Berichten der Beteiligungen der Landeshauptstadt Stuttgart.[174] Bei Eingabe des Begriffs „Nachhaltigkeitsberichterstattung“ wird zusätzlich ein Bericht zum Klimaschutz in Stuttgart angezeigt (zuletzt aufgerufen am: 31.10.2021).[175]

Die Ergebnisse von Nachhaltigkeitsberichten können zum Teil ernüchternd sein. Als Fazit wurde bei der Vorstellung des Hamburger Nachhaltigkeitsberichts 2015 beispielsweise festgehalten:

> „Der Lebensstil der Hamburger ist nicht zukunftsfähig.
>
> Die Stadt als politische Gemeinschaft versagt darin, ihre Verantwortung zu übernehmen.
>
> Die Ökonomie der Stadt dient nicht unbedingt der Wohlfahrt der Menschen. Solange eine strategische Ausrichtung und der politische Wille fehlen, wird Hamburg ‚old school‘ bleiben.“[176]

Die Nachhaltigkeitsberichte werden teilweise in unregelmäßigen oder sehr langen Abständen erstellt. Der letzte Nachhaltigkeitsbericht der Stadt Hamburg hat den Stand „Dezember 2014“. Die Stadt München plant, im Jahr 2022 einen Nachhaltigkeitsbericht zu veröffentlichen und damit den Nachhaltigkeitsbericht 2014 fortzuschreiben.[177] Eine

[171] *Bayerisches Landesamt für Statistik* (2021b)
[172] *Bopp* (2020)
[173] *Landeshauptstadt Stuttgart* (2019b)
[174] *Stadtkämmerei der Landeshauptstadt Stuttgart* (2020)
[175] *Landeshauptstadt Stuttgart* (2019a)
[176] https://www.zukunftsrat.de/publikationen/hamburger-nachhaltigkeitbericht (Stand: 15.9.2021)
[177] *Schwanck/Gruban* (2014)

positive Ausnahme bildet z. B. Nürnberg. Mittlerweile wurde der 4. Nachhaltigkeitsbericht veröffentlicht. Der Berichtszeitraum umfasst jeweils vier Jahre. Eine gute und nachahmenswerte Idee ist es zudem, in jedem Bericht einen Schwerpunkt zu vertiefen.

Problematisch sind die unterschiedlichen Bezeichnungen der einzelnen Berichte. Es ist oftmals schwierig, den Nachhaltigkeitsbericht einer Stadt zu finden, da nicht klar ist, nach welchem Titel oder Namen gesucht werden muss.

Übersicht: Nachhaltigkeitsberichte bayerischer Kommunen

Exemplarisch wurde untersucht, welche bayerischen Kommunen bisher Nachhaltigkeitsberichte erstellt und veröffentlicht haben. Der Freistaat Bayern umfasst sieben Bezirke, 71 Landkreise, 25 kreisfreie Städte, 311 Verwaltungsgemeinschaften und 2.031 kreisangehörige Gemeinden.[178]

Von diesen Verwaltungseinheiten veröffentlichen nur sehr wenige eigene Nachhaltigkeitsberichte oder damit vergleichbare Dokumente. Letztere umfassen meist nicht alle drei Dimensionen der Nachhaltigkeit, sondern thematisieren nur einen Aspekt oder ein Projekt dieser Teilbereiche.

Die Frage, ob die Kommunen auf ihren Webseiten Stellung zu Themen der Nachhaltigkeit nehmen, kann dagegen generell mit ja beantwortet werden. Die große Mehrheit der Kommunen beschreibt dort regionale Themen und Maßnahmen mit Bezug zur Nachhaltigkeit.

Weiterhin gibt es analog zum Bundesgebiet in Bayern Berichte, die einem kommunalen Nachhaltigkeitsbericht sehr nahekommen, jedoch anders bezeichnet sind. Dies erschwert die Auffindbarkeit enorm. Daher kann für die folgende Tabelle Vollständigkeit, wenngleich sie zu erreichen versucht wurde, nicht abschließend gewährleistet werden. Ein Beispiel für eine nicht-intuitive Benennung des Berichts sind die „Aschaffenburger Indikatoren". Darin wird eine Vielzahl von Daten in Form von Indikatoren dargestellt. Diesen werden je eines oder mehrere der 17 SDGs zugeordnet. Die Verknüpfung mit den 17 SDGs ist dabei als positiv anzusehen, da so ein Bezug zur Agenda 2030 hergestellt wird. Dass die Indikatoren allerdings nicht nach den SDGs gegliedert sind, erschwert die Vergleichbarkeit mit anderen Berichten erheblich. Außerdem ist der Bericht aufgrund seiner Titulierung für Interessierte, die keinen Bezug zu Aschaffenburg haben, als Nachhaltigkeitsbericht nur sehr schwer zu entdecken.

---

178 https://www.statistik.bayern.de/produkte/gemeindedaten/index.html (Stand: 31.10.2021)

Die sieben Bezirke in Bayern veröffentlichen für sich keine Nachhaltigkeitsberichte (Stand: 31.10.2021). Vom Bezirk Oberbayern ist eine Umwelterklärung für den Berichtszeitraum 2018–2020 bekannt. Der Planungszeitraum umfasst die Jahre 2021 bis 2023. Darin wird jedoch auf die SDGs kein Bezug genommen.[179]

Ebenso werden von den 71 Landkreisen keine Nachhaltigkeitsberichte veröffentlicht. Es gibt jedoch regelmäßig Stellungnahmen zu Teilbereichen der Nachhaltigkeit. Als Beispiel weist der Landkreis Ebersberg (Oberbayern) auf seiner Webseite einen Umweltbericht aus.[180] Dabei handelt es sich nicht um einen geschlossenen Bericht, sondern zahlreiche einzelne Artikel. Diese variieren sehr stark in Ausführlichkeit und Aktualität. Der Artikel zu dem Thema „Altlasten" ist z. B. auf den 1.11.2017 datiert. Ansonsten werden an verschiedenen Stellen der Webseite nachhaltigkeitsbezogene Themen erwähnt. Dies ist nicht sehr übersichtlich gestaltet. Für Interessierte ist es praktisch unmöglich, einen Eindruck vom Stand der Nachhaltigkeit im Landkreis Ebersberg zu gewinnen. Positiv hervorzuheben ist die Veröffentlichung des „Aktionsprogramms 2030 für die nachhaltige Entwicklung des Landkreises Ebersberg".[181] Bereits dadurch sticht der Kreis Ebersberg im Vergleich zu anderen Landkreisen positiv heraus.

Auf Ebene der Gemeinden und Städte sind einige Nachhaltigkeitsberichte vorhanden. In der folgenden Tabelle sind diese aufgeführt.

Kommune (Größenklasse nach BBSR/Rechtsbegriff)	Bezeichnung des Berichts	Bevölkerung Stand: 31.12.2020
Aschaffenburg (Große Mittelstadt/Kreisfreie Stadt)	Aschaffenburger-Indikatoren Zahlen, Daten und Fakten zur nachhaltigen Entwicklung	70.858
Augsburg (Kleine Großstadt/Kreisfreie Stadt)	Wo Nachhaltigkeit gemeinsame Sache ist. Augsburger Nachhaltigkeitsbericht 2018	295.830
Bamberg (Große Mittelstadt/Kreisfreie Stadt)	Nachhaltigkeitsbericht der Stadt Bamberg 2011 Bamberger Agenda 21 – Heute für morgen handeln!	76.674

179 *Bezirk Oberbayern* (2021)
180 https://www.lra-ebe.de/landkreis/umweltbericht/ (Stand: 31.10.2021)
181 *Landratsamt Ebersberg – Wirtschaftsförderung, Regionalmanagement* (2018)

Kommune (Größenklasse nach BBSR/Rechtsbegriff)	Bezeichnung des Berichts	Bevölkerung Stand: 31.12.2020
Coburg (Kleine Mittelstadt/Kreisfreie Stadt)	Nachhaltigkeitsbericht der Stadt Coburg 2006	40.842
Erlangen (Kleine Großstadt/Kreisfreie Stadt)	GLOBAL DENKEN LOKAL HANDELN Nachhaltigkeitsbericht der Stadt Erlangen 2020	112.385
Garmisch-Partenkirchen (Große Mittelstadt/Markt)	Nachhaltigkeitsstrategie Garmisch-Partenkirchen 2020	88.279
Herzogenaurach (Kleine Mittelstadt/Stadt)	Nachhaltigkeitsbericht Herzogenaurach 2017	23.616
Mühldorf a. Inn (Kleine Mittelstadt/Kreisstadt)	Nachhaltigkeitsbericht Mühldorf a. Inn	20.962
München (Große Großstadt/ Landeshauptstadt)	Nachhaltigkeitsbericht München 2014	1.488.202
Neu-Ulm (Große Mittelstadt/Große Kreisstadt)	Nachhaltigkeitsbericht der Stadt Ulm Berichtszeitraum 2012–2013, Stand: 2014	58.841
Nürnberg (Große Großstadt/Kreisfreie Stadt)	Nürnberg nachhaltig 4. Bericht zur nachhaltigen Entwicklung der Stadt Nürnberg (2015–2017)	515.543
Rottendorf (Kleine Kleinstadt/ Gemeinde)	Nachhaltigkeitsbericht 2010–2016/17 der Agenda 21 für die Gemeinde Rottendorf	5.311
Schweinfurt (Große Mittelstadt/Kreisfreie Stadt)	3. Nachhaltigkeitsbericht der Stadt Schweinfurt ökologische, ökonomische, soziale Indikatoren	53.319
Unterhaching (Kleine Mittelstadt/ Gemeinde)	Fortschreibung Nachhaltigkeitsbericht Gemeinde Unterhaching 2012	25.234
Vaterstetten (Kleine Mittelstadt/ Gemeinde)	Aktionsprogramm & Nachhaltigkeitsbericht Vaterstetten auf dem Weg der nachhaltigen Gemeindeentwicklung 1999	24.789

Tab. 22: Kommunale Nachhaltigkeitsberichte in Bayern (Stand: 9/2021; Bevölkerungszahl Stand: 31.12.2020)

Anhand der Auflistung wird deutlich, dass Nachhaltigkeitsberichte sowohl von großen als auch kleinen Kommunen veröffentlicht werden. Die Großstadt München ist genauso vertreten wie die Kleinstadt Rottendorf. Auffällig ist, dass von den Landgemeinden (= Gemeinden mit einer Bevölkerungszahl von weniger als 5.000) keine einzige einen Nachhaltigkeitsbericht veröffentlicht. Von den acht bayerischen Großstädten (Bevölkerungszahl ab 100.000) haben immerhin vier einen Nachhaltigkeitsbericht verfasst. Aus den Ergebnissen lässt sich schließen, dass für eine flächendeckende und untereinander vergleichbare Berichterstattung ein Konzept notwendig ist, das sich in Kommunen jeder Größe anwenden lässt.

Praxistipp:

Lesen Sie die Nachhaltigkeitsberichte von anderen Gemeinden oder Städten. Darin finden Sie wertvolle Anregungen für die inhaltliche und graphische Gestaltung des eigenen Berichts. Gelungene Projekte, die in den Berichten vorgestellt werden, können Sie möglicherweise auch in Ihrer eigenen Kommune umsetzen.

4. Im Internet abrufbare bzw. erstellbare Nachhaltigkeitsberichte

Kurz und knapp

Mit dem „Wegweiser Kommune" und dem SDG-Portal stehen Kommunen ab 5.000 Einwohnerinnen und Einwohnern zwei Plattformen mit Daten für diverse Indikatoren zur Verfügung. Diese können in Form eines statistischen Berichts heruntergeladen werden. Der Ansatz ist innovativ und durchdacht, das Angebot an abrufbaren Daten allerdings noch nicht zufriedenstellend.

In diesem Kapitel werden zwei Portale vorgestellt, die bei der Erstellung von Nachhaltigkeitsberichten hilfreich sind: der „Wegweiser Kommune" (https://www.wegweiser-kommune.de) und das SDG-Portal (https://sdg-portal.de/de).

Für den Inhalt beider Portale ist die gemeinnützige Bertelsmann Stiftung verantwortlich. Der Nachhaltigkeitsbericht wird jeweils als PDF-Dokument erstellt und kann auf dem lokalen Rechner gespeichert werden. Dieses PDF-Dokument können Sie mit Microsoft Word aufrufen und in ein bearbeitbares Word-Dokument konvertieren. Anschließend kann der Text bearbeitet, kopiert und in den eigentlichen Nachhaltigkeitsbericht kopiert werden. Bei den Grafiken funktioniert das nicht immer reibungslos.

„Wegweiser Kommune" stellt lediglich Daten für Kommunen mit mindestens 5.000 Einwohnerinnen und Einwohnern dar. Demnach werden für Landgemeinden wie unser Praxisbeispiel Rott a. Inn keine Daten bereitgestellt. Begründet wird dies mit methodischen und datentechnischen Gründen. Derzeit können Daten für 3.358 Kommunen und Landkreise abgerufen werden (https://www.wegweiser-kommune.de/kommunen, Stand: 25.2.2022). Das entspricht etwa 90 Prozent der Bevölkerung Deutschlands. Dies gilt analog für das SDG-Portal. Dort werden gleichermaßen nur Daten für Gemeinden mit mindestens 5.000 Einwohnerinnen und Einwohnern ausgewiesen (Stand: 25.2.2022).

Dieser Punkt ist verbesserungswürdig, da es für Landgemeinden eine Vielzahl aussagefähiger Indikatoren gibt, für die Daten zur Verfügung stehen.

4.1 Vorstellung des Portals Wegweiser Kommune

Auf der Seite können u. a. Berichte zu verschiedenen Themen erstellt werden. Dort sind zahlreiche Daten für eine Vielzahl von Kommunen und Landkreisen abrufbar. Die Erhebung der Daten erfolgt jährlich. Es stehen folgende Möglichkeiten zur Auswahl:

Thema	Vergleich
Demografiebericht	Kreis und (Bundes-)Land sowie Vergleichskommunen
Bildungsbericht	
Finanzbericht	
Integrationsbericht	
Nachhaltigkeitsbericht	
Sozialbericht	

Tab. 23: Auswahlmöglichkeiten für die Berichterstellung, eigene Darstellung

Als Beispiel wurde ein Nachhaltigkeitsbericht mit einem Vergleich zwischen Frankfurt am Main und Freiburg im Breisgau erstellt. Zu diesem Zweck wurde zunächst Frankfurt am Main eingegeben. Anschließend wurde das Thema „Nachhaltigkeitsbericht" und bei „Vergleich" „Vergleichskommune" ausgewählt.

Das Ergebnis ist ein knapper statistischer Bericht mit insgesamt 24 Indikatoren. Die Indikatoren sind nach den SDGs sortiert, die jedoch nicht aufgeführt werden. Um den Bezug zu den SDGs deutlich zu machen, wären Zwischenüberschriften hilfreich. Insgesamt umfasst der Bericht vier Seiten.

Die Daten für die Indikatoren werden nur für 2019 (Stand: 25.2.2022) angegeben und sind damit teilweise veraltet. Die Bevölkerungszahl lag zum Zeitpunkt des Vergleichs bereits am 31.12.2020 vor. Erläuterungen fehlen komplett. Zur Einordnung: Der Nachhaltigkeitsbericht 2020 von Frankfurt am Main hat einen Umfang von 189 Seiten, der Bericht von Freiburg im Breisgau 2020 152 Seiten. Grund für diese hohe Seitenzahl sind die umfangreichen Kommentierungen der Indikatoren. Diese sind notwendig, um einem breiten Publikum den Zugang zu den Indikatoren zu ermöglichen. Weiterhin werden ausführlich Projekte mit Bezug zu Nachhaltigkeit dargestellt.

Zusätzlich steht auf der Webseite die Rubrik „Daten" zur Wahl. Auch hier können eine oder mehrere Kommunen angegeben werden. Bei „Indikator" klicken Sie auf das Pluszeichen und erhalten daraufhin eine Reihe von Themenfeldern zur Auswahl. Zunächst entfernen Sie die Vorauswahl „Demografische Daten", indem Sie „alle Filter löschen" auswählen. Nun werden drei Themen-Sets mit unterschiedlichen Schwerpunkten angezeigt:

1. Ist-Daten
2. Prognose-Daten
3. Sonderformen

Themen-Sets		
Ist-Daten	**Prognose-Daten**	**Sonderformen**
Aus- und Weiterbildung	Demografische Entwicklung	Demografietyp
Nachhaltigkeit/SDGs	Bevölkerung nach Altersgruppen	Wanderungen nach Alter und Geschlecht
Beschäftigung/ Arbeitsmarkt	Anteile der Altersgruppen	Wanderungen nach Ziel und Herkunft
Pendler:innen	Entwicklung der Altersgruppen	
Demografische Entwicklung	Altersstrukturgrafik	
Pflege	Pflegebedürftige	
Finanzen	Versorgung der Pflegebedürftigen	
Schüler:innen und Abschlüsse		
Integration		
Soziale Lage		
Kinderbetreuung		

Tab. 24: Themensets auf https://www.wegweiser-kommune.de/daten/ (Stand: 25.2.2022)

Beispielsweise wurden für Rott a. Inn Daten für SDG 1 benötigt: „Kinder-, Jugend- und Altersarmut". Diese können in dem Themen-Set „IST-Daten" im Bereich „Soziale Lage" abgerufen werden, allerdings nur für den Landkreis Rosenheim. Für Rott a. Inn liegen keine Daten vor. Für diese Indikatoren gibt es keine Hinweise auf wesentliche Abweichungen zwischen Gemeinde und Landkreis. Deshalb werden im Nachhaltigkeitsbericht von Rott a. Inn in diesem Fall ausnahmsweise die Daten für den Landkreis ausgewiesen.

Die Daten werden für die ausgewählten Kommunen nebeneinander ausgewiesen. Dadurch werden Unterschiede sofort offensichtlich. Sie sind für den Zeitraum 2006–2019 verfügbar.

Sehr anwenderfreundlich gestaltet ist die Funktion „Download". Es werden verschiedene Formate angeboten: CSV, XLSX, PDF und JSON. Damit sind eine weitere Verwendung und Verarbeitung der Daten leicht möglich. Zusätzlich sind die Indikatoren ausführlich erläutert.

„Wegweiser Kommune" ist demnach ein gutes Instrument für alle, die einen kommunalen Nachhaltigkeitsbericht erstellen wollen. Sie können sehr einfach auf die bereitgestellten Daten zurückgreifen.

4.2 Vorstellung des SDG-Portals

Auch für die Inhalte des SDG-Portals ist die Bertelsmann Stiftung verantwortlich. Für einen ersten Überblick bietet die Webseite das Feld „SDG Indikatoren". Anschließend kann bei „Kommune auswählen" ein Beispiel eingegeben (z. B. Unterhaching, Bevölkerungszahl 25.234, Stand: 31.12.2020, Oberbayern) und auf „SDG-Indikatoren anzeigen" geklickt werden.

Als Ergebnis werden für die Kleine Mittelstadt Unterhaching insgesamt 56 Indikatoren dargestellt (Stand: 25.2.2022). Allerdings werden nur für 31 Indikatoren (= 55 Prozent) Daten ausgewiesen. Die Verfügbarkeit an Daten ist demnach unzureichend. Für Kommunen mit einer Bevölkerungszahl von weniger als 5.000 werden überhaupt keine Daten aufgeführt. Bei großen Kommunen sieht die Datenlage besser aus. Z. B. werden für München für 55 der 56 Indikatoren Werte ausgewiesen.

Weiterhin ist die Auswahl der Indikatoren auf den ersten Blick nicht nachvollziehbar. Zum Beispiel wird bei SDG 7 „Bezahlbare und saubere Energie" nur ein Indikator ausgewiesen: „Strom aus Windkraft (W je Einwohner)". Was ist mit Strom aus Photovoltaik, Biomasse oder Wasserkraft? Bei SDG 3 „Gesundheit und Wohlergehen" werden dagegen neun Indikatoren genannt, davon betreffen drei Pflegedienste und Pflegeheime. Für Unterhaching wird nur bei zwei der neun Indikatoren ein Wert ausgewiesen. Bei SDG 13 „Maßnahmen zum Klimaschutz" und SDG 17 „Partnerschaften zur Erreichung der Ziele" wird auf die Auswertung von Indikatoren komplett verzichtet. Das sind jedoch sehr wichtige SDGs, die in einem kommunalen Nachhaltigkeitsbericht nicht fehlen sollten.

Sehr praktisch ist die Funktion „Kommunen vergleichen". Auf der Startseite „Daten erkunden – SDG Indikatoren" auswählen. Anschließend den Reiter „Die Daten zweier Kommunen vergleichen" aufklappen (+ klicken), zwei Kommunen eingeben (z. B. Unterhaching und die Landeshauptstadt München, Oberbayern) und auf „SDG-Indikatoren anzeigen" klicken. Als Ergebnis werden zahlreiche Daten ausgewiesen, Unterschiede werden nicht in Prozent o. Ä. dargestellt. Außerdem ist zwar die Zahl der Indikatoren identisch, die Menge der ausgewiesenen Daten ist jedoch sehr unterschiedlich ausgeprägt (siehe Tabelle 25).

SDGs	Unterhaching 25.234 Einwohner (Stand: 31.12.2020)		München 1.488.202 Einwohner (Stand: 31.12.2020)	
	Anzahl Indikatoren	Anzahl Indikatoren mit Daten	Anzahl Indikatoren	Anzahl Indikatoren mit Daten
SDG 1	4	4	4	4
SDG 2	1	–	1	1
SDG 3	9	2	9	9
SDG 4	4	1	4	4
SDG 5	3	1	3	3
SDG 6	1	–	1	1
SDG 7	1	–	1	1
SDG 8	5	4	5	5
SDG 9	3	3	3	3
SDG 10	3	1	3	3
SDG 11	10	7	10	10
SDG 12	4	2	4	4
SDG 13	–	–	–	–
SDG 14	1	1	1	1
SDG 15	3	2	3	2
SDG 16	4	3	4	4
SDG 17	–	–	–	–
Summe	**56**	**31**	**56**	**55**

Tab. 25: Indikatoren und Daten für Unterhaching und München auf dem SDG-Portal (Stand: 31.12.2020)

Zusätzlich können mit dem SDG-Portal Nachhaltigkeitsberichte erzeugt werden. Dazu muss zunächst auf der Startseite rechts oben „Ergebnisse darstellen – SDG-Berichte" angeklickt und anschließend „SDG-Bericht erstellen" ausgewählt werden. Nun stehen verschiedene Möglichkeiten zur Auswahl:

1. Es können alle oder nur ein Teil der 17 SDGs ausgewählt werden.
2. „Kurzfristiger Vergleich" oder „Langfristiger Vergleich" bestimmen
3. Vergleich mit dem Landesdurchschnitt
   Als Folge wird der Durchschnitt des Bundeslands dargestellt, in dem die erstgenannte Kommune liegt; in unserem Beispiel Hessen.
4. Bestimmung der Kommune (Bsp.: Frankfurt am Main) und der Vergleichskommune (Bsp.: Freiburg im Breisgau); mehr als zwei Kommunen können nicht ausgewählt werden.
   Der Durchschnitt des Bundeslands, in dem die zu vergleichende Kommune liegt, wird nicht gezeigt. Dies wäre in unserem Beispiel Baden-Württemberg.
5. „Zeitraum auswählen": Zur Verfügung stehen nur Daten von 2006–2019. Aktuellere Daten sind nicht vorhanden (Stand: 25.2.2022). Damit sind die Daten veraltet.

Sofern keine SDGs ausgeschlossen werden, ergibt sich daraus ein Bericht mit einem Umfang von 37 Seiten. Darin werden Indikatoren für Frankfurt am Main, dem Landesdurchschnitt von Hessen und von Freiburg im Breisgau aufgeführt. Die Entwicklung der Indikatoren wird anschaulich mithilfe von Diagrammen dargestellt. Der Bericht ist konsequent gemäß der 17 SDGs gegliedert. Allerdings werden zu SDG 13 „Maßnahmen zum Klimaschutz" und SDG 17 „Partnerschaften zur Erreichung der Ziele" keine Indikatoren ausgewiesen. Das ist nicht nachvollziehbar, da es für die diese SDGs genügend aussagekräftige Indikatoren gibt. Weiterhin bildet der neueste Datenpunkt lediglich das Jahr 2019 ab. Zum Zeitpunkt der Erstellung dieses Beispiels am 25. Februar 2022 waren die Daten bereits veraltet. Anfang 2022 sollten Nachhaltigkeitsberichte, sofern möglich, wenigstens Daten bis 31.12.2020 aufweisen. Sonst sind diese Daten für aktuelle Entscheidungen nicht mehr relevant.

Am Ende des Berichts sind die Indikatoren und deren Berechnung in einer Übersicht aufgeführt. Analog zu dem vorgestellten Portal „Wegweiser Kommune" fehlen Kommentierungen der SDGs und der Indikatoren. Diese müssen jedoch in einem Nachhaltigkeitsbericht zwingend enthalten sein. Nicht jede Leserin bzw. jeder Leser kennt den Zusammenhang zwischen den SDGs der Agenda 2030, der DNS und den Indikatoren. Eine standardisierte Darstellung der Zusammenhänge in den durch das Portal erzeugten Berichten würde den Erstellungsaufwand der individuellen Nachhaltigkeitsberichte vor Ort deutlich reduzieren.

Das hier vorgestellte Tool für Standardberichte soll um ein Tool für individuell konfigurierbare Berichte ergänzt werden. Die Fertigstellung ist für Frühjahr 2022 geplant.

4.3 Vergleich der Berichte der beiden Portale

Am Beispiel der Städte Frankfurt am Main und Freiburg im Breisgau wurde mit den oben beschriebenen Portalen jeweils ein Nachhaltigkeitsbericht erstellt. Folgende Unterschiede sind feststellbar:

Unterschiedlicher Umfang

Der Bericht gemäß https://www.wegweiser-kommune.de umfasst lediglich fünf Seiten. Der Bericht von https://sdg-portal.de/de hat dagegen 37 Seiten. In diesem Bericht ist zu jedem Indikator eine Grafik dargestellt. Zusätzlich werden mehr Indikatoren ausgewiesen. Allerdings können beim „Wegweiser Kommune" weitere Berichte zu unterschiedlichen Themen erstellt werden. Diese sind ebenso Teil eines kommunalen Nachhaltigkeitsberichts.

Zeitpunkte für die dargestellten Daten

Der Bericht vom „Wegweiser Kommune" zeigt nur Daten für das Jahr 2019. Im Gegensatz dazu können beim SDG-Portal unterschiedliche Zeiträume ausgewählt werden. Falls für das Jahr 2019 keine Daten vorliegen, werden ältere Daten dargestellt. Diese pragmatische Vorgehensweise ist sinnvoll, da die Angabe von älteren Daten im Regelfall besser ist, als gar keine Aussagen zu treffen. Zum Beispiel wird unter SDG 12 der „Trinkwasserverbrauch (Liter je Einwohner und Tag)" dargestellt. Er beträgt 2018 für Frankfurt am Main 169,1 Liter und für Freiburg im Breisgau 116,6 Liter. Weiterhin werden Daten für frühere Jahre dargestellt, sodass ein Trend erkennbar wird.

Korrektheit der Daten

Die Werte für 2019 sind, sofern diese in beiden Berichten ausgewiesen werden, in den Berichten vom „Wegweiser Kommune" und SDG-Portal identisch.

Die Korrektheit der Daten ist schwer nachvollziehbar. In dem Beispiel „Trinkwasserverbrauch (Liter je Einwohner und Tag)" stimmen die Werte beim SDG-Portal und im „4. Nachhaltigkeitsbericht 2020" von Freiburg im Breisgau für das Jahr 2018 überein. Im Nachhaltigkeitsbericht 2020 von Frankfurt am Main jedoch werden für den Trinkwasserverbrauch andere Daten verwendet. Welche Werte stimmen oder wie es zu den Unterschieden kommt, ist nicht nachvollziehbar.

Zuordnung der Indikatoren zu den SDGs

Der Bericht vom „Wegweiser Kommune" verzichtet auf die Darstellung der SDGs. Es werden nur Indikatoren gezeigt. Diese sind offenbar nach SDGs sortiert, es fehlen jedoch diesbezüglich eindeutige Überschriften.

Beim SDG-Portal ist das besser gelöst. Jeder Indikator ist eindeutig einem SDG zugeordnet. Allerdings ist zu bemängeln, dass es hierzu in Deutschland keine einheitliche Vorgehensweise gibt. Das Beispiel „Trinkwasserverbrauch (Liter je Einwohner und Tag)" ist beim SDG-Portal dem SDG 12 zugewiesen. Im Nachhaltigkeitsbericht 2020 von Freiburg im Breisgau wird dieser unter SDG 6 und 15 eingeordnet. Im Nachhaltigkeitsbericht 2020 von Frankfurt am Main ist der Indikator unter SDG 6 zu finden. Letzten Endes ist jedes der genannten SDGs zutreffend. Im Sinne einer einfachen Vergleichbarkeit wäre es notwendig, sich auf ein SDG zu einigen.

Praktische Verwendbarkeit

Zusammenfassend lässt sich feststellen, dass die beiden Portale vom Grundsatz her sinnvoll und gut gestaltet sind. Sie liefern hilfreiche Anregungen für den eigenen kommunalen Nachhaltigkeitsbericht. Beispielsweise wird dadurch eine Vorauswahl der Indikatoren erleichtert.

Allerdings weisen die per Portal erstellten Berichte einige Unzulänglichkeiten auf. In der jetzigen Form stellen sie keine fertigen Nachhaltigkeitsberichte dar. Sie dienen lediglich als Hilfsmittel für die Erstellung eines aktuellen Nachhaltigkeitsberichts.

Praxistipp:

Schon vor der Erstellung eines eigenen Berichts können Sie in den beiden vorgestellten Portalen interessante Informationen finden. Wenn es so weit ist, sind sie ein praktisches Hilfsmittel für die Nachhaltigkeitsberichtserstattung. Nutzen Sie das Angebot, um die darin enthaltenen Daten schnell und einfach zu ermitteln.

Zusammenfassung des Kapitels

In kommunalen Nachhaltigkeitsberichten legen Städte und Gemeinden offen, in welchen Bereichen sie bereits nachhaltig handeln und in welchen noch Verbesserungsbedarf besteht. Außerdem können sie wichtige Projekte und Maßnahmen vorstellen, mit denen mehr Nachhaltigkeit erreicht werden soll. Damit sind die Berichte ein wichtiger Baustein des kommunalen Nachhaltigkeitsmanagements. Sie stellen nicht nur eine Bestandsaufnahme dar, durch die dringende Handlungsbereiche aufgezeigt werden, sondern ermöglichen auch eine Evaluation und Anpassung bereits umgesetzter Maßnahmen.

Die bisher veröffentlichten Nachhaltigkeitsberichte von Städten und Gemeinden unterscheiden sich in Umfang und Inhalt stark voneinander. Dadurch ist ein Vergleich von mehreren Kommunen nur sehr bedingt möglich. Außerdem ist der Erstellungsaufwand für jeden Bericht sehr groß, da immer erst ein eigenes Konzept für den jeweiligen Bericht ausgearbeitet werden muss.

Für Gemeinden ab 5.000 Einwohnerinnen und Einwohnern können über das Portal „Wegweiser Kommune" und das SDG-Portal Daten zu einer Reihe von Indikatoren abgerufen werden. Diese orientieren sich folgerichtig an den 17 SDGs. Allerdings sind die Berichte, die damit erzeugt werden können, recht lückenhaft und die Daten veraltet. Letztlich sind beide Portale aber gute Hilfsmittel bei der Erstellung von kommunalen Nachhaltigkeitsberichten.

IV. Konzept für eine einheitliche kommunale Nachhaltigkeitsberichterstattung

IV. Konzept für eine einheitliche kommunale Nachhaltigkeitsberichterstattung

Ziel

In diesem Kapitel wird ein Konzept für kommunale Nachhaltigkeitsberichte vorgestellt, das sich auf jede deutsche Stadt und Gemeinde anwenden lässt. Dafür werden u. a. die wichtigsten Grundsätze der Berichterstattung, die Gliederung des Nachhaltigkeitsberichts und das Heranziehen von Indikatoren zur Datenauswertung thematisiert.

IV

1. Ziele und Vorteile der Standardisierung

Kurz und knapp

Bisher fehlt eine standardisierte Form für kommunale Nachhaltigkeitsberichte. Jede Kommune erarbeitet im Grunde ein eigenes Konzept, was mit einem hohen Arbeitsaufwand verbunden ist. Eine Standardisierung reduziert diesen Aufwand erheblich und erleichtert es den Kommunen, Nachhaltigkeitsberichte zu erstellen. Zudem ermöglicht ein einheitliches Konzept es, die Nachhaltigkeitsberichte der Kommunen mit einem vertretbaren Aufwand miteinander zu vergleichen.

Derzeit werden die Nachhaltigkeitsberichte von jeder einzelnen Kommunen jeweils neu entwickelt. Sie bauen ihren Bericht nach eigenen Vorstellungen, eigenem Ermessen und dem aktuellen Wissensstand unter Zugriff auf von anderen Kommunen veröffentlichten Berichten auf. Das ist eine großartige Leistung und zeigt, welch hoher Sachverstand und Engagement in Sachen Nachhaltigkeit in den Kommunen vorhanden ist. Die Festlegung auf die Struktur und inhaltliche Tiefe des Berichts bringt schon im Vorfeld der eigentlichen Sammlung und Darstellung der Daten und Informationen einen immensen zeitlichen und personellen Aufwand für die jeweilige Gemeinde mit sich.

Die Gewichtung der einzelnen Themenfelder ist je nach Wertung und Verfügbarkeit von Daten und Wissen eingeschränkt bzw. einseitig. Weiterhin wird die Anzahl der kommunalen Nachhaltigkeitsberichte sehr begrenzt bleiben, wenn nur Kommunen, die über Expertise auf diesem Gebiet verfügen, einen solchen Bericht erstellen können.

Standardisierung bedeutet Einheitlichkeit in Bezug auf den Aufbau der Berichte, die Verwendung eines Indikatorenkatalogs sowie die Definition und Berechnung der Indikatoren. Die Vorgaben können ergänzt, nicht jedoch gekürzt werden.

Die Vereinheitlichung kommunaler Nachhaltigkeitsberichte hätte zahlreiche Vorteile. Zunächst würde die Erstellung in fachlicher Hinsicht wesentlich vereinfacht. Wenn auf eine standardisierte Form zurückgegriffen werden könnte, wäre es nicht mehr notwendig, sich jedes Mal von Neuem zu überlegen, wie die Grundstruktur des Berichts aussehen soll. Dadurch würde der Erstellungsaufwand in zeitlicher Hinsicht deutlich reduziert. Sofern Mitarbeitende der Kommunalverwaltung mit der Erstellung beauftragt werden, bewirkt der reduzierte zeitliche Aufwand eine geringere Bindung von personellen Kapazitäten. Ehrenamtliche müssten weniger von ihrer Freizeit investieren. Auch die Einarbeitungszeit in die einzelnen Themen sänke beträchtlich. Dadurch verringern sich die Hürden, die der Erstellung eines Nachhaltigkeitsberichts möglicherweise im Wege stehen.

Der größte Vorteil einer Standardisierung wäre demnach die Aussicht darauf, dass die Anzahl der kommunalen Nachhaltigkeitsberichte steigen würde.

Darüber hinaus ist die Standardisierung eine Grundvoraussetzung für die Vergleichbarkeit der Berichte. Die derzeit vorhandenen, mit viel Mühe erstellten Berichte sind nur schwer bzw. gar nicht miteinander vergleichbar. Dies gilt für den Vergleich von Bundesländern oder Kommunen der gleichen Gemeindegrößenklasse ebenso wie für den Vergleich von Kommunen unterschiedlicher Größe. Durch eine Standardisierung könnten z. B. folgende Fragen analysiert werden:

1. Welches Bundesland oder welche Kommune kommt der Erreichung der SDGs am nächsten?
2. Können die Maßnahmen des Spitzenreiters auf andere Bundesländer oder Kommunen übertragen werden etc.?

Festgelegte Kennzahlen helfen bei der Beantwortung dieser Fragen.

Zudem würde die Standardisierung ein Mindestniveau für die Qualität der Berichterstattung gewährleisten. Beispielsweise würden die Werte für die Indikatoren auf einheitliche Weise ermittelt werden. Das ist deshalb von Bedeutung, weil die Berichte freiwillig sind und nicht von einer unabhängigen Stelle geprüft werden. Da viele Daten der Indikatoren öffentlich zugänglich sind, können die Werte von

Einzelnen, Verbänden oder Initiativen geprüft werden. Dies ist umso leichter, je einheitlicher die Ermittlung der Werte ist. Dadurch stiege das Vertrauen in die Berichterstattung der Kommune.

In der Tabelle 26 sind die Vorteile einer möglichen Standardisierung zusammengefasst.

Vorteile	Folgen
Vereinfachung des Erstellungsaufwands in fachlicher Hinsicht	Zahl der Berichte wird sich erhöhen
Verringerung des zeitlichen Erstellungsaufwands	
Analyse mit Kennzahlen und Kennzahlenvergleich	Vergleichbarkeit der Berichte wird erleichtert
	Erstellung einer Rangfolge möglich
Qualität der Berichterstattung wird gewährleistet	Vertrauen in die Berichterstattung steigt

Tab. 26: Vorteile der Standardisierung von kommunalen Nachhaltigkeitsberichten, eigene Darstellung

Allerdings gibt es für die Erstellung kommunaler Nachhaltigkeitsberichte bislang keine gesetzliche Verpflichtung. Eine standardisierte Berichterstattung ist für freiwillige Berichte nur schwer durchsetzbar. Bis kommunale Nachhaltigkeitsberichte miteinander verglichen und analysiert werden können, ist es noch ein sehr weiter Weg. Dieses Buch soll einen Beitrag dazu leisten, auf diesem Weg schneller voranzukommen.

Praxistipp:

Greifen Sie auf das in diesem Buch vorgestellte Konzept zurück. Damit sparen Sie wertvolle Zeit bei der Erarbeitung des Berichts. Je mehr Kommunen nach einem einheitlichen Muster arbeiten, desto besser wird außerdem die Vergleichbarkeit. Gleichzeitig wurde darauf geachtet, dass den einzelnen Kommunen genügend Freiräume für eine individuelle und ortsangepasste Gestaltung bleiben.

2. Grundsätze ordnungsgemäßer Berichterstellung

Kurz und knapp

Bei der Erstellung von Nachhaltigkeitsberichten sind die anerkannten Grundsätze ordnungsgemäßer Berichterstattung einzuhalten. Im Sinne der Vereinheitlichung sollten die Berichte einheitlich bezeichnet werden, was ihre Auffindbarkeit erleichtert. Die Berichte sollten außerdem in regelmäßigen Abständen fortgeschrieben werden, in der Regel in einem Zeitraum zwischen zwei und vier Jahren. Nur so werden die Berichte untereinander vergleichbar und können ihre Funktionen im kommunalen Nachhaltigkeitsmanagement in Gänze erfüllen.

Praxistipp:

Verinnerlichen Sie die Grundsätze ordnungsgemäßer Berichterstellung. Deren Beachtung führt fast automatisch zu einem guten kommunalen Nachhaltigkeitsbericht.

IV

Analog zu den Grundsätzen ordnungsgemäßer Bilanzierung sollten für die Erstellung kommunaler Nachhaltigkeitsberichte die „Grundsätze ordnungsgemäßer Berichterstellung (GoBe)" eingehalten werden. Dabei können materielle und formelle Grundsätze unterschieden werden. In der folgenden Abb. werden diese dargestellt und anschließend erläutert.

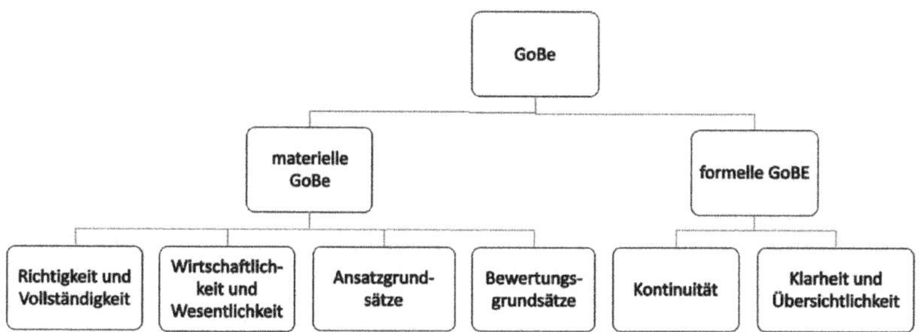

Abb. 23: Grundsätze ordnungsgemäßer Berichterstellung, eigene Darstellung

Die materiellen Grundsätze ordnungsgemäßer Berichterstellung werden durch folgende Grundsätze charakterisiert:

a) Richtigkeit und Vollständigkeit

b) Wirtschaftlichkeit und Wesentlichkeit

c) Ansatzgrundsätze

d) Bewertungsgrundsätze

Grundsatz der Richtigkeit und Vollständigkeit

Richtigkeit

Der Bericht wird nicht von unabhängiger Stelle geprüft. Für die Glaubwürdigkeit des Berichts in der Öffentlichkeit ist es von elementarer Bedeutung, dass bei der Erstellung nichts geschönt oder verbessert wird. Im Zeitalter des Internets ist es nur eine Frage der Zeit, bis derartige Verfehlungen aufgedeckt werden. Dies kann zu einem erheblichen Reputationsverlust für die Kommune und die Beteiligten führen.

Vollständigkeit

Sämtliche Sachverhalte, die für eine der drei Dimensionen der Nachhaltigkeit wesentlich sind, sollen in einem kommunalen Nachhaltigkeitsbericht enthalten sein. Demzufolge ist die in diesem Bericht vorgeschlagene Gliederung für den indikatorengestützten Teil gegebenenfalls zu ergänzen.

Grundsatz der Wirtschaftlichkeit und Wesentlichkeit

Wirtschaftlichkeit

Die Kosten zur Bereitstellung der Informationen müssen in einem positiven Verhältnis zum Nutzen für den Leser oder die Leserin stehen. Beispielsweise wird das SDG 9 „Industrie, Innovation und Infrastruktur" in dem in diesem Buch vorgestellten Konzept u. a. durch den Indikator „9.3. Zugelassene Kraftfahrzeuge, davon Elektro-, Hybrid- und Brennstoffzellenfahrzeuge" beschrieben. Für die Ermittlung der Kfz mit unterschiedlichen Antrieben ist eine kostenpflichtige und zeitaufwändige Anfrage beim Kraftfahrtbundesamt notwendig. Hier gilt abzuwägen, wie wichtig diese Informationen im Nachhaltigkeitsbericht sind.

Wesentlichkeit

Es sind nur solche Informationen zu verarbeiten, die für die Leserin oder den Leser in Bezug auf die drei Dimensionen der Nachhaltigkeit von Interesse sind.

Ansatzgrundsätze

Bei den Ansatzgrundsätzen geht es um die Frage, welchen Inhalt ein kommunaler Nachhaltigkeitsbericht haben soll. Im Gegensatz zu einer Bilanz gemäß Handelsrecht gibt es hierzu keine rechtlichen Vorschriften. Ein kommunaler Nachhaltigkeitsbericht ist ein freiwillig erstellter Bericht, die Inhalte sind frei wählbar. Grundsätzlich sollten Sachverhalte dargestellt werden, die für die Beurteilung einer der drei Dimensionen der Nachhaltigkeit wesentlich sind.

In diesem Handbuch finden Sie einen Vorschlag für die inhaltliche Gestaltung eines kommunalen Nachhaltigkeitsberichts.

Bewertungsgrundsätze

Für den Großteil der im zweiten Berichtsteil angewandten Indikatoren gibt es definierte Berechnungsmethoden. Diese sollen übernommen und nicht an individuelle Verhältnisse vor Ort angepasst werden.

Die formellen Grundsätze ordnungsgemäßer Berichterstellung werden durch folgende Grundsätze charakterisiert:

a) Kontinuität

b) Klarheit und Übersichtlichkeit

Grundsatz der Kontinuität

Kontinuität wiederum wird in materielle und formelle Kontinuität unterschieden. Dies ist Voraussetzung, damit die kommunalen Nachhaltigkeitsberichte im Zeitablauf miteinander verglichen werden können.

Zur materiellen Kontinuität

Im Rahmen der materiellen Kontinuität sind Darstellungsstetigkeit, Ansatzstetigkeit und Bewertungsstetigkeit zu beachten.

Darstellungsstetigkeit

Die Form der Darstellung, insbesondere die Gliederung aufeinanderfolgender kommunaler Nachhaltigkeitsberichte, soll beibehalten werden. In Ausnahmefällen kann davon abgewichen werden. Beispielsweise könnte die Weltgemeinschaft die SDGs überarbeiten.

Dies würde zu einer Anpassung der kommunalen Nachhaltigkeitsberichte führen, die entsprechend der SDGs gegliedert sind. Die Abweichungen zum Vorjahr sind jeweils darzustellen und zu begründen.

Ansatzstetigkeit

Bei kommunalen Nachhaltigkeitsberichten, die entsprechend der SDGs gegliedert sind, wird der aktuelle Stand der SDGs durch Indikatoren dargestellt. Die gewählten Indikatoren sollen weitergeführt werden. In Ausnahmefällen kann es notwendig sein, einen bereits verwendeten Indikator nicht mehr aufzuführen. Dies ist z. B. der Fall, wenn sich herausstellt, dass der Indikator ein SDG unzutreffend darstellt. Damit diese Änderung nachvollziehbar ist, ist sie in dem betreffenden SDG zu begründen. Analog können neue Indikatoren aufgenommen werden.

Bewertungsstetigkeit

Die Stetigkeit der Bewertungsmethoden betrifft die Definition und Berechnungsgrundlagen der Indikatoren, die für die Darstellung der einzelnen SDGs verwendet werden. Die Vergleichbarkeit ist ansonsten stark eingeschränkt. Die Bewertungsmethoden dürfen nur in Ausnahmefällen geändert werden. Im Fall einer Änderung ist diese zu erläutern und Vergleichbarkeit mit den Vorjahren herzustellen.

Zur formellen Kontinuität

Bezüglich der formellen Kontinuität sind **Berichtsidentität, Beibehaltung der Gliederung und Beibehaltung des Berichtzeitraums** von Bedeutung.

Berichtsidentität, Ausweis der Werte des vorherigen Berichts

Die Berichte müssen nahtlos aufeinander aufbauen. D. h. der aktuelle Bericht muss die Werte des vorherigen Berichts für die Indikatoren übernehmen und ausweisen. Änderungen sind nur möglich, wenn z. B. im vorherigen Bericht Werte falsch oder gar nicht ausgewiesen worden sind. Diese Korrekturen sind zu erläutern.

Beibehaltung der Gliederung

Die Gliederung des vorherigen und des aktuellen Berichts sollen nicht verändert werden. Das Praxisbeispiel Rott a. Inn ist gegliedert in einen individuellen und indikatorengestützten Teil. Letzterer ist entsprechend den 17 SDGs gegliedert. Diese werden durch Indikatoren dargestellt. Die Zuordnung der Indikatoren zu den einzelnen SDGs darf nur in Ausnahmefällen geändert werden. Dies ist in den betreffenden SDGs anzugeben und zu begründen.

Beibehaltung des Berichtzeitraums

Der Berichtszeitraum sollte vorab festgelegt werden und maximal vier Jahre betragen.

Grundsatz der Klarheit und Übersichtlichkeit

Nachhaltigkeitsberichte sind sehr umfangreich. Eine übersichtliche Gliederung soll helfen, die Orientierung zu behalten. Zusammenfassungen der wesentlichen Berichtsinhalte sind sinnvoll. Beim Detaillierungsgrad der Darstellung ist abzuwägen, ob Leserinnen und Leser, die in der Regel keine Fachleute in Sachen Nachhaltigkeit sind, die Fülle der Informationen noch verarbeiten können.

3. Aufbau des Berichts

Kurz und knapp

Die kommunalen Nachhaltigkeitsberichte weisen einen zweiteiligen Aufbau auf. Im individuellen Teil berichtet die Gemeinde oder Stadt über ihre Maßnahmen und Ziele. Im zweiten Teil werden statistische Daten anhand von sogenannten Indikatoren dargestellt. Sowohl die Maßnahmen als auch die Indikatoren werden den SDGs zugeordnet oder nach ihnen gegliedert – was die Vergleichbarkeit der Gemeinden untereinander weiter erhöht.

3.1 Orientierung an den Sustainable Development Goals

Die Aktivitäten in den Kommunen bewegen sich nicht im luftleeren Raum, sondern sind meist Teil von größeren überregionalen Entwicklungen. Deshalb ist eine Einbettung der Berichtsinhalte in den nationalen und globalen Kontext sinnvoll. Die weltweit vereinbarten und angestrebten globalen Nachhaltigkeitsziele werden durch die 17 SDGs und ihre Unterziele dargestellt (siehe Kapitel II.2.4). An ihnen orientiert sich die Deutsche Nachhaltigkeitsstrategie. Eine Ausrichtung des kommunalen Nachhaltigkeitsmanagements an den SDGs bewirkt zielgerichtete Aktivitäten vor Ort, die sich in den Rahmen der deutschen und der weltweiten Nachhaltigkeitsstrategie einbetten. Es ist daher zielführend, die SDGs als Grundgerüst für kommunale Nachhaltigkeitsberichte zu verwenden, selbst wenn sie dafür ursprünglich nicht konzipiert worden sind.

Eine Orientierung an den SDGs stellt sicher, dass alle drei Dimensionen der Nachhaltigkeit angemessen berücksichtigt werden. Zudem bekennt sich eine Kommune damit öffentlich zu den globalen Nachhaltigkeitszielen und erhöht in der öffentlichen Wahrnehmung deren Legitimität und Bedeutung.

Die SDGs werden durch Indikatoren darstellbar und messbar. Viele Indikatoren sind nicht auf allen Ebenen anzuwenden, manche finden nur in den Erhebungen der Vereinten Nationen Anwendung, andere nur auf nationaler Ebene. Für die kommunale Ebene wurden eigene Indikatoren entwickelt. In Kapitel IV.4 finden Sie einen umfassenden Indikatorenkatalog für Gemeinden und Städte. Damit können Sie den Großteil der kommunalen Themen erfassen und darstellen.

3.2 Individueller und indikatorengestützter Teil

Ziel eines kommunalen Nachhaltigkeitsberichts ist es, umfassend über die drei Dimensionen der Nachhaltigkeit (ökonomisch, ökologisch und sozial) zu berichten. Aktuell erfinden sehr viele Kommunen ihren eigenen Nachhaltigkeitsbericht neu und bestimmen selbst über die Inhalte. Damit entscheidet die Gemeinde selbst, über welche Inhalte berichtet werden soll. Das ist ungefähr so, als würde vor der Erstellung eines Jahresabschlusses der Leiter der Finanzbuchhaltung im Unternehmen eine Umfrage starten, welche Sachverhalte bilanziert werden sollen. Durch diese Vorgehensweise entstehen sehr unterschiedliche kommunale Nachhaltigkeitsberichte, bei denen kommunenübergreifende Auswertungen (fast) nicht möglich sind. Ein einheitlicher Prozess würde für Vergleichbarkeit und Transparenz sorgen. Dies schließt nicht aus, dass jede Gemeinde und Stadt in einem gesonderten Teil zusätzlich frei über Projekte und Maßnahmen berichten kann. Um auf ortsspezifische Themen eingehen zu können, ist das sogar äußerst begrüßenswert.

Grundsätzlich sollte ein kommunaler Nachhaltigkeitsbericht demnach aus einem **individuellen** und einem **indikatorengestützten** Teil bestehen.

Individueller Teil

Dieser Teil könnte als die Kür des kommunalen Nachhaltigkeitsberichts bezeichnet werden. Die Entscheidungsträgerinnen und Entscheidungsträger, Arbeitskreise, Vereine, Initiativen etc. der Kommune können darin aufführen, welche Aktivitäten sie in Bezug auf Nachhaltigkeit bereits durchgeführt haben, und geplante Projekte präsentieren. Insofern ist dieser Teil u. a. ein Instrument für die Selbstdarstellung und das Marketing. Die Möglichkeit, die positiven Aktivitäten der Gemeinde hervorheben zu können, erhöht die Motivation für die Beteiligten, den Erstellungsaufwand des Berichts in Kauf zu nehmen.

Das Spektrum der möglichen Inhalte des individuellen Teils ist sehr groß, da alle drei Dimensionen der Nachhaltigkeit abgebildet werden können und sollen. Es empfiehlt sich, vor der Erstellung des individuellen Teils die Nachhaltigkeitsberichte von anderen Gemeinden oder Städten anzusehen. Dort lassen sich viele Inspirationen und mögliche Bausteine für den eigenen Bericht entdecken.

Der individuelle Teil ist freiwillig und (fast) beliebig gestaltbar. Als übergeordnetes Gliederungskriterium sind analog zum indikatorengestützten Teil die SDGs zu sehen. Deshalb sollten die Maßnahmen und Projekte mit den einzelnen SDGs in Verbindung gebracht werden. Zweckmäßig ist hierbei eine Zuordnung der graphisch dargestellten Kurztitel der 17 SDGs. Dabei kommt es häufig vor, dass eine Maßnahme mehrere SDGs betrifft. In diesem Fall sollten alle relevanten Ziele angeführt werden. Unterschiede in der Relevanz einer Maßnahme für die einzelnen SDGs können graphisch durch verschieden große Kurztitel ausgedrückt werden. Beispiele für diese Vorgehensweise finden sich im Nachhaltigkeitsbericht der Gemeinde Rott a. Inn in der Anlage.

Indikatorengestützter Teil

Hierbei handelt es sich um den Pflichtteil des kommunalen Nachhaltigkeitsberichts. Der Pflichtteil ist für einen Vergleich und eine Auswertung notwendig. Ansonsten ist der Wert der mühsam erstellten Nachhaltigkeitsberichte für Personen, die keinen direkten Bezug zu der berichtenden Kommune haben, eher gering.

Deshalb ist im indikatorengestützten Teil Einheitlichkeit von Inhalt und Form besonders wichtig. Sowohl die Berichtsinhalte als auch die Gliederung müssen weitestgehend deckungsgleich sein, damit Vergleiche zwischen Kommunen möglich sind. Als Standard sollte eine Gliederung nach den SDGs gelten. In der Praxis lässt sich diese Vorgehensweise in den ab dem Jahr 2015 veröffentlichten Berichten bereits einige Male finden.

Die Gliederung der kommunalen Nachhaltigkeitsberichte nach den SDGs sollte idealerweise bundesweit Anwendung finden. Jedoch gilt für die Kommunen Landesrecht. Gleichzeitig ist die Erstellung von Nachhaltigkeitsberichten bisher ohnehin freiwillig und es macht wenig Sinn, in jedem Bundesland eigene Gliederungsvorschriften zu verwenden. Analog zu den handelsrechtlichen Vorschriften für den Jahresabschluss wäre eine bundesweite Einheitlichkeit wünschenswert. Damit wäre eine echte Vergleichbarkeit der Nachhaltigkeitsberichte gegeben.

In Kapitel IV.4 und im Praxisbeispiel Rott a. Inn sind die SDGs mit den entsprechenden Indikatoren ausführlich dargestellt. Die Vergleichbarkeit wird stark verbessert, sofern für die einzelnen SDGs dieselben Indikatoren mit einer identischen Definition verwendet werden.

Praxistipp:

Wählen Sie für den individuellen Teil besonders innovative und erfolgreiche Maßnahmen aus. Diese können als Beispiel für andere Kommunen dienen. In Bezug auf den Textumfang gilt in diesem Teil: Weniger ist mehr. Arbeiten Sie mit aussagekräftigen Bildern, um Ihre Projekte vorzustellen. Auch im indikatorengestützten Teil ist Illustration wichtig. Dort, wo es möglich und sinnvoll erscheint, sollten Sie neben den Zahlenwerten auch Diagramme und ähnliche Darstellungsformen einbauen.

3.3 Einheitliche Bezeichnung der Berichte

Die bisher veröffentlichten kommunalen Nachhaltigkeitsberichte werden alle unterschiedlich bezeichnet. Zudem wird aus den Titeln oft nicht ersichtlich, über welchen Zeitraum berichtet wird. Dies erschwert das Auffinden und Auswerten der Berichte erheblich. In Tabelle 27 finden sich einige Beispiele für aktuelle Nachhaltigkeitsberichte.

Kommune	Bezeichnung	Erscheinungsjahr
Aschaffenburg	Aschaffenburger-Indikatoren Zahlen, Daten und Fakten zur nachhaltigen Entwicklung	2018
Dortmund	Bestandsaufnahme zur nachhaltigen Entwicklung in Dortmund	2019
Frankfurt am Main	Stadt Frankfurt am Main Nachhaltigkeitsbericht 2020 17 Ziele für eine nachhaltige Stadt und eine lebenswerte Zukunft	2020
Garmisch-Partenkirchen	Nachhaltigkeitsstrategie Garmisch-Partenkirchen 2020	2020
Hannover	Nachhaltigkeitsbericht der Landeshauptstadt Hannover 2020	2020
Nürnberg	Nürnberg nachhaltig 4. Bericht zur nachhaltigen Entwicklung der Stadt Nürnberg (2015–2017)	2018
Rostock	Indikatoren der nachhaltigen Stadtentwicklung	2019
Stuttgart	Lebenswertes Stuttgart Die globale Agenda 2030 auf lokaler Ebene	2019

Tab. 27: Unterschiedliche Bezeichnungen für kommunale Nachhaltigkeitsberichte, eigene Darstellung

Um mehr Einheitlichkeit zu erreichen, sollten zur Bezeichnung der mittlerweile verbreitete Begriff „Nachhaltigkeitsbericht", der Name der Kommune sowie das Jahr der Veröffentlichung genannt werden. Für den Erstbericht der Kommune Rott a. Inn, der im Jahr 2021 fertiggestellt wurde, lautet die Bezeichnung dementsprechend „Nachhaltigkeitsbericht der Gemeinde Rott a. Inn 2021".

Der Folgebericht umfasst den Zeitraum bis 2024 und trägt damit die Bezeichnung „Nachhaltigkeitsbericht der Gemeinde Rott a. Inn 2022–2024".

Diese einheitliche Kennzeichnung der Berichte schließt nicht aus, dass sie durch individuelle Untertitel ergänzt werden können.

3.4 Gleichbleibende und angemessene Berichtszeiträume

Die Berichte erscheinen derzeit in sehr unregelmäßigen und unterschiedlichen Zeiträumen. Vorbildlich ist die Stadt Nürnberg. Diese veröffentlicht bereits den 4. Nachhaltigkeitsbericht. Mit den Berichten wird jeweils ein Zeitraum von vier Jahren erfasst.

Für einen nicht vollständigen Überblick für Zeiträume zwischen dem letzten und dem aktuellen Bericht siehe Tabelle 28.

Kommune	Bezeichnung	Zeitraum
Aschaffenburg	Aschaffenburger-Indikatoren 2012 und 2018	6 Jahre
Augsburg	Augsburger Nachhaltigkeitsbericht 2010 und 2018	8 Jahre
Herzogenaurach	Nachhaltigkeitsbericht Herzogenaurach 2017 Fortschreibung von 2001/2004	13 Jahre
München	Nachhaltigkeitsbericht München 2014 Aktualisierung geplant für 2021	7 Jahre
Neu-Ulm	Nachhaltigkeitsbericht der Stadt Neu-Ulm 2012 und 2014	2 Jahre
Nürnberg	Nürnberg nachhaltig 4. Bericht zur nachhaltigen Entwicklung der Stadt Nürnberg (2015–2017)	4 Jahre

Tab. 28: Unterschiedliche Zeiträume für kommunale Nachhaltigkeitsberichte, eigene Darstellung

Für die Vergleichbarkeit und Analyse sind jedoch regelmäßige Erstellungsintervalle notwendig. Bei privatwirtschaftlichen Unternehmen ist dies eindeutig geregelt. Kaufleute haben gemäß § 242 Abs. 1 HGB für den Schluss eines jeden Geschäftsjahrs einen Jahresabschluss aufzustellen. Ein Geschäftsjahr umfasst im Normalfall zwölf Monate.

In einem kommunalen Nachhaltigkeitsberichtsbericht werden Sachverhalte berichtet, die eher langfristiger Natur sind. Es reicht daher, alle zwei bis maximal vier Jahre einen Nachhaltigkeitsbericht zu erstellen. Damit sinkt im Vergleich zu einer jährlichen Erstellung der Aufwand erheblich. Längere Intervalle haben den Nachteil, dass der Informationsgehalt sinkt. Weiterhin steigt der Zeitaufwand für die Einarbeitung in die Materie und die Beschaffung der Daten. Als Stichtag sollte aus Gründen der Vergleichbarkeit und Analyse jeweils der 31. Dezember gewählt werden.

Das größte Interesse an einem kommunalen Nachhaltigkeitsbericht besteht in dem Jahr der Kommunalwahlen. Diese sind in den einzelnen Kommunalwahlrechtsordnungen der Bundesländer geregelt. Oft werden zeitgleich die Bürgermeisterinnen und Bürgermeister sowie Oberbürgermeisterinnen und Oberbürgermeister gewählt.

Zum Beispiel werden in Bayern die nächste Kommunalwahl und die nächste Wahl der Bürgermeisterinnen und Bürgermeister (in Bayern alle sechs Jahre) im ersten Quartal 2026 abgehalten. Es wäre demnach für den Meinungsbildungsprozess der Bürgerinnen und Bürger hilfreich, wenn ein kommunaler Nachhaltigkeitsbericht mit Stand vom 31.12.2024 im Lauf des Jahrs 2025 erscheinen würde.

Praxistipp:

Präsentieren Sie den Beteiligten an einem kommunalen Nachhaltigkeitsbericht die wichtigsten Grundsätze der Berichterstattung. Das schafft Vertrauen in die Qualität und den Nutzen des Berichts. Kommunale Nachhaltigkeitsberichte müssen demnach

- vergleichbar sein,
- relevant sein,
- ehrlich sein,
- verständlich sein,
- vergleichsweise einfach zu erstellen sein,

- regelmäßig erstellt werden,
- veröffentlicht werden,
- leicht zu finden sein und
- die Bevölkerung mit einbinden.

4. Ein zentrales Instrument: Indikatoren

Kurz und knapp

Indikatoren ermöglichen die Darstellung von Daten und können dadurch die verschiedenen Dimensionen der Nachhaltigkeit abbilden. Für das hier vorgeschlagene Konzept wurden 78 Indikatoren ausgewählt, die sich zum Großteil aus verschiedenen, bisher vorhandenen Indikatorenkatalogen speisen. Bei der Auswahl wurde u. a. berücksichtigt, dass die Indikatoren auf möglichst viele Kommunen anwendbar sind.

Ein zentrales Instrument, um Nachhaltigkeitsentwicklungen vergleichbar zu machen, sind sogenannte Nachhaltigkeitsindikatoren. Das sind messbare und quantifizierbare Kennzahlen, die so definiert sind, dass sie Rückschlüsse und Aussagen in Bezug auf Nachhaltigkeit erlauben. Sie können sowohl den gegenwärtigen Zustand als auch Entwicklungen im Zeitverlauf beschreiben.

Absolute Werte sind in synchroner Perspektive, d. h. beim Vergleich mehrerer Werte zu einem Zeitpunkt, aussagekräftig. Damit lässt sich beispielsweise ermitteln, ob eine Gemeinde in einem Bereich besser oder schlechter dasteht als eine Vergleichsgemeinde in der Region. Möglich ist ein Abgleich mit Durchschnittwerte (z. B. auf Länder- oder Bundesebene). Schließlich lässt sich das Erreichen von festgelegten Zielwerten überprüfen.

In diachroner Perspektive, d. h. bei Betrachtung der Werte im zeitlichen Verlauf, wird deutlich, ob sich eine Kommune in Richtung Nachhaltigkeit entwickelt. Hierbei kann ferner die Veränderungsgeschwindigkeit betrachtet werden.

Die fünf Möglichkeiten lassen sich anhand eines Beispiels verdeutlichen. Dafür wurde der Indikator „Anteil des Papiers mit Blauem Engel am Gesamtpapierverbrauch der Kommune" gewählt. Ein höherer Anteil wird hierbei im Sinne der Nachhaltigkeit als positiv angesehen.

Möglichkeit 1: Vergleich mit einer anderen Gemeinde

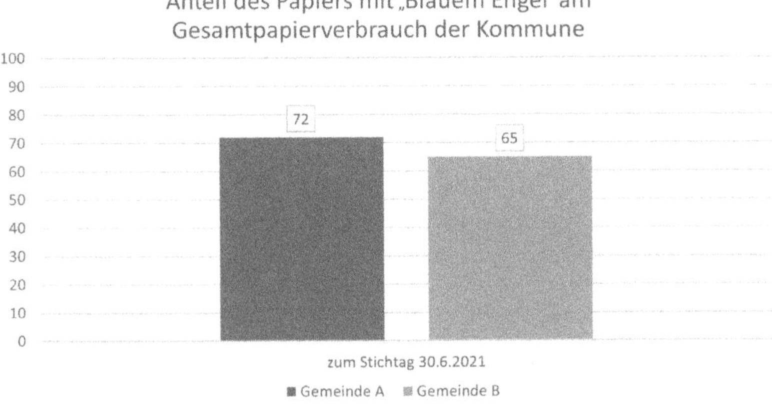

Abb. 24: Vergleich von Indikatoren zwischen zwei Gemeinden, eigene Darstellung

Schlussfolgerung aus dem Vergleich: Gemeinde A weist beim Anteil des Papiers mit dem Zertifikat „Blauer Engel" am Gesamtpapierverbrauch einen höheren Wert aus als Gemeinde B. Gemeinde A ist in diesem Bereich im Sinne der Nachhaltigkeit folglich besser aufgestellt als Gemeinde B.

Möglichkeit 2: Vergleich mit einem Durchschnittswert

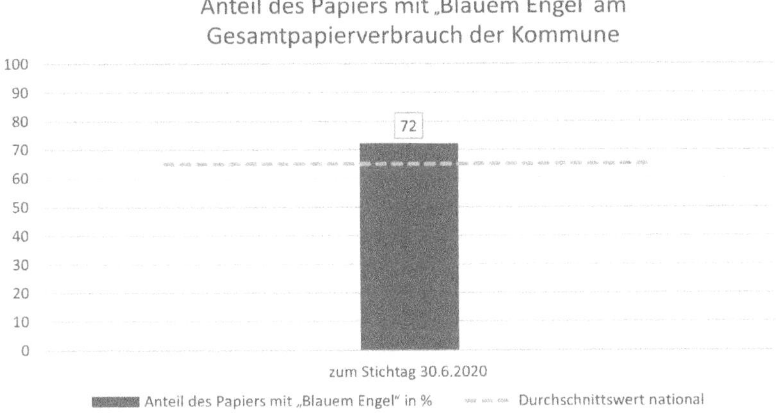

Abb. 25: Abgleich eines Indikators mit einem Durchschnittswert, eigene Darstellung

Schlussfolgerung aus dem Abgleich: Die Gemeinde A liegt beim Anteil des Papiers mit dem Zertifikat „Blauer Engel" am Gesamtpapierverbrauch über dem nationalen Durchschnittswert. Dies ist als positiv zu bewerten.

Möglichkeit 3: Überprüfung des Erreichens eines Zielwerts

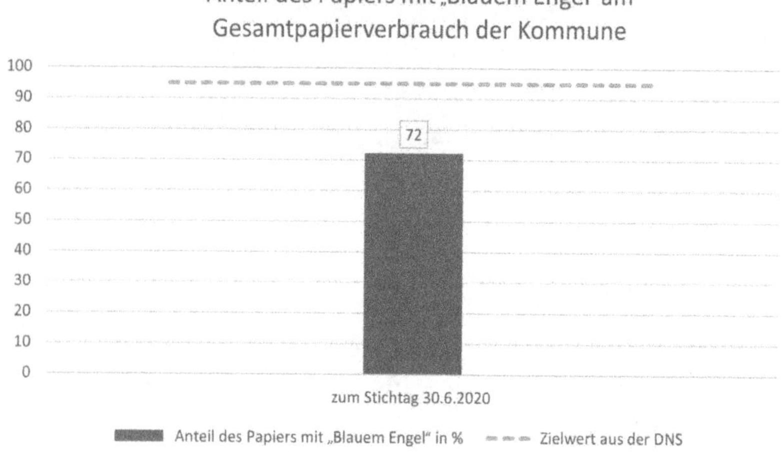

Abb. 26: Überprüfung des Erreichens eines Zielwerts durch einen Indikator, eigene Darstellung

Schlussfolgerung aus dem Abgleich: Die Gemeinde A liegt beim Anteil des Papiers mit dem Zertifikat „Blauer Engel" am Gesamtpapierverbrauch unter dem in der DNS formulierten Zielwert von 95 Prozent. Es sind folglich noch weitere Maßnahmen in diesem Bereich nötig.

Möglichkeit 4: Sichtbarmachen von Trends im Zeitverlauf

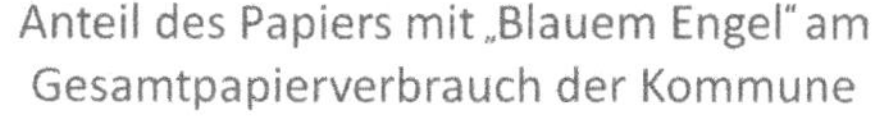

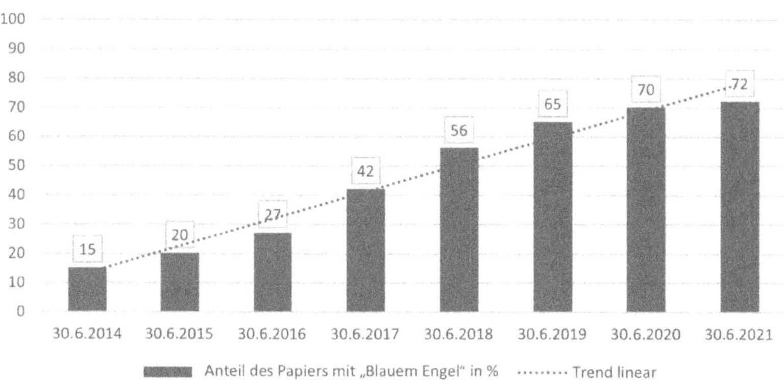

Abb. 27: Sichtbarmachen eines Trends, eigene Darstellung

Schlussfolgerung: Der Anteil des Papiers mit dem Zertifikat „Blauer Engel" am Gesamtpapierverbrauch konnte in der Gemeinde A seit dem Jahr 2014 stetig gesteigert werden. Die Trendentwicklung ist positiv.

Möglichkeit 5: Betrachtung von Änderungsgeschwindigkeiten

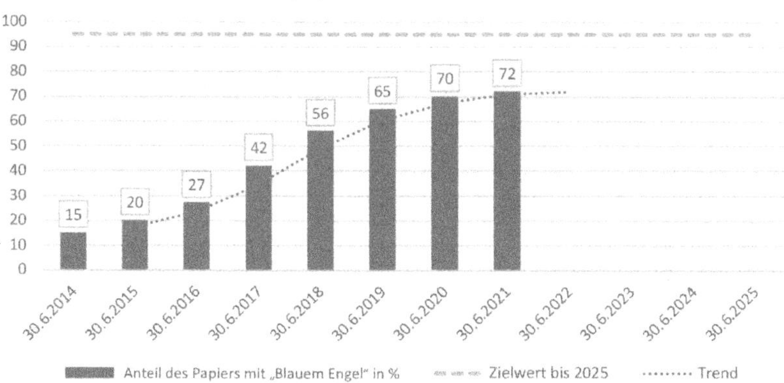

Abb. 28: Betrachtung von Änderungsgeschwindigkeiten, eigene Darstellung

Schlussfolgerung: Nachdem vor allem ab dem Jahr 2015 sehr große Zuwächse beim Anteil des Papiers mit dem „Blauen Engel" zu beobachten waren, geht der Anteil mittlerweile wieder zurück. Offensichtlich gibt es noch Hürden, die eine weitere Steigerung behindern bzw. verlangsamen. Möglicherweise müssen zur Überwindung dieser Hürden neue Lösungen gefunden werden. Ansonsten ist bei gleichbleibenden Steigerungsraten das Erreichen des Zielwerts gefährdet.

Das Beispiel zeigt bereits: Wie die Zahlenwerte sinnvollerweise verwendet werden, hängt stark vom jeweiligen Indikator ab. Deshalb ist es wichtig, sich jeweils im Einzelfall zu überlegen, was mit dem Indikator untersucht werden kann und soll.

Für die kommunale Nachhaltigkeitsberichterstattung sind Nachhaltigkeitsindikatoren von zentraler Bedeutung:

> „Indikatoren bilden den Ausgangs- und Zielpunkt einer Nachhaltigkeitsstrategie. Sie beschreiben einerseits den Status quo der örtlichen Nachhaltigkeit und bilden so die Basis für die Entwicklung von Zielen, die wiederum das ‚Herzstück' einer Strategie darstellen. Andererseits messen Indikatoren die Zielerreichung und bilden damit den Erfolg der Nachhaltigkeitsstrategie ab."[182]

Bei der Auswahl der Indikatoren, die in diesem Buch für den indikatorengestützten Teil der kommunalen Nachhaltigkeitsberichte vorgeschlagen werden, wurden die Leitlinien der Global Reporting Initiative (GRI) für die Nachhaltigkeitsberichterstattung berücksichtigt. Diese haben sich im privatwirtschaftlichen Bereich als weitgehender Standard durchgesetzt. Der Reporting-Standard der GRI legt zehn Prinzipien für die Berichterstattung zugrunde, die ebenfalls auf kommunale Berichterstattung übertragen werden können. Für die Auswahl der Inhalte der Nachhaltigkeitsberichte fordert der GRI-Standard:[183]

- Einbindung von Stakeholdern
- Nachhaltigkeitskontext
- Wesentlichkeit
- Vollständigkeit

---

[182] *Kuhn* et al. (2018), S. 36

[183] *Global Reporting Initiative* (2018), S. 7

Daneben müssen bei der Darstellung der Indikatoren weitere Prinzipien berücksichtigt werden, die die Qualität der Berichterstattung sicherstellen sollen:

- Genauigkeit
- Ausgewogenheit
- Verständlichkeit
- Vergleichbarkeit
- Zuverlässigkeit
- Aktualität

Die Auswahl an Indikatoren ist sehr groß. Die Bertelsmann Stiftung hat mittlerweile 120 Indikatoren bestimmt, mit denen der aktuelle Stand und die Entwicklung der SDGs gut abgebildet werden können.[184] Diese wurden in zwei Kategorien eingeteilt. Maßgeblich dafür ist, ob ein Indikator Schlüsse auf den Stand des jeweiligen SDGs zulässt (Validität) und ob er flächendeckend verfügbar ist.

Kategorie	Validität	Flächendeckend auf kommunaler Ebene verfügbar
Typ I	hoch	Ja
Typ II	sehr hoch	Nein

Tab. 29: Definition der Kategorien für Indikatoren[185]

Für diejenigen, die einen Nachhaltigkeitsbericht verfassen, ist dies von Bedeutung, da Daten für Indikatoren vom Typ I auf kommunaler Ebene zur Verfügung stehen und der Rechercheaufwand vergleichsweise gering ist.

Von den 120 Indikatoren wurden lediglich 56 dem Typ I zugeordnet.[186] Der vorgeschlagene Indikatorenkatalog basiert auf der Annahme, dass sämtliche 17 SDGs im Rahmen der Agenda 2030 gleichberechtigt sind. Außerdem hat der Katalog eine Baukastenfunktion.

[184] *Bertelsmann Stiftung* et al. (2020), S. 202–205
[185] *Assmann* et al. (2018), S. 31
[186] *Bertelsmann Stiftung* et al. (2020), S. 205

D. h., die Kommunen können den Indikatorenkatalog gemäß den individuellen Zielen oder Gegebenheiten vor Ort anpassen.[187]

Das Konzept konnte sich als Standard nicht durchsetzen. In den aktuellen Nachhaltigkeitsberichten finden sich viele Beispiele, in denen nur ein kleiner Teil der Indikatoren verwendet worden ist. Vielmehr entwickelt jede Kommune ihr eigenes Set an Indikatoren.

Im Rahmen der DNS 2021 werden ebenfalls zahlreiche Indikatoren vorgeschlagen. Für die Darstellung der SDGs in den kommunalen Nachhaltigkeitsberichten können sie nicht einfach übernommen werden, da diese Daten oft auf kommunaler Ebene nicht zur Verfügung stehen. Ein Beispiel ist für das SDG 1 „Armut begrenzen" der nationale Nachhaltigkeitsindikator „Materielle Deprivation sowie erhebliche materielle Deprivation". Diese Werte werden jährlich für Deutschland und die EU ermittelt. Ziel der Bundesregierung ist es, jeweils bis 2030 deutlich unter dem EU-28-Wert zu liegen. Die Werte werden durch die jährliche Befragung von ca. 14.000 Privathaushalten gewonnen.[188] Auf kommunaler Ebene stehen diese Werte nicht zur Verfügung.

Wie beschrieben sind die Indikatoren und Zahlen der DNS für die Erreichung der SDGs auf kommunaler Ebene nur teilweise anwendbar. Daher wurde das Projekt „SDG-Indikatoren für Kommunen" gegründet. Als Ergebnis werden auf dem Portal https://www.inkar.de/ insgesamt 50 sogenannte Kernindikatoren veröffentlicht, die flächendeckend mit Daten – zumindest auf Kreisebene – vorhanden sind.[189] Die Webanwendung „INKAR – Indikatoren und Karten zur Raum- und Stadtentwicklung" wird vom Bundesinstitut für Bau-, Stadt- und Raumforschung (BBSR) angeboten.

Noch besser als eine Verständigung über die Indikatoren auf nationaler Ebene wäre eine einheitliche Anwendung der Indikatoren innerhalb der EU. Dies würde den EU-weiten Vergleich der Berichte ermöglichen. Außerdem könnten sie zu einem größeren Bericht zusammengefasst bzw. kumuliert und konsolidiert werden. Daher schlägt die Europäische Kommission ebenfalls für jedes SDG eine Reihe von Indikatoren vor.[190] Diese sollen nach Möglichkeit zusätzlich für Voluntary Local Reviews verwendet werden. Allerdings sind

---

187 *Bertelsmann Stiftung* et al. (2020), S. 32
188 *Die Bundesregierung* (2021a), S. 134–135
189 *Milbert* (2019)
190 *Siragusa* et al. (2020)

viele dieser Indikatoren für kleine Kommunen nicht anwendbar, weil schlicht die Datenbasis fehlt.

Trotz aller Bemühungen gibt es deshalb bislang keine allgemein anerkannte und angewandte Gliederung für die Darstellung der SDGs mithilfe von Indikatoren.[191]

Die in den folgenden Abschnitten dargestellten Indikatoren sind zum Großteil aus den oben genannten Quellen übernommen worden. Sie sind ein Kompromiss aus möglichst vollständiger Information und begrenztem Erstellungsaufwand. Im Hinblick auf diese Kriterien wurde die Gliederung am Beispiel der Gemeinde Rott a. Inn einem Praxistest unterzogen. Sofern es sich um einen Indikator handelt, der in der DNS Anwendung findet, ist dies entsprechend erläutert.

Die Indikatoren haben oft einen Bezug zu mehreren SDGs. Der Indikator „Verschuldung der Kommune" zeigt den aktuellen Stand zum einen für das SDG 8 „Arbeit und Wirtschaft"[192] und zum anderen für das SDG 16 „Frieden, Gerechtigkeit und starke Institutionen". Im Zweifel sind die Indikatoren gemäß der Struktur der DNS 2021 zugeordnet.[193]

Der unten vorgeschlagene Indikatorenkatalog umfasst insgesamt 78 Indikatoren. Damit werden für den Großteil der Kommunen die SDGs ausreichend erläutert. Die Indikatoren sind als Mindestanforderung zu verstehen. Zahlreiche Kommunen weisen besondere Umstände auf, beispielsweise ihre Lage an den Küsten, auf den Inseln oder in den Bergen. Durch die Aufnahme zusätzlicher Indikatoren kann die Aussagekraft erhöht werden. Die Vergleichbarkeit wird dadurch nicht eingeschränkt.

Mithilfe von Pfeilen werden sehr einfach und anschaulich die Entwicklungen der Kennzahlen der Indikatoren dargestellt.

---

191 *Bertelsmann Stiftung* et al. (2020), S. 32

192 *Assmann* et al. (2018), S. 31

193 *Die Bundesregierung* (2021a), S. 99

Pfeilrichtung		Erläuterung
Pfeil nach oben	↑	Der Wert hat sich im Vergleich zum vorherigen Datenpunkt erhöht.
Pfeil konstant	→	Der Wert hat sich im Vergleich zu vorherigen Datenpunkten nicht verändert.
Pfeil nach unten	↓	Der Wert hat sich im Vergleich zum vorherigen Datenpunkt verringert.
Kreis	○	Es kann keine Tendenz angezeigt werden. Mögliche Gründe sind: ▪ Es liegen nur Daten zu einem Zeitpunkt vor. ▪ Die Daten sind innerhalb eines Indikators entgegenlaufend. ▪ Die Aussagekraft der Daten ist eingeschränkt. ▪ Der Wert liegt konstant bei Null.
Keine Angabe	k.A.	Es liegen keine Daten vor.

Tab. 30: Bedeutung der Pfeile, eigene Darstellung

In diesem Kapitel wird die Gliederung im Überblick dargestellt, wie sie im Fallbeispiel Rott a. Inn angewandt wurde. Dort ist jeder Indikator eingehend erläutert. Die Indikatoren können und sollen inklusive der Beschreibung für andere Nachhaltigkeitsberichte übernommen werden. Im Sinne der Transparenz ist es wichtig zu erläutern, ob die Daten aus einem bestehenden Indikatorenkatalog übernommen oder selbst entwickelt wurden.

	Indikator		Tendenz	Seite
	SDG 1	**Keine Armut**		
1 KEINE ARMUT	1.1	Mindestsicherungsquote: SGB-II-/SGB-XII-Quote	→↑↓	
	1.2	Kinderarmut		
	1.3	Jugendarmut		
	1.4	Altersarmut		
	1.5	Obdachlosigkeit		

	Indikator		Tendenz	Seite
	SDG 2	**Kein Hunger**		
	2.1	(a) Anteil der landwirtschaftlich genutzten Fläche an der Gemeindefläche und (b) davon im Eigentum der Kommune	→↑↓	
	2.2	(a) Anteil des ökologischen Landbaus an der gesamten und (b) der im Besitz der Kommune befindlichen landwirtschaftlich genutzten Fläche		
	2.3	Stickstoffüberschuss der Landwirtschaft		
	SDG 3	**Gesundheit und Wohlergehen**		
	3.1	Vorzeitige Sterblichkeit (Todesfälle unter 70 Jahren) und Lebenserwartung	→↑↓	
	3.2	Ärzteversorgung: Hausärzte		
	3.3	Kinder mit Fehlernährung		
	3.4	Luftqualität: Immission von Luftschadstoffen		
	SDG 4	**Hochwertige Bildung**		
	4.1	(a) Anteil der Kinder in frühkindlicher Betreuung und (b) Betreuungsplätze für Kinder bis zum Schuleintritt	→↑↓	
	4.2	Schulabbrecherquote		
	SDG 5	**Geschlechtergleichheit**		
	5.1	Frauenanteil im Gemeinde- oder Stadtrat	→↑↓	
	5.2	Frauenanteil in Führungspositionen im öffentlichen Dienst		
	5.3	Frauenanteil in Führungspositionen von kommunalen Unternehmen		
	5.4	Personen, die physischer, sexueller oder psychischer Gewalt ausgesetzt waren		

IV

IV

	Indikator		Tendenz	Seite
	SDG 6	**Sauberes Wasser und Sanitäreinrichtungen**		
	6.1	Nitrat im Grundwasser	→↑↓	
	6.2	Phosphor in Fließgewässern		
	6.3	Abwasserbehandlung/ -qualität		
	6.4	Wasserqualität in Badegewässer		
	6.5	Zugänglichkeit öffentlicher Sanitäranlagen		
	SDG 7	**Bezahlbare und saubere Energie**		
	7.1	Anteil erneuerbarer Energien am Bruttoendenergieverbrauch	→↑↓	
	7.2	Anteil erneuerbarer Energien am Bruttostromverbrauch (Gesamtstromverbrauch)		
	7.3	Strom aus Photovoltaik: Installierte Leistung je Einwohnerin und Einwohner		
	7.4	Strom aus Photovoltaik: Installierte Leistung auf kommunalen Liegenschaften		
	7.5	Strom aus Windkraft: Installierte Leistung je Einwohnerin und Einwohner		
	7.6	Strom aus Biomasse: Installierte Leistung je Einwohnerin und Einwohner		
	7.7	Strom aus Wasserkraft: Installierte Leistung je Einwohnerin und Einwohner		
	7.8	Anteil der Straßenbeleuchtung mit LED-Technik		

	Indikator		Tendenz	Seite
	SDG 8	**Menschenwürdige Arbeit und Wirtschaftswachstum**		
8 MENSCHENWÜRDIGE ARBEIT UND WIRTSCHAFTSWACHSTUM	8.1	BIP pro Einwohnerin bzw. Einwohner	→↑↓	
	8.2	Einnahmen der Kommunen		
	8.3	Anteil der Branchen an den Gewerbesteuereinnahmen		
	8.4	Verschuldung der Kommune im Kernhaushalt je Einwohnerin und Einwohner (Pro-Kopf-Verschuldung)		
	8.5	Erwerbstätigenquote insgesamt (20 bis 64 Jahre) und Beschäftigungsquote (sozialversicherungspflichtig Beschäftigte) insgesamt (15 bis 64 Jahre)		
	8.6	Erwerbstätigenquote Ältere und Beschäftigungsquote (sozialversicherungspflichtig Beschäftigte) Ältere (jeweils 60 bis 64 Jahre)		
	8.7	Anzahl der Aus- und Einpendler sowie Anteil an der Gesamtzahl der sozialversicherungspflichtigen Beschäftigten		
	8.8	Arbeitslosenquote und Langzeitarbeitslosenquote (alternativ die absolute Zahl an Arbeitslosen und davon die Langzeitarbeitslosen)		
	SDG 9	**Industrie, Innovation und Infrastruktur**		
9 INDUSTRIE, INNOVATION UND INFRASTRUKTUR	9.1	Existenzgründungen	→↑↓	
	9.2	Breitbandversorgung		
	9.3	Zugelassene Kraftfahrzeuge, davon Elektro-, Hybrid- und Brennstoffzellenfahrzeuge		
	9.4	Lademöglichkeiten für Elektro- und Hybridfahrzeuge		

IV

IV

	Indikator		Tendenz	Seite
	SDG 10	**Weniger Ungleichheiten**		
10 WENIGER UNGLEICHHEITEN	10.1	Einkommensverteilung – Haushalte mit niedrigem, mittlerem und hohem Einkommen; alternativ: Gini-Koeffizient des Einkommens nach Sozialtransfers	→↑↓	
	10.2	Beschäftigungsquote von Ausländerinnen und Ausländern		
	10.3	Schulabbrecherquote von Ausländerinnen und Ausländern		
	10.4	Menschen mit Migrationshintergrund im Gemeinde- und Stadtrat		
	SDG 11	**Nachhaltige Städte und Gemeinden**		
11 NACHHALTIGE STÄDTE UND GEMEINDEN	11.1	Mietpreise	→↑↓	
	11.2	Anteile des Fußverkehrs, Radverkehrs und ÖPNV am gesamten Verkehrsaufkommen (Modal Split)		
	11.3	Radwegenetz		
	11.4	Verunglückte im Straßenverkehr		
	11.5	Naherholungsflächen		
	11.6	Flächeninanspruchnahme: (a) Siedlungs- und Verkehrsfläche (b) Anteil Grün- und Waldflächen an der kommunalen Gesamtfläche		
	11.7	Ausgaben zur Förderung von Kunst und Kultur		
	11.8	Ausgaben für Kinder- und Jugendarbeit		

	Indikator		Tendenz	Seite
	SDG 12	**Nachhaltiger Konsum und Produktion**		
12 NACHHALTIGE/R KONSUM UND PRODUKTION	12.1	Trinkwasserverbrauch	→↑↓	
	12.2	Abfallmenge		
	12.3	Nachhaltige Beschaffung: CO_2-Emissionen des kommunalen Fuhrparks		
	12.4	Nachhaltige Beschaffung: Anteil des Papiers mit „Blauem Engel" am Gesamtpapierverbrauch der Kommune		
	12.5	Nachhaltige Beschaffung: Ausgaben der Kommune für fair, nachhaltig oder biologisch hergestellte Produkte		
	12.6	Nachhaltige Produktion: Umweltmanagementsysteme		
	SDG 13	**Maßnahmen zum Klimaschutz**		
13 MASSNAHMEN ZUM KLIMASCHUTZ	13.1	Ausgaben für Maßnahmen zum Klimaschutz	→↑↓	
	13.2	CO_2-Emissionen (für die Sektoren Privathaushalte, Gewerbe, Handel, Dienstleistung und Industrie sowie Verkehr)		
	SDG 14	**Leben unter Wasser**		
14 LEBEN UNTER WASSER	14.1	Wasserflächen	→↑↓	
	14.2	Fließgewässerqualität		

IV

	Indikator		Tendenz	Seite
	SDG 15	**Leben an Land**		
	15.1	Naturschutzflächen	→↑↓	
	15.2	Nachhaltige Forstwirtschaft		
	15.3	Ausgaben zur Förderung der Biodiversität auf Grün- und Waldflächen; Inventar der Maßnahmen		
	15.4	Verzeichnis der Ausgleichsflächen		
	SDG 16	**Frieden, Gerechtigkeit und starke Institution**		
	16.1	Anzahl der registrierten Straftaten je 1.000 Einwohnerinnen und Einwohnern sowie Aufklärungsquote	→↑↓	
	16.2	Personen, die physischer, sexueller oder psychischer Gewalt ausgesetzt waren		
	16.3	Wahlbeteiligung		
	16.4	Bürgerbeteiligung		
	16.5	Ausgaben für die Unterstützung von Vereinen und sozialen Trägern		
	16.6	Möglichkeiten der Bürgerinformation		
	SDG 17	**Partnerschaften zur Erreichung der Ziele**		
	17.1	Ausgaben für Entwicklungszusammenarbeit	→↑↓	
	17.2	Nachhaltige Geldanlage		
	17.3	Partnerschaften und Aktivitäten mit Kommunen im In- und Ausland insbesondere des globalen Südens		

Tab. 31: Gliederung gemäß den 17 SDGs und Indikatoren, eigene Darstellung

Einheitliche Definition und Berechnung der Indikatoren

Neben der notwendigen Einigung auf einen bundesweit gültigen Indikatorenkatalog müssen die Berechnungsgrundlagen der einzelnen Indikatoren einheitlich definiert werden. Um Vergleichbarkeit herzustellen, ist dies eine unabdingbare Voraussetzung.

Ein Beispiel für die nicht einheitliche Definition ist der häufig verwendete Indikator „Vorzeitige Sterblichkeit" aus SDG 3 („Gesundheit und Wohlergehen"). Dieser wird im Nachhaltigkeitsbericht der Stadt Erlangen 2020, im aktuellen Fortschrittsbericht zur Nachhaltigkeitsstrategie für Niedersachsen und in der DNS 2021 unterschiedlich definiert. Einheitlich ist nur seine Ausweisung im SDG 3.

Bericht	Definition Indikator „Vorzeitige Sterblichkeit"
Nachhaltigkeitsbericht der Stadt Erlangen 2020	Anzahl Todesfälle der Personen **unter 65 Jahren je 1.000** Einwohnerinnen und Einwohnern. Die Daten entstammen der amtlichen Statistik der Todesfälle und der amtlichen Bevölkerungsfortschreibung.
Fortschrittsbericht zur Nachhaltigkeitsstrategie für Niedersachsen. Fortschreibung und Aktualisierung der Nachhaltigkeitsindikatoren.	Anzahl Todesfälle der Personen **unter 65 Jahren je 100.000** Einwohnerinnen und Einwohnern der standardisierten Bevölkerung von 2011 unter 65 Jahren (**einschließlich unter 1-Jährige**). Datengrundlage sind die Ergebnisse der Todesursachenstatistik sowie der Amtlichen Bevölkerungsfortschreibung.
Die deutsche Nachhaltigkeitsstrategie. Weiterentwicklung 2021	Todesfälle **pro 100.000** Einwohnerinnen und Einwohnern **unter 70 Jahren (ohne unter 1-Jährige)**

Tab. 32: Unterschiedliche Definitionen des Indikators „Vorzeitige Sterblichkeit", eigene Darstellung

Leider trifft dieses Definitionschaos auf viele Indikatoren zu. Zur Lösung des Problems wurde im Praxisbeispiel Rott a. Inn für diesen

Indikator die Definition der DNS übernommen. Damit ist gewährleistet, dass der Bericht entsprechend der von der DNS vorgeschlagenen Strategie ausgerichtet ist und sich damit in den nationalen Rahmen einbettet. Soweit ein Indikator in der DNS gelistet ist, sollte dieses Vorgehen so übernommen werden.

In einigen Fällen ist es zweckmäßig, den Indikatorenkatalog zu ergänzen. Als Beispiele sind Kommunen denkbar, deren Wirtschaft von bestimmten Branchen geprägt ist (Tourismus, Fischerei, Kohlebergbau, Atomkraftwerke, Automobilindustrie etc.). Diese können in SDG 8 „Menschenwürdige Arbeit und Wirtschaftswachstum" oder SDG 9 „Industrie, Innovation und Infrastruktur" Ergänzungen vornehmen.

Praxistipp:

Übernehmen Sie die hier vorgestellte Gliederung und Indikatoren. Dadurch ersparen Sie sich viel Zeit und erstellen einen kompletten kommunalen Nachhaltigkeitsbericht. Bei Bedarf ergänzen Sie punktuell die Indikatoren.

5. Veröffentlichung

Kurz und knapp

Kommunale Nachhaltigkeitsberichte können viele ihrer Funktionen nur erfüllen, wenn sie veröffentlicht werden. Bei der Veröffentlichung ist auf ein ansprechendes Layout und eine breite und einfache Zugänglichkeit zu achten. Falls möglich sollte im Sinne der Inklusion eine Version in leichter Sprache veröffentlicht werden.

Die Funktionen eines Nachhaltigkeitsberichts (siehe Kapitel III.2) können nur erreicht werden, wenn dieser veröffentlicht wird. Der kommunale Nachhaltigkeitsbericht sollte daher einer breiten Öffentlichkeit zugänglich gemacht werden. Eine Plattform, auf der Nachhaltigkeitsberichte der Kommunen bundesweit systematisch erfasst und veröffentlicht werden, existiert aktuell jedoch nicht. Dies wäre sehr wünschenswert und würde der interessierten Öffentlichkeit den Zugang erheblich erleichtern. Zusätzlich würde die Vergleichbarkeit gefördert.

Die Berichte werden derzeit von den Kommunen individuell und in eigener Verantwortung veröffentlicht. Einige sind auf den Webseiten der Kommunen zu finden, andere nicht. Als Beispiel können die Nachhaltigkeitsberichte der Stadt Neu-Ulm von 2010 und 2014 aufgeführt werden. Diese sind nicht mit der Webseite der Stadt Neu-Ulm verlinkt. Der Nachhaltigkeitsbericht für den Berichtszeitraum 20102011 ist im Internet vorhanden, der Bericht für den Zeitraum 2012–2013 (Stand: 2014) ist im Internet nicht auffindbar.

Privatwirtschaftliche Unternehmen müssen unter bestimmten Voraussetzungen im Bundesanzeiger ihre Jahresabschlüsse veröffentlichen (https://www.bundesanzeiger.de/). Eine gesetzliche Verpflichtung zur Erstellung und Veröffentlichung kommunaler Nachhaltigkeitsberichte ist nicht in Sicht. Daher sollten die Kommunen im Rahmen einer freiwilligen Selbstverpflichtung ihre kommunalen Nachhaltigkeitsberichte, analog zum Bundesanzeiger, in einem zentral geführten Register veröffentlichen.

Inklusion leben: Veröffentlichung in leichter Sprache

Ein kommunaler Nachhaltigkeitsbericht ist sehr umfangreich. Grund sind die zahlreichen Indikatoren zu den 17 SDGs. Außerdem müssen diese kommentiert werden. Der Nachhaltigkeitsbericht für Rott a. Inn umfasst z. B. mehr als 100 Seiten. Selbst für geübte Leserinnen und Leser ist es schwierig, derart umfangreiche Berichte komplett zu lesen und zu erfassen. Daher sollte zusätzlich eine Zusammenfassung in „normaler" und in „leichter Sprache" erstellt und veröffentlicht werden. Dadurch wird es einem größeren Teil der Bevölkerung ermöglicht, sich mit dem Thema „Kommunale Nachhaltigkeit" zu beschäftigen und eine fundierte Meinung zu bilden.

Die Zusammenfassungen zu dem „1. Bericht Schleswig-Holsteins zu den UN-Nachhaltigkeitszielen" sind dafür gelungene Beispiele. Die entsprechenden Links finden Sie in den Anlagen.

Für Leichte Sprache gibt es feste Regeln. Diese und weitere Informationen finden Sie auf https://www.leichte-sprache.org/. Verantwortlich dafür ist das Netzwerk Leichte Sprache e. V., Berlin.

Praxistipp:

Unterschätzen Sie nicht die Bedeutung eines ansprechenden Layouts. Investieren Sie deshalb etwas Zeit und Geld in die professionelle Gestaltung des Berichts. Idealerweise beauftragen Sie einen Layouter aus der näheren Umgebung, um die Wertschöpfung in Ihrer Region zu halten.

Zusammenfassung des Kapitels

Eine Standardisierung der Nachhaltigkeitsberichterstattung von Städten und Gemeinden ist in vielerlei Hinsicht vorteilhaft. Vor allem sinkt der Erstellungsaufwand für die einzelne Kommune beträchtlich, da nicht jedes Mal ein eigenes Konzept erarbeitet werden muss. Die Zahl der veröffentlichten Berichte wird dadurch erheblich steigen. Außerdem erlauben Berichte, die nach einem einheitlichen Konzept geschrieben werden, einen Vergleich zwischen den Kommunen. Dieser Vergleich ist bei den bisher sehr unterschiedlichen Berichten kaum möglich. Schließlich stellt eine standardisierte Berichtsform eine gewisse Qualitätskontrolle dar, was die Akzeptanz der Berichte weiter erhöhen wird.

Bei der Erstellung von Nachhaltigkeitsberichten müssen die Grundsätze ordnungsgemäßer Berichterstattung befolgt werden. Dazu gehörten Wirtschaftlichkeit, Wesentlichkeit, Richtigkeit, Genauigkeit, Klarheit bzw. Übersichtlichkeit, Kontinuität und Stetigkeit.

Um die Berichte klar zu kennzeichnen und sie damit für Interessierte leichter auffindbar zu machen, sind die Berichte einheitlich zu bezeichnen. Nach dem hier vorgeschlagenen Konzept lautet die Bezeichnung wie folgt: „Nachhaltigkeitsbericht der Gemeinde/Stadt XY Jahr", beispielsweise „Nachhaltigkeitsbericht der Gemeinde Rott a. Inn 2021" oder bei einer Fortschreibung „Nachhaltigkeitsbericht der Gemeinde Rott a. Inn 2022–2024".

Die Nachhaltigkeitsberichte sollten regelmäßig fortgeschrieben werden, in der Regel in einem Zeitraum zwischen zwei und vier Jahren. Das gewährleistet die Aktualität der Daten, lässt Trends sichtbar werden und erleichtert die Erstellung, da jeweils auf die Vorerfahrung der letzten Berichterstellung zurückgegriffen werden kann.

Im hier vorgestellten Konzept ist eine Zweiteilung der Berichte vorgesehen. Im individuellen Teil können die Kommunen aktuelle

Maßnahmen und besondere Projekte vorstellen. Dabei können sie über Umfang und Inhalt frei entscheiden. Im zweiten Berichtsteil werden wichtige Daten durch sogenannte Indikatoren dargestellt. Diese sind den SDGs zugeordnet und bilden die drei Dimensionen der Nachhaltigkeit (Ökonomie, Ökologie und Soziales) ab. Sowohl Inhalt als auch Berechnung der Indikatoren sind vereinheitlicht, wodurch die Vergleichbarkeit zwischen den Kommunen gewährleistet wird.

Um Nachhaltigkeitsberichte zugänglich zu machen, müssen sie veröffentlicht werden. Die äußere Form ist für die Wahrnehmung sehr wichtig. Die überschaubaren Kosten für eine professionelle Gestaltung sind dafür im Normalfall gut investiert. Die Berichte sollten immer auf der Webseite der Stadt oder Gemeinde veröffentlicht werden. Eine Auflage in gedruckter Form ist optional, aber zumindest in geringer Stückzahl sinnvoll. Um einen Beitrag zur Inklusion zu leisten, sollte außerdem eine Zusammenfassung des Nachhaltigkeitsberichts in leichter Sprache veröffentlicht werden.

V. Leitfaden zur Erstellung kommunaler Nachhaltigkeitsberichte

V. Leitfaden zur Erstellung kommunaler Nachhaltigkeitsberichte

---

Ziel

In diesem Kapitel sollen Tipps und Informationen, die bei der Arbeit an einem kommunalen Nachhaltigkeitsberichts nützlich sein können, vorgestellt werden. Dabei wird der gesamte Prozess von der Initiierung eines Berichts über seine konkrete Erstellung bis hin zur Veröffentlichung betrachtet.

---

1. Erste Schritte: Initiierung eines Nachhaltigkeitsberichts

Kurz und knapp

Aller Anfang ist schwer – das gilt auch für kommunale Nachhaltigkeitsberichte. Der Anstoß zur Erstellung eines Nachhaltigkeitsberichts kann sowohl aus der Verwaltung und Politik als auch aus der Bevölkerung kommen. Wichtig ist es immer, die Entscheidungsträgerinnen und Entscheidungsträger vom Nutzen der Berichterstattung zu überzeugen.

Neue Projekte, wie es Nachhaltigkeitsberichte in den meisten Kommunen sind, entstehen oft durch die Initiative einzelner Personen oder kleiner Gruppen. Wie eine Kommune dazu kommt, einen Nachhaltigkeitsbericht zu erstellen, ist von Fall zu Fall unterschiedlich. Der Startschuss für einen Nachhaltigkeitsbericht kann entweder von unten kommen (bottom up), also von Bürgerinnen und Bürgern, oder aber von den Entscheidungsträgerinnen und Entscheidungsträgern der Gemeinde ausgehen (top down).

Wenn die Initiative zu einem Nachhaltigkeitsbericht aus der Bürgerschaft kommt, ist es wichtig, möglichst viele kommunale Führungskräfte von der Idee zu überzeugen. Sie entscheiden, ob die personellen und finanziellen Ressourcen dafür bereitgestellt werden. Je größer deren kommunalpolitischer Einfluss, desto höher ist die Wahrscheinlichkeit einer erfolgreichen Umsetzung des Projekts. Daneben wirkt sich eine gewisse Expertise auf dem Feld der Nachhaltigkeit positiv auf die Erfolgsaussichten aus. Wenn die (Ober-)Bürgermeisterin oder der (Ober-)Bürgermeister einer Gemeinde oder Stadt sich für die Erstellung eines Nachhaltigkeitsberichts ausspricht, dann sind die Aussichten auf eine erfolgreiche Umsetzung sehr hoch. Deshalb ist der erste wichtige Schritt stets, die Entscheidungsträgerinnen und Entscheidungsträger einer Kommune vom Sinn der Berichterstattung zu überzeugen. Klimaschutzmanagerinnen und -manager, Umweltreferentinnen und -referenten sowie andere Personengruppen, die sich berufsmäßig oder aufgrund ihres Amts mit Nachhaltigkeitsthemen beschäftigen, sind gleichfalls wichtige Ansprechpartnerinnen und -partner.

Die Initiative kann genauso von der Spitze der Gemeinde ausgehen. Innovative Bürgermeisterinnen und Bürgermeister kommen von selbst auf die Idee, die Bürgerinnen und Bürger durch einen kommunalen Nachhaltigkeitsbericht zu informieren. Dies zeigt den Wählerinnen und Wählern, dass die nachhaltige Entwicklung im Fokus der politischen Führung liegt. Da Themen wie „Umweltschutz" und „Nachhaltige Entwicklung" in Umfragen regelmäßig als besonders wichtig genannt werden, kann eine solche Initiative am Ende eine Wahlentscheidung beeinflussen. Zahlreiche Bürgermeisterinnen und Bürgermeister wollen jedoch explizit aufgrund intrinsischer Motivation etwas in Richtung Nachhaltigkeit bewegen und nehmen daher aus Überzeugung die Aufwendungen für einen Nachhaltigkeitsbericht in Kauf.

Wenn der Impuls aus der politischen Spitze selbst kommt, sollte wiederum auch die Bevölkerung frühzeitig mit ins Boot geholt werden. Häufig gibt es in Kommunen Bürgerinnen und Bürger, die die Motivation haben, sich in ihrem Heimatort für mehr Nachhaltigkeit einzusetzen und auf lokaler Ebene „ins Tun zu kommen". Diese Motivation sollte nach Möglichkeit gebündelt und zielgerichtet genutzt werden. Wenn der Nachhaltigkeitsbericht als Gemeinschaftsprojekt und nicht nur als Verwaltungsdokument wahrgenommen wird, steigert das seine Akzeptanz und seine Verbreitung. Bei der Erstellung des Berichts müssen alle drei Dimensionen der Nachhaltigkeit berücksichtigt werden: Ökonomie, Ökologie und Soziales. Daher ist es absolut notwendig, den Kreis der Beteiligten möglichst weit zu fassen, nicht etwa nur die örtliche Umweltinitiative. Genauso wichtig sind Gewerbe- oder Wirtschaftsverband sowie soziale Initiativen bzw. Einrichtungen für Kinder, Schule, Senioren, Kirche etc.

Da für die Indikatoren sehr viele Daten zu ermitteln sind, muss die Verwaltung eingebunden werden. Von ihr kann ein Großteil der

Daten erhoben oder in Erfahrung gebracht werden. Es ist daher wichtig, den Mitarbeitenden der Verwaltung frühzeitig die nötigen Informationen zukommen zu lassen.

Es ist vernünftig, ein kommunales Nachhaltigkeitsmanagement mit einer Bestandsaufnahme in Form eines Nachhaltigkeitsberichts zu beginnen. Dieser ist der Ausgangspunkt für die Identifizierung von Schwachstellen und Stärken in der Kommune. Außerdem wirkt die Erstellung eines Nachhaltigkeitsberichts auf die Beteiligten wie eine Art Brainstorming-Seminar, durch das zahlreiche Ideen entstehen werden. Eine Vielzahl von Anregungen sind in Kapitel V.4 und im individuellen Teil des Praxisbeispiels Rott a. Inn zu finden.

Praxistipp:

Hilfreiche Tipps können Sie in den Gemeinden und Städten bekommen, die bereits Erfahrungen mit Nachhaltigkeitsberichterstattung haben. Die Verantwortlichen geben in der Regel sehr gerne Auskunft und stellen das Konzept vielleicht sogar in Ihrer Kommune vor. Haben Sie keine Scheu, Erfahrungswerte einzuholen!

2. Rahmenbedingungen für die Erstellung eines Nachhaltigkeitsberichts

Kurz und knapp

Damit der Nachhaltigkeitsbericht zu einem Erfolg wird, ist es wichtig, zu Beginn einige zentrale Rahmenbedingungen zu klären. Diese sind:

1. Verantwortlichkeiten
2. Personelle Ressourcen
3. Finanzielle Ressourcen
4. Partizipation der Bürgerschaft
5. Zeitplan

Zur erfolgreichen Erstellung eines Nachhaltigkeitsberichts müssen eine Reihe von Rahmenbedingungen festgelegt werden. Wie bereits dargelegt muss der Anstoß für die freiwillige Erstellung eines Nachhaltigkeitsberichts meist von einer Person oder Gruppe kommen, die sich bereits mit dem Thema beschäftigt hat. Grundvoraussetzung ist der Wille der Verantwortlichen – sei es aufseiten der Kommunalpolitik oder der Verwaltung –, die nötigen Ressourcen (Personal sowie finanzielle Mittel) in die Erstellung eines Nachhaltigkeitsberichts zu investieren. In Kommunen, in denen bereits Ansätze eines Nachhaltigkeitsmanagements bestehen, wird dies in der Regel öfter der Fall sein als in Kommunen, die das Prinzip der Nachhaltigkeit noch nicht explizit im politischen und verwaltungsseitigen Alltag etabliert haben.

Sind die Personen mit Entscheidungskompetenz grundsätzlich überzeugt und besteht damit der politische Wille, in einen kommunalen Nachhaltigkeitsbericht zu investieren, müssen die nachstehenden Punkte geklärt werden.

Verantwortlichkeiten: Wer koordiniert die Erstellung des Nachhaltigkeitsberichts?

Damit aus der Idee ein fertiger Bericht wird, braucht es Verantwortliche, die die Erstellung des Berichts organisieren und koordinieren. In der Regel wird es sich dabei um ein Team von einigen wenigen Personen handeln, die aufgrund ihrer Position, ihres Amts oder ihrer Vorerfahrung als Verantwortliche infrage kommen. Dieses Team sollte als feste Steuerungsgruppe auftreten und agieren. Da die Kommune viele Daten selbst erhebt oder zur Verfügung gestellt bekommt, ist es sinnvoll, die Verwaltung in die Steuerungsgruppe einzubinden.

Die Leitung der Gruppe kann ebenso von der kommunalen Klimaschutzmanagerin oder dem -manager bzw. Personen mit vergleichbarer Position übernommen werden. Um die politische Seite mit einzubinden, bietet es sich an – soweit vorhanden –, auch die jeweiligen (gegebenenfalls ehrenamtlichen) Referentinnen und Referenten des Gemeinde- oder Stadtrats zur Mitarbeit zu bewegen. In kleineren Kommunen kann möglicherweise der Bürgermeister oder die Bürgermeisterin ein aktiver Teil der Steuerungsgruppe sein und damit die Verbindung von Verwaltung, Politik und Bürgerschaft sicherstellen.

Schließlich können einzelne ehrenamtlich Engagierte Teil des Teams sein. Dies bietet sich insofern an, als dass die Berichte im individuell gestaltbaren Teil z. B. über bürgerschaftliches Engagement berichten und damit weniger auf Informationen aus der Verwaltung angewiesen sind. Gibt es beispielsweise einen ehrenamtlichen Arbeitskreis für Umweltbelange oder Nachhaltigkeit, kann die Leiterin bzw. der Leiter oder ein besonders aktives Mitglied des Kreises in die Gruppe entsandt werden.

Personelle Ressourcen: Wer schreibt den Nachhaltigkeitsbericht?

Die Erstellung eines Nachhaltigkeitsberichts braucht Zeit und bindet personelle Ressourcen. An der Erstellung der Berichte größerer Städte, die teils mehrere Hundert Seiten umfassen, sind viele hauptamtliche Personen über mehrere Monate hinweg beteiligt. Dies liegt sicherlich u. a. daran, dass sich bisher jede Stadt im ersten Schritt ein eigenes Konzept für den Nachhaltigkeitsbericht erarbeitet. Effizienter ist es, die in diesem Buch vorgestellte standardisierte Form der Berichterstattung zu übernehmen.

Dennoch ist klar, dass die Erstellung eines Nachhaltigkeitsberichts in der standardisierten Form einen nicht unerheblichen Arbeitsaufwand bedeutet und in der kommunalen Verwaltung temporär Personalressourcen bindet. Wem und wie vielen Personen Aufgaben übertragen werden, wird verwaltungsintern entschieden und ist damit von Kommune zu Kommune unterschiedlich. Notwendig ist in jedem Fall eine Hauptverantwortliche oder ein Hauptverantwortlicher, die oder der in der Regel gleichzeitig Mitglied des Kernteams der Steuerungsgruppe ist.

Die Verwaltung kann unter Umständen durch ehrenamtliche Tätigkeiten entlastet werden. Hierbei ist auf eine konkrete Aufgabenzuweisung zu achten. Besonders der individuell gestaltbare Teil bietet sich dafür an, von Ehrenamtlichen erarbeitet zu werden. Im Gegenzug sollte eine gewisse Repräsentation der Beteiligten im Bericht erfolgen, um die geleistete Arbeit zu würdigen.

Finanzielle Ressourcen: Wie viel Geld kann für den Nachhaltigkeitsbericht zur Verfügung gestellt werden?

Neben den Personalkosten entstehen für eine Gemeinde oder Stadt bei der Erstellung eines Nachhaltigkeitsberichts weitere Kosten. Zum Teil können für die Bereitstellung von Daten Kosten anfallen. Insbesondere für die Veröffentlichung und das Marketing des Berichts muss ein Budget eingeplant werden. Dieses hängt vom Aufwand für Satz und Layout sowie vom möglichen Druck ab. Für ein einfaches Layout und bei einer Veröffentlichung in digitaler Form bewegen sich die Kosten im drei- oder niedrigen vierstelligen Bereich. Je aufwendiger das Layout ist, das in der Regel von einer professionellen Agentur erstellt wird, desto höher sind die Kosten.

Wenn die Berichte in gedruckter Form in höherer Auflage und mit entsprechender Bindung erscheinen sollen, sind höhere finanzielle Aufwendungen nötig. Dies sollte von vornherein einkalkuliert werden. Sicherlich sind Berichte mit professionellem Layout ansprechender und für das Marketing einer Kommune besser geeignet – doch für den Anfang kann in kleineren und weniger finanzstarken Gemeinden ebenso eine einfachere Form dem Hauptzweck des Nachhaltigkeitsberichts, der Informationsfunktion, gerecht werden. Wichtig ist, die Entscheidungen klar, transparent sowie möglichst frühzeitig zu treffen. Entsprechende Angebote bei Agenturen sind rechtzeitig einzuholen. Damit werden ungeplante Kostenüberschreitungen genauso wie unnötige Verzögerungen am Ende des Erstellungsprozesses vermieden.

Partizipation: Wer soll in die Erstellung des Berichts eingebunden werden?

Wie bereits dargestellt wurde, kann durch die Einbindung von engagierten Bürgerinnen und Bürgern der Kommune die Aufgabe der Berichtserstellung auf mehrere Schultern verteilt und der Aufwand für die Kommune dadurch gesenkt werden. Das weitaus schwerwiegendere Argument dafür ist jedoch die Verankerung des Nachhaltigkeitsberichts und seiner Themen in der Bevölkerung. Die an der Erstellung Mitwirkenden sind Multiplikatoren, sie tragen die Idee und den Inhalt der Berichte nach außen. Beteiligte werden Verwandten und Bekannten davon erzählen und ihnen den Bericht unter Umständen direkt zukommen lassen. Diese Kommunikationsfunktion sollte unbedingt genutzt werden. Die Erfahrung zeigt, dass Texte und Broschüren, die als reine Verwaltungsberichte erstellt werden, oftmals nur von einem sehr kleinen Teil der Bevölkerung überhaupt wahrgenommen werden. Ein Nachhaltigkeitsbericht würde sonst seine Informationsfunktion zu einem großen Teil verlieren.

Wichtig ist es, die „richtigen" Leute für die Mitarbeit am Nachhaltigkeitsberichts zu gewinnen – nicht die Anzahl ist ausschlaggebend, sondern die Qualifikation und Motivation. In diesem Zusammenhang ist der Begriff der „zielorientierte[n] Beteiligung"[194] zu nennen. In der Regel werden es Personen sein, die sich bereits im Gemeindeleben engagiert haben, Kenntnisse aus relevanten Bereichen besitzen und in der Gemeinde- oder Stadtgesellschaft gut vernetzt sind. Dies sind Vorsitzende von Vereinen, Mitglieder in kommunalen Arbeitskreisen, in Gemeinde- und Stadträten oder ehrenamtliche Referenten und Referentinnen sowie Beauftragte. Je nach dem Schwerpunkt ihres Engagements kann ihnen die Erstellung von Teilen des individuell gestaltbaren Teils des Nachhaltigkeitsberichts übertragen werden. Die Steuerungsgruppe sollte zu Beginn des Erstellungsprozesses beraten, wer eingebunden werden und daher gezielt und persönlich angesprochen werden soll.

Um den beteiligten Bürgerinnen und Bürgern ihre Mitarbeit zu erleichtern und schon vorab eine bestimmte Ergebnisqualität zu sichern, sollten klar abgegrenzte Aufgaben und strukturelle Vorgaben kommuniziert werden. Folgende Punkte sind frühzeitig mit allen abzustimmen:

- Festlegung der Inhalte
- Quellen für Informationen
- Zeitlichen Rahmen für die Einreichung der Teilberichte vereinbaren
- Umfang des individuellen Teils planen (ungefähre Seitenzahl)
- Einigung auf das zu verwendende Bildmaterial
- Benennung von Ansprechpartnerinnen bzw. -partnern bei Fragen

Zeitplan: Bis wann soll der Bericht erscheinen? Wann ist die Fortschreibung geplant?

Ein konkreter Zeitplan, bis wann der Nachhaltigkeitsbericht erscheinen soll und in welchen Zeitabschnitten die einzelnen Aufgaben erledigt werden sollen, ist unabdingbar. Die Erfahrung zeigt, dass sich Projekte ohne ein vorher festgelegtes Zieldatum sehr lange verzögern können und mitunter nie einen richtigen Abschluss finden.

---

194 *Kuhn* et al. (2018), S. 19

Festgelegte Wegmarken (Meilensteine) geben eine Rückmeldung über den Fortschritt der Arbeit am Bericht und erhöhen im positiven Sinn den Druck. Der Zeitplan sollte untergliedert sein und einzelne Zieldaten benennen. Die Treffen der Steuerungsgruppe oder der größeren Runden mit allen Beteiligten sollten immer rechtzeitig geplant werden. Je nach Größe der Kommune und der Flexibilität aller, die mitarbeiten, kann entweder ein Sitzungsplan für mehrere Monate erstellt werden oder es wird spätestens in jeder Sitzung selbst der Folgetermin abgestimmt. Wie der Zeitplan im Praxisbeispiel Rott a. Inn ausgesehen hat, kann in Kapitel VI.2.2 nachgelesen werden.

Praxistipp:

Rechnen Sie damit, dass sich im Verlauf des Erstellungsprozesses Verzögerungen ergeben. Setzen Sie deshalb lieber kürzere, aber dennoch machbare Fristen. Ziel sollte sein, den Nachhaltigkeitsbericht in einem Zeitraum von drei bis maximal sechs Monaten fertigzustellen. Damit ist der Zeitaufwand in einem vertretbaren Rahmen und die Wahrscheinlichkeit steigt, dass Folgeberichte erstellt werden.

3. Überwindung von Widerständen gegen kommunale Nachhaltigkeitsberichte

Kurz und knapp

Besonders beim Erstbericht, der im Vergleich zu Folgeberichten zeitaufwändiger ist, können Zweifel an Sinn und Nutzen der Berichterstattung aufkommen. Mit den richtigen Argumenten können viele Bedenken ausgeräumt und Kritikerinnen und Kritiker doch noch überzeugt werden. Wichtig ist es, zu vermitteln, dass nachhaltige Entwicklung auf lokaler Ebene beginnt. Die Sorge, dass ein Nachhaltigkeitsbericht einen unverhältnismäßig hohen bürokratischen Aufwand mit sich bringt, lässt sich durch den Rückgriff auf das in diesem Buch vorgestellte und bewährte Konzept entkräften. Letztlich überwiegen die Vorteile einer transparenten Berichterstattung für die Bürgerinnen und Bürger sowie für die Verantwortlichen.

Wenn Sie bis zu diesem Kapitel dieses Buch gelesen haben, ist wohl die Annahme berechtigt, dass Sie einen kommunalen Nachhaltigkeitsbericht erstellen möchten. In der Praxis werden Sie bei den allermeisten auf Zustimmung stoßen. Einige werden ihrem Engagement eventuell mit Kopfschütteln begegnen und fragen, warum Sie Ihre Zeit für einen kommunalen Nachhaltigkeitsbericht nutzen und nicht einfach den schönen Tag am Badesee verbringen. Die große Mehrheit aber ist gegenüber dem Bemühen um eine nachhaltige Entwicklung auf lokaler Ebene sehr aufgeschlossen.

Von den wenigen, die ein nachhaltiges Engagement ablehnen, werden immer wieder die gleichen Argumente angeführt, denen im ersten Moment zu widersprechen schwierig ist. Hierzu finden Sie in diesem Kapitel ein paar Argumentationshilfen. Es geht nicht darum, jede und jeden zu bekehren. Ziel ist es vielmehr, die eigene und die Motivation ihrer Mitstreiterinnen und Mitstreiter nicht zu verlieren.

Die Bedeutung des nachhaltigen Handelns klarmachen

Am Beispiel des Klimawandels wird immer wieder behauptet, Maßnahmen ergäben keinen Sinn, da die Bedeutung einer Kommune, Deutschlands oder sogar der EU viel zu gering sei, um weltweit eine nachhaltige Besserung zu erreichen. Einschränkungen oder sonstige Maßnahmen für die Nachhaltigkeit seien nur wirksam, wenn diese infolge von noch zu treffenden internationalen Vereinbarungen weltweit umgesetzt würden. Die großen Verursacher von Treibhausgasen – China, die USA, die EU, Indien, Russland etc. – müssten miteinbezogen werden. Dieser Argumentation folgend bewirken beispielsweise Einsparungen in Deutschland im Bereich der CO_2-Emissionen weltweit gesehen nicht viel. Deutschland sollte sich z. B. vielmehr dafür einsetzen, mithilfe internationaler Vereinbarungen einen weltweiten CO_2 Preis einzuführen.[195]

Zunächst ist festzustellen, dass die Emissionen Deutschlands – weltweit gesehen – nicht unbedeutend sind. Innerhalb der EU27+UK war Deutschland 2019 mit einem Anteil von 21,3 Prozent der größte Emittent von CO_2-Emissionen.[196] Dies entspricht einem weltweiten Anteil (Global Share) von ca. 1,9 Prozent.

[195] *Pritzl* (2020), S. 35

[196] *Crippa, M., Guizzardi, D., Muntean, M., Schaaf, E., Solazzo, E., Monforti-Ferrario, F., Olivier, J.G.J., Vignati, E.* (2020), S. 11

Top emitting countries	Global share	Change between 2018 and 2019	Average annual % change since 2015
China	30,3 %	3,4 %	2,0 %
US	13,4 %	–2,6 %	–0,7 %
EU27+UK	8,7 %	–3,8 %	–1,4 %
India	6,8 %	1,6 %	3,2 %
Russia	4,7 %	–0,8 %	0,9 %
Japan	3,0 %	–2,1 %	–1,5 %
Iran	1,8 %	3,4 %	3,0 %
South Korea	1,7 %	–3,2 %	0,5 %
Indonesia	1,6 %	8,0 %	6,2 %
Saudi Arabia	1,6 %	1,5 %	0,4 %
Canada	1,5 %	–1,4 %	–0,1 %
South Africa	1,3 %	1,5 %	0,9 %
Mexico	1,3 %	–1,6 %	–0,3 %
Brazil	1,3 %	–0,4 %	–2,1 %
Australia	1,1 %	4,2 %	1,8 %
Turkey	1,1 %	–1,5 %	3,5 %
International shipping	1,9 %	2,4 %	2,6 %
International aviation	1,7 %	3,6 %	4,3 %

Tab. 33: Verursacher von fossilen CO_2-Emissionen bis 2019[197]

Natürlich wäre eine internationale Übereinkunft positiv zu bewerten und sollte angestrebt werden. Ein solches Abkommen ist jedoch zurzeit und in der nahen Zukunft sehr unwahrscheinlich, wenn nicht sogar illusorisch. Die Interessen der Länder sind zu unterschiedlich. Die Volkswirtschaft Russlands z. B. ist von den Einnahmen aus der Öl- und Gasindustrie ökonomisch abhängig. D. h. es müssen Widerstände überwunden werden. Bis zur Ratifizierung in den einzelnen Ländern sind sehr lange Vorlaufzeiten einzukalkulieren. Zusätzlich

[197] *Crippa, M., Guizzardi, D., Muntean, M., Schaaf, E., Solazzo, E., Monforti-Ferrario, F., Olivier, J.G.J., Vignati, E.* (2020), Tab. 1, S. 11

stellt sich die Frage nach Sanktionen. Welche Konsequenzen soll ein Verstoß gegen die vereinbarten Regeln haben? Realistischerweise wird jedes Land den Vertrag individuell auslegen, Sanktionen sind nicht durchsetzbar.

Z. B. haben sämtliche große Player auf dieser Welt die Beschlüsse der UNO-Konferenz im September 2015 in New York (u. a. die Agenda 2030) ausgehandelt und auf der Generalversammlung der Vereinten Nationen beschlossen.

Die Situation auf unserer Erde hat sich seitdem nicht wesentlich verbessert. Dies soll anhand einiger weniger Beispiele illustriert werden:

- **Ökonomisch:**

  Die Ungleichheit in der Leistungskraft der Volkswirtschaften im Westen und dem globalen Süden besteht weiterhin.

- **Ökologisch:**

  Die weltweiten jährlichen CO_2-Emissionen sind bis 2019 auf einen neuen Höchststand gestiegen. Lediglich für September 2020 war im Vorjahresvergleich eine Verringerung zu verzeichnen.[198] Diese beruht wahrscheinlich auf den Maßnahmen, die gegen die Ausbreitung der Corona-Pandemie (Lockdown) getroffen wurden. Sie sind (leider) nicht auf eine nachhaltigere Art des Wirtschaftens und des gesellschaftlichen Lebens zurückzuführen.[199]

- **Sozial:**

  Weltweit hat die Zahl der von Flucht und Vertreibung betroffenen Menschen (People of concern) Ende 2020 trotz der Pandemie mit 91,9 Millionen einen neuen Höchstwert erreicht[200]

Fazit: Die Lage in der Welt ist im Oktober 2021, also sechs Jahre nach Verabschiedung der Agenda 2030, noch immer bei weitem nicht zufriedenstellend. Auf Maßnahmen für mehr Nachhaltigkeit zu warten, bis ein mit Sanktionen bewehrtes, durchsetzbares internationales Abkommen abgeschlossen worden ist, bedeutet Stillstand.

---

198 *Statista* (2021)

199 *Le Quéré* et al. (2020), Fig. 3, S. 650

200 *UNHCR*, S. 8

Das Motto ist: „Think global, act local!"

Zielführender ist es, selbst anzustreben, die Ziele der SDGs zu erreichen, und so der Welt zu zeigen, dass dies in einem reichen Land wie Deutschland ohne nennenswerte Wohlstandsverluste möglich ist. Aufgrund unserer aufwändigen Lebensweise und unserer Wirtschaftskraft haben wir die moralische Verpflichtung, voranzugehen und Konzepte für die Erreichung der SDGs zu entwickeln. Dies ergibt sich in Bezug auf die ökologischen Ziele ebenfalls aus dem Urteil des Bundesverfassungsgerichts vom 24. März 2021:

> „Der Staat kann sich seiner Verantwortung nicht durch den Hinweis auf die Treibhausgasemissionen in anderen Staaten entziehen."[201]

Deutschland und seine Kommunen würden als Vorbild wirken und hoffentlich viele Kommunen weltweit dazu bewegen, den gleichen Weg zu verfolgen. Damit können wir Teil einer Bewegung sein, die die Welt im positiven Sinn verändern kann.

Zu betonen ist darüber hinaus, dass eine nachhaltige Art des Wirtschaftens und des gesellschaftlichen Lebens zusätzlich die Lebensumstände vor Ort verbessert. Mit den Anstrengungen wird für die Weltgemeinschaft, aber eben auch für die Bewohnerinnen und Bewohner einer Kommune etwas Gutes bewirkt. Die kommunalen Nachhaltigkeitsberichte leisten hierzu einen Beitrag, indem sie die Bevölkerung über den Stand in Sachen Nachhaltigkeit in ihrer Kommune aufklären.

Ein Nachhaltigkeitsbericht hat einen überschaubaren Aufwand

Ein weiteres Gegenargument könnten die vermeintlich hohen Erstellungs- und Veröffentlichungskosten des Nachhaltigkeitsberichts sein. Diese halten sich in Grenzen, wenn Sie den Bericht nicht komplett neu erfinden, sondern die Vorteile der Standardisierung nutzen. Verwenden Sie einfach die Gliederung aus dem Praxisbeispiel Rott a. Inn!

Veröffentlichung bedeutet Transparenz

Diese könnten einige als Bedrohung empfinden. Entwicklungen in der Kommune könnten von den Bürgerinnen und Bürgern hinterfragt werden. Die Befürchtung wäre in diesem Fall, dass sich der

[201] *Bundesverfassungsgericht* (2021a)

Vorteil der Nachhaltigkeitsberichte in Bezug auf Information für manche Beteiligten zu einem Nachteil wandelt. Diese Befürchtung ist unbegründet. Sinn und Zweck eines kommunalen Nachhaltigkeitsberichts ist es, umfassend zu informieren. Offenheit und Transparenz werden in der Regel positiv bewertet. Missstände und Versäumnisse werden, gerade in Zeiten der umfassenden Informationsmöglichkeiten des Internets, ohnehin wahrgenommen.

Praxistipp:

Sichern Sie sich die Unterstützung der Bürgermeisterin oder des Bürgermeisters! Legen Sie anschließend gemeinsam fest, wer an dem Bericht mitarbeiten soll. Bestimmen Sie ein Kernteam, dass alles organisiert und den Bericht fertigstellt.

Erstellen Sie den Bericht nicht allein, achten Sie auf eine partizipative Ausrichtung des Projekts. Organisieren Sie sich die Hilfe der Verwaltung sowie engagierter Bürgerinitiativen, Vereine und gewählter Vertreterinnen und Vertreter der Kommune.

Nehmen Sie Ergebnisse, die Defizite in der nachhaltigen Entwicklung offenlegen, nicht als Bedrohung, sondern als Ansporn und Chance wahr. Hier kann besonders viel Positives erreicht werden.

4. Erstellung des individuellen Teils

Kurz und knapp

Im individuellen Teil hat eine Gemeinde oder Stadt die Möglichkeit, sich und ihre Projekte für eine nachhaltigere Lebensweise vorzustellen. Besonders dieser Teil trägt deshalb zur Marketingfunktion des Berichts bei. Er kann gleichzeitig als Ideenpool für andere Kommunen dienen. Dies wird durch die Zuordnung der Projekte und Maßnahmen zu den relevanten SDGs erleichtert. Durch die Einbindung der zuständigen Referenten und Beauftragten wird der Erstellungsaufwand auf mehrere Schultern verteilt.

Der individuelle Teil des Nachhaltigkeitsberichts kann von der Kommune frei gestaltet werden. In der Regel wird er für die Darstellung der positiven Entwicklungen genutzt. Beispielsweise kann über erfolgreich umgesetzte Projekte und Maßnahmen berichtet werden. Wenn die Gemeinde die ersten öffentlichen E-Ladestationen in Betrieb nimmt oder im neuen Baugebiet eine mit Hackschnitzeln betriebene Nahwärmeversorgung eingerichtet hat, wird sich dies im individuellen Teil wiederfinden. Negative Entwicklungen werden insbesondere dann dargestellt, wenn sie entweder von der Kommune nicht beeinflusst werden können oder als Ansporn für neue Projekte aufgefasst werden.

Dass im ersten Teil des Berichts die positive Darstellung überwiegt, schmälert dabei nicht seinen inhaltlichen Wert. Interessierte aus anderen Gemeinden oder Städten können das ein oder andere Leuchtturmprojekt übernehmen und in ihrer Kommune umsetzen. Zum anderen erhöht es die Motivation aller Beteiligten, einen Nachhaltigkeitsbericht zu erstellen und den damit verbundenen zeitlichen Aufwand in Kauf zu nehmen, wenn es dadurch möglich ist, über erfolgreiche Maßnahmen zu informieren.

Bei der Gestaltung des individuellen Teils ist es zielführend, verschiedene Stakeholder einzubinden. Den Möglichkeiten sind dabei kaum Grenzen gesetzt: Es können Referentinnen und Referenten, Beauftragte, Arbeitskreise, Vereine, Bürgerinitiativen, Glaubensgemeinschaften, Schulen und Universitäten mit eingebunden werden. Sie können jeweils aus ihrem Bereich berichten und Ziele formulieren. Zur Anerkennung ihrer Leistung sollten alle beteiligten Personen positiv erwähnt werden.

Im Folgenden finden Sie eine beispielhafte Gliederung für den individuellen Teil. Diese kann je nach Bedarf ausgebaut, verändert oder gekürzt werden.

Beispiele und Ideen für die Gliederung des individuellen Teils:

I. Vorstellung der Kommune
   a) Lage, Geschichte, Umgebung
   b) Bevölkerungsentwicklung
   c) Zusammensetzung der politischen Gremien
   d) Kontaktdaten

II. Vorwort der (Ober-)Bürgermeisterin bzw. des (Ober-)Bürgermeisters

III. Danksagung an die Initiatoren und mitwirkenden Personen

IV. Erläuterung des Ziels und des Aufbaus des Berichts

V. Kurzvorstellung der Sustainable Development Goals (SDGs)

VI. Leuchtturmprojekte der Kommune
- a) Bereich Ökonomie
- b) Bereich Ökologie
- c) Bereich Soziales

VII. Berichte der Referate und Beauftragten
- a) Kulturreferat
- b) Vereinsreferat
- c) Umweltreferat
- d) Jugendreferat
- e) Seniorenreferat
- f) Behindertenbeauftragter
- g) usw.

VIII. Künftige Herausforderungen und geplante Maßnahmen

- a) Beispiel SDG 4: Hochwertige Bildung
  Einrichtung eines Waldkindergartens mit besonderen pädagogischen Angeboten
- b) Beispiel SDG 10: Weniger Ungleichheiten
  Kommunale Webseiten zusätzlich in leichter Sprache anbieten
- c) Beispiel SDG 11: Nachhaltige Städte und Gemeinden
  Burghausen verleiht seit 2021 einen Nachhaltigkeitspreis. Weiterhin wurde ein Bürgerrat mit 54 zufällig ausgewählten Bürgerinnen und Bürgern gegründet. Dieser soll die Weiterentwicklung eines Nachhaltigkeitskonzepts für Burghausen maßgeblich prägen.[202, 203]
- d) Beispiel SDG 12: Nachhaltiger Konsum und Produktion
  Plastikfreie Kommune (Projekte werden von Engagement Global vorgestellt)[204]
  Umstellung der Verwaltung auf Recyclingpapier und Teilnahme am Wettbewerb der „Initiative Pro Recyclingpapier"

[202] *Ohne Verfasser* (2022b)
[203] *Ohne Verfasser* (2022a)
[204] *Engagement Global* (2021)

e) Beispiel SDG 13: Maßnahmen zum Klimaschutz
Treibhausgasneutrale Verwaltung (https://www.umweltbundesamt.de/sites/default/files/medien/5750/publikationen/2021_fb_weg_zur_treibhausgasneutralen_verwaltung_bf.pdf, Stand: 25.2.2022)
Teilnahme am European Energy Award; dies ist ein internationales Qualitätsmanagement und Zertifizierungsinstrument für kommunalen Klimaschutz (https://www.european-energy-award.de/, Stand: 25.2.2022)
Bewerbung für den „Blauen Kompass". Dies ist die höchste staatliche Auszeichnung in Deutschland für Projekte zur Anpassung an die Folgen der Klimakrise (https://www.bmuv.de/pressemitteilung/blauer-kompass-startet-als-neuer-bundespreis-in-seine-erste-bewerbungsrunde, Stand: 25.2.2022)

f) Beispiel SDG 15: Leben am Land
Kommunales Bodenschutzkonzept (Broschüre vom Hessischen Umweltministerium für das Pilotprojekt der Stadt Wetzlar, Bevölkerungszahl: 76.000, als PDF erhältlich: https://umwelt.hessen.de/Umwelt/Bodenschutz/Foerderung-von-Kommunen, Stand: 25.2.2022)[205]
Zertifizierung für das Label „StadtGrün – naturnah" (https://www.stadtgruen-naturnah.de/teilnehmen/, Stand: 25.2.2022)

Zur besseren Lesbarkeit sollte im individuellen Teil auf längere Textpassagen verzichtet und stattdessen sollten Fotos, Tabellen, Grafiken etc. eingefügt werden.

Im individuellen Teil können Indikatoren des indikatorengestützten Teils hervorgehoben werden. Z. B. kann die Maßnahme „Entwicklung eines neuen Mähkonzepts" im individuellen Teil als ökologisches Leuchtturmprojekt dargestellt werden. Im statistischen Teil werden die dafür notwendigen Ausgaben in SDG 15 „Leben am Land" im Indikator „Ausgaben zur Förderung der Biodiversität auf Grün- und Waldflächen" ausgewiesen.

Manchmal ist es schwierig, ein Projekt einem SDG zuzuordnen, da es sich auf mehrere SDGs auswirkt. Ein Beispiel ist das Vorhaben

[205] Überblick siehe *Bartels* (2021b), S. 23

„Webseiten zusätzlich in leichter Sprache anzubieten". Vorbildlich gelöst hat dies der Einrichtungsverbund Steinhöring (https://www.evs-steinhoering.de/de/, Stand: 25.2.2022). Dort wird die Webseite zunächst in „normaler" Sprache angezeigt. In der Mitte oben befindet sich die Schaltfläche „Leichte Sprache". Mit einem Klick wird auf eine entsprechende Seite verlinkt. Dieses Projekt zählt zur sozialen Dimension der Nachhaltigkeit. Inklusion, Teilhabe und Gleichstellung haben zu praktisch allen SDGs eine Beziehung. Insbesondere könnte es im Rahmen der SDGs 4 (Hochwertige Bildung), 8 (Menschenwürdige Arbeit und Wirtschaftswachstum) und 10 (Weniger Ungleichheiten) dargestellt werden. Dies ist nur auf den ersten Blick ein Problem. Es gibt keine vollkommen richtige oder falsche Lösung. Am besten pragmatisch vorgehen und einfach das SDG auswählen, das am naheliegendsten erscheint. Möglich ist darüber hinaus, auf mehrere SDGs zu verweisen. Unterschiede in der Relevanz des Projekts für einzelne SDGs können graphisch hervorgehoben werden, in dem die Symbole der SDGs in unterschiedlicher Größe dargestellt werden.

Zahlreiche Ideen für kommunale Projekte und deren Bezug zu den SDGs veröffentlichen die Regionalen Netzstellen Nachhaltigkeitsstrategien (RENN). Unter dem Titel „17 Ideen für eine Welt von morgen" werden über jedes Bundesland „17 inspirierende Geschichten – ein lokales Projekt pro globalem Nachhaltigkeitsziel (SDG)" berichtet. Hier sind Anregungen für eigene kommunale Nachhaltigkeitsprojekte zu finden.[206]

Weiterhin könnten für den individuellen Teil Themenschwerpunkte festgelegt werden. Diese formuliert z. B. die Stadt Nürnberg in ihren Nachhaltigkeitsberichten:

- Im „3. Bericht zur nachhaltigen Entwicklung der Stadt Nürnberg (2012–2014)" liegt der Schwerpunkt auf den Menschen, die aus Krisengebieten nach Nürnberg gekommen sind (Asylsuchende). Für den Bereich „Ökologie" werden die Flächennutzung und der Klimaschutz in Nürnberg besonders herausgestellt.
- Im „4. Bericht zur nachhaltigen Entwicklung der Stadt Nürnberg (2015–2017)" wurde das Thema „Zukunftsfähige Mobilität" intensiv dargestellt.

[206] https://www.renn-netzwerk.de/materialien#c2411 (Stand: 28.9.2021)

Praxistipp:

Starten Sie den Erstellungsprozess des Nachhaltigkeitsberichts mit einer Informationsveranstaltung für die am Projekt Beteiligten. Damit ist gewährleistet, dass alle auf demselben Wissensstand und die wichtigsten Eckdaten klar sind. Geben Sie dabei Infos zum Thema „Nachhaltigkeit", zu den SDGs, zum Konzept des Nachhaltigkeitsberichts sowie zum Zeitplan. Sobald es um die konkrete Formulierung von Beiträgen geht, sollten Sie auch rechtzeitig Abgabefristen und formale Vorgaben kommunizieren.

5. Erstellung des indikatorengestützten Teils: Ermittlung und Darstellung der Daten

Kurz und knapp

Die größte Herausforderung bei der Erstellung des indikatorengestützten Teils ist die Ermittlung der relevanten Daten. Zum Teil können diese selbst erhoben werden, zum Teil ist man auf Auskünfte bei den zuständigen Ämtern und Behörden angewiesen. Meist ist es für die leichtere Lesbarkeit hilfreich, die ermittelten Zahlenwerte tabellarisch und graphisch darzustellen. Hierbei ist auf eine möglichst neutrale Darstellung zu achten.

Es ist erstaunlich, wie verbesserungswürdig die Datenlage gerade für kleinere Gemeinden ist. Häufig werden Daten nur auf Kreisebene erhoben und veröffentlicht. Ein Beispiel ist der Indikator „Bruttoinlandsprodukt (BIP) pro Einwohnerin bzw. Einwohner" für das SDG 8 „Menschenwürdige Arbeit und Wirtschaftswachstum". Das BIP ist ein wichtiger Indikator für Konjunktur und Wachstum einer Volkswirtschaft. Mit dem preisbereinigten BIP wird die „reale" Wirtschaftsentwicklung im Zeitablauf frei von Preiseinflüssen dargestellt. Die Veränderungsrate des BIPs dient als Messgröße für das Wirtschaftswachstum der Volkswirtschaften. Ein steigendes preisbereinigtes BIP ist ein Hinweis auf einen sich positiv entwickelnden Wohlstand der Bevölkerung in einer Kommune. Allerdings ist es bisher nicht gelungen, das BIP klimaneutral zu erhöhen.

Nach Auskunft des statistischen Landesamts Bayern wird das BIP für Landkreise und kreisfreie Städte, nicht jedoch für Landgemeinden ermittelt. Weiterhin wird auf Kreisebene das BIP nur in den jeweiligen

Preisen, d. h. nicht preisbereinigt, ausgewiesen. Der Grund dafür ist, dass auf Kreisebene (noch) keine geeigneten Deflatoren, also keine regionalen Preisindizes vorliegen, mit denen die Preisbereinigung regionalisiert durchgeführt werden kann. Ohne Preisbereinigung wird lediglich die nominale Wirtschaftsentwicklung dargestellt, d. h., steigende Preise (Inflation) erhöhen das BIP. Weiterhin erfolgt auf Kreisebene die Berechnung nur einmal jährlich. Dies ist für die Erstellung eines kommunalen Nachhaltigkeitsberichts ausreichend. Die Ergebnisse liegen ca. eineinhalb Jahre nach dem jeweiligen Berichtsjahr vor.

In diesem Buch wurden trotzdem auch solche Indikatoren in die Gliederung des Musterberichts aufgenommen, da zahlreiche Städte sogenannte kreisfreie Städte sind und daher die Entwicklung des (nominalen) BIPs darstellen können. Bei den anderen Städten und Landgemeinden sind zu diesem Indikator bislang keine Daten vorhanden.

Häufig sind Daten nur auf Kreisebene verfügbar, somit lediglich für Landkreise und kreisfreie Städte. Hier ist eine pragmatische Vorgehensweise empfehlenswert. Falls es keine Hinweise auf Abweichungen in der Landgemeinde zum Landkreis gibt, können in Einzelfällen die Daten des Landkreises dargestellt werden. Im Text sollte diese Datengrundlage ausdrücklich erwähnt werden. Dies erhöht die Transparenz und Glaubwürdigkeit des Berichts. In unserem Praxisbeispiel Rott a. Inn wird z. B. unter SDG 3a „Vorzeitige Sterblichkeit (Todesfälle unter 70 Jahren) und Lebenserwartung“ die durchschnittliche Lebenserwartung des Landkreises Rosenheim aufgeführt. Dieser umfasst Rott a. Inn.

Hervorzuheben ist die Kooperationsbereitschaft der Ämter und Behörden. In Zusammenhang mit der Erstellung des Nachhaltigkeitsberichts für Rott a. Inn wurden per E-Mail oder telefonisch folgende Institutionen angefragt:

- Bayerisches Landesamt für Gesundheit und Lebensmittelsicherheit (LGL)
- Bayerische Landesanstalt für Landwirtschaft (LfL)
- Bayerisches Landesamt für Statistik (LfStat)
- BBSR, Referat RS6 – Stadt-, Umwelt- und Raumbeobachtung
- Bundesministerium für Ernährung und Landwirtschaft (BMEL)

- Bundesministerium für Umwelt, Naturschutz, nukleare Sicherheit und Verbraucherschutz (BMUV)
- Energie-Atlas Bayern
- Landratsamt Rosenheim
- Polizeipräsidium Oberbayern
- SKEW
- Statistisches Landesamt Bayern
- Universität Gießen
- Wasserwirtschaftsamt Rosenheim

Von der Hilfsbereitschaft waren wir positiv überrascht. Wir haben schnelle und ausführliche Antworten erhalten. Teilweise wurde zurückgerufen, die benötigten Daten wurden abgeklärt und die Antworten zusätzlich mündlich erläutert. Bei Unklarheiten lohnt sich demnach in jedem Fall eine Anfrage bei der Institution, bei der die Daten vermutet werden.

Wertvolle und einfach zu nutzende Datenquellen sind die Portale https://www.wegweiser-kommune.de und https://sdg-portal.de. Allerdings werden dort nur Daten für Kommunen mit mindestens 5.000 Einwohnerinnen und Einwohnern bereitgestellt. Auf der Webanwendung https://www.inkar.de/ sind darüber hinaus Daten für Gemeindeverbände abrufbar. Siehe hierzu bitte die Ausführungen in Kapitel III.4.

Anzahl der Daten je Indikator

Für die Darstellung anhand von Diagrammen sind mehrere Daten (mindestens drei) zu unterschiedlichen Zeitpunkten je Indikator wünschenswert. Idealerweise jeweils zum Jahresende, also zum 31. Dezember eines Jahres. Dadurch sind Trends schnell erkennbar und die Vergleichbarkeit der kommunalen Nachhaltigkeitsberichte wird erleichtert. In unserem Fallbeispiel haben wir, sofern möglich, Daten mindestens für den 31. Dezember 2019 und 2020 sowie für den 30. Juni 2021 ermittelt. Im Folgebericht sollen sämtliche Daten zum 31. Dezember eines Jahres sein. Bei Indikatoren, für die auch frühere Datenpunkte leicht zu ermitteln waren, wurden auch diese herangezogen.

Darstellung der Daten

Die Erstellung eines Nachhaltigkeitsberichts erfordert ein hohes Maß an Engagement. Dabei wird oft der Schwerpunkt auf inhaltliche Aspekte gelegt. Das ist richtig, allerdings ist die zweite Stelle nach dem Komma nicht relevant. Es kommt vielmehr darauf an, Entwicklungen darzustellen. Dies sollte in tabellarischer und zusätzlich in grafischer Form, z. B. als Diagramm, erfolgen. Tabellen sind notwendig, um den exakten Wert auszuweisen, allerdings oft schwer lesbar und nur für Expertinnen und Experten verständlich. Anregungen finden sich in dem beigefügten Bericht für Rott a. Inn sowie in Kapitel IV.4.

Farbliche Darstellung der Indikatoren

Die Indikatoren sollten in den Farben des jeweiligen SDGs präsentiert werden. Dies erhöht den Wiedererkennungswert und fördert eine einheitliche und damit vergleichbare Darstellung.

Praxistipp:

Für Anfragen bei Ämtern und Organisationen ist es vorteilhaft, die Anfragen von einer dienstlichen E-Mail-Adresse zu senden. Dies belegt für Außenstehende die Ernsthaftigkeit der Anfrage und erhöht unter Umständen die Auskunftsbereitschaft. Manchmal sind Fragen einfacher per Telefon zu klären. Scheuen Sie sich nicht anzurufen!

6. Gestaltung und Veröffentlichung

Kurz und knapp

Die Bedeutung einer ansprechenden graphischen Gestaltung des kommunalen Nachhaltigkeitsberichts ist nicht zu unterschätzen. Oftmals lohnt es sich, dafür professionelle Hilfe durch externe Dritte einzuholen. Um eine größere Aufmerksamkeit auf den Bericht zu lenken und ihn in die globalen Nachhaltigkeitsbemühungen einzubetten, sollte eine Veröffentlichung des Berichts als Voluntary Local Review (VLR) bei den Vereinten Nationen geprüft werden.

6.1 Allgemeines zur Gestaltung und Veröffentlichung

Die Gestaltung des Berichts ist wichtig. Hier lohnt es sich, etwas Geld in die Hand zu nehmen und ein professionell arbeitendes Unternehmen zu beauftragen. Die finanziellen Aufwendungen dafür sind überschaubar. In unserem Praxisbeispiel beliefen sich die Kosten für Layout und druckfertige Gestaltung auf ca. 2.000 Euro (netto). Im Idealfall sollte ein regionaler Anbieter mit der Gestaltung beauftragt werden. Noch einmal der wichtige Hinweis: „Immer an die Leserin und den Leser denken!" Häufig ist der erste Eindruck entscheidend, ob ein Bericht als seriös und lesenswert eingeschätzt wird.

Am einfachsten und kostengünstigsten ist die Veröffentlichung der Berichte auf der jeweiligen Webseite der Kommune. Interessierte werden nach Eingabe des Stichworts „Nachhaltigkeitsbericht" in der Suchleiste der Webseite der Kommune direkt zu dem entsprechenden Dokument geleitet. Zusätzlich können die Berichte gedruckt und an zentralen Stellen in der Kommune ausgelegt werden. Als Beispiele bieten sich öffentlich zugängliche Räume im Rathaus oder in Geschäften an. Arztpraxen sind ebenfalls eine gute Idee. Kommunale Nachhaltigkeitsberichte sind eine ideale Lektüre für die Überbrückung von Wartezeiten. Weiterhin bietet sich eine Kurzvorstellung des Berichts im Rahmen einer Bürgerversammlung an. Die größtmögliche Verbreitung wird erreicht, wenn die Berichte an die einzelnen Haushalte per Post zugestellt werden.

Wichtig für die Sichtbarkeit ist die Veröffentlichung der Berichte unter einer einheitlichen Bezeichnung. Hier bietet sich der Begriff „Nachhaltigkeitsbericht" an. Dieser sollte in jedem Fall im Titel verwendet werden. Dazu sind der Name der Kommune und das Jahr notwendig.

Unser Praxisbeispiel ist ein Erstbericht, der im Jahr 2021 fertiggestellt wurde. Die meisten Daten weisen als Stichtag den 31.12.2020 auf. Daraus ergibt sich die Bezeichnung „Nachhaltigkeitsbericht der Gemeinde Rott a. Inn 2021". Der Folgebericht soll voraussichtlich den Zeitraum bis 31.12.2024 umfassen und wird daher folgende Bezeichnung tragen: „Nachhaltigkeitsbericht der Gemeinde Rott a. Inn 2022–2024".

Weiterhin soll die Kommune einen Zeitplan für die Erstellung und die Veröffentlichung der Nachhaltigkeitsberichte festlegen. Der Turnus soll regelmäßige Abstände aufweisen – idealerweise zwei bis maximal vier Jahre. Wichtig ist es, im Jahr vor der nächsten Kommunalwahl einen Bericht zu veröffentlichen. Da dürfte die Aufmerksamkeit der Bürgerinnen und Bürger für kommunale Themen am höchsten sein. Dementsprechend sind die Ressourcen von der Kommune zu planen und bereitzustellen. Für die Erstellung werden in erster Linie personelle Kapazitäten benötigt.

Der Nachhaltigkeitsbericht für das Praxisbeispiel Rott a. Inn wurde auf der Webseite der Gemeinde als PDF veröffentlicht. Zusätzlich wurden 50 Exemplare gedruckt und in der Verwaltung ausgelegt. Der Druck einer größeren Anzahl oder ein Versand an die einzelnen Haushalte erfolgte aus Kostengründen – und auch um Ressourcen zu schonen – nicht.

Sofern in einer Kommune entsprechende Kapazitäten vorhanden sind, sollte zu dem eigentlichen Bericht zusätzlich eine Zusammenfassung veröffentlicht werden, idealerweise in „normaler Sprache" und in „leichter Sprache". Davon profitieren z. B. Menschen mit Lernbehinderung oder mit mangelnden Deutschkenntnissen sowie alte Menschen mit Leseschwierigkeiten. Dies wurde im Fall des Nachhaltigkeitsberichts von Rott a. Inn bisher nicht umgesetzt.

Praxistipp:

Informieren Sie sich, wann die nächsten Kommunalwahlen anstehen. Erfahrungsgemäß ist in den Monaten davor der Informationsbedarf der Bürgerinnen und Bürger am höchsten. Demnach sollte der kommunale Nachhaltigkeitsbericht vor und nicht kurz nach der Wahl veröffentlicht werden.

6.2 Veröffentlichung als Voluntary Local Review bei den Vereinten Nationen

Zusätzlich zur Veröffentlichung in Deutschland kann die Kommune prüfen, ob sie noch einen Schritt weiter gehen möchte. Bei den Vereinten Nationen können die Strategie zur Erreichung der SDGs und die bereits erzielten Fortschritte als VLR eingereicht werden. Diese werden im Internet veröffentlicht (siehe Kapitel II.2.5).

Damit erhält die Kommune internationale Aufmerksamkeit. Bedeutender sind jedoch die positiven Effekte auf die Motivation für alle am kommunalen Nachhaltigkeitsbericht Beteiligten. Diese werden dadurch angeregt, sich mit der Thematik auf internationaler Ebene zu beschäftigen. Somit wird klar, dass ein kommunaler Nachhaltigkeitsbericht und daraus folgend eine kommunale Nachhaltigkeitsstrategie, die sich an den 17 SDGs orientiert, einen kleinen Beitrag zur Erreichung der SDGs weltweit leistet.

Es gibt keine Vorschriften, welche formalen oder inhaltlichen Anforderungen ein VLR zu erfüllen hat. Die Organisationen „United Cities and Local Governments" und „United Nations Human Settlements Programme (UN-Habitat)" haben die bereits eingereichten VLRs untersucht und Empfehlungen im Sinne von Best Practice herausgegeben.[207] Die wesentlichen Empfehlungen sind in der folgenden Tabelle dargestellt.

Empfehlungen	Erklärung
Es gibt keine offizielle Vorlage	Kein Design, keine Idee oder kein Konzept für einen VLR wird verworfen. Jeder Beitrag ist wesentlich.
Diversität ist der Schlüssel	Die Kommunen sollen die VLRs mit den zur Verfügung stehenden Mitteln erstellen. Dies führt zu kurzen oder langen Berichten. Die Analyse bezieht sich auf sämtliche oder nur ausgewählte SDGs. Der Schwerpunkt kann auf Politik oder Strategie oder beides gelegt werden.
Politische Legitimation	Der VLR sollte politisch legitimiert sein, z. B. durch einen Beschluss des Gemeinde- oder Stadtrats.
Methodologie	Im VLR sollte dargelegt werden, welche SDGs wie dokumentiert werden. Die einzelnen Indikatoren sind detailliert zu erläutern: Definition, Bedeutung im Zusammenhang mit Nachhaltigkeit, Zielwert, Quellen. Dies haben wir am Beispiel Rott a. Inn für jeden Indikator dargestellt.
Zeitplan	Es soll klar ausgewiesen werden, zu welchen Zeitpunkten die Daten für die Indikatoren erhoben wurden. Dadurch ist es möglich, die Daten auszuwerten und zu vergleichen.

[207] *Ciambra* (2020)

Empfehlungen	Erklärung
Ein „förderliches" Umfeld schaffen: Strategie und Prozess	Ein VLR erhöht in der Kommune das Bewusstsein für die SDGs. Es ist ein Bekenntnis zu der Agenda 2030 und den SDGs und stellt eine Selbstverpflichtung dar, die SDGs auf lokaler Ebene zu erreichen. Der Erstellungsprozess eines VLR unterstützt die Anstrengungen, Nachprüfbarkeit und Transparenz für die Stakeholder einer Kommune herzustellen. Dies gilt ebenfalls für die Erstellung eines kommunalen Nachhaltigkeitsberichts.
Aktuellen Stand der Erreichung der SDG darstellen	Der VLR sollte die Zielerreichung der SDGs eindeutig darstellen. Dies soll in Abhängigkeit von den Ressourcen stehen, die den Berichterstellern zur Verfügung stehen. Daher müssen nicht sämtliche SDGs ausführlich dargestellt werden.
Ausrichtung der kommunalen an der nationalen Nachhaltigkeitsstrategie	Die strategische Ausrichtung der kommunalen und der nationalen Nachhaltigkeitsaktivitäten sollten aufeinander abgestimmt sein und sich nicht widersprechen. Der kommunale Nachhaltigkeitsbericht und der VLR sind daher analog zur DNS 2021 an der Erreichung der 17 SDGs auszurichten. Lediglich die Indikatoren müssen auf die kommunale Ebene angepasst oder neu definiert werden.

Tab. 34: Empfehlungen für die Erstellung von VLRs, eigene Darstellung gemäß Ciambra A. (2020), S. 45–46, und Ciambra (2021)

Zusammenfassend ist festzustellen, dass es für die VLRs einen großen Gestaltungsspielraum gibt. Jeder Bericht ist willkommen. Die Mittel, die Kommunen zur Verfügung stehen, sind sehr unterschiedlich. Das gilt z. B. in Deutschland für eine Landgemeinde wie Rott a. Inn und eine kleine Großstadt wie Bonn. Trotzdem sollen gerade auch Kommunen mit wenig Ressourcen VLRs erstellen. Dies ergibt ein vollständigeres Bild von der Situation in Deutschland. Außerdem sind in Deutschland die Landgemeinden für einen bedeutenden Teil der Fläche verantwortlich.

Als Basis ist ein bereits bestehender Nachhaltigkeitsbericht zu verwenden. Z. B. ist die Grundlage des VLRs der Stadt Bonn von 2020 der 5. Nachhaltigkeitsbericht für die Jahre 2016–2018. Ziel der Stadt

Bonn ist es, die Daten in Bezug auf die Erreichung der SDGs weltweit zugänglich zu machen.[208]

Der Bericht sollte in einer der sechs offiziellen UN-Sprachen (Englisch, Arabisch, Russisch, Chinesisch, Französisch, Spanisch) verfasst sein. Andernfalls ist zusätzlich zum VLR-Bericht eine Zusammenfassung (Executive Summary) mit den wichtigsten Botschaften in englischer Sprache einzureichen.

Der VLR ist als PDF an dsdg@un.org mit dem Betreff „Voluntary Local Review from (Bezeichnung der Kommune)" zu senden. Berichte können von Vertreterinnen und Vertretern subnationaler Regierungen eingereicht werden. Bei Kommunen sind das z. B. die Bürgermeisterin, der Bürgermeister oder der Gemeinde- bzw. Stadtrat. Die Einreichungen werden regelmäßig überprüft. Weitere Informationen finden Sie auf der Webseite https://sdgs.un.org/topics/voluntary-local-reviews.

Praxistipp:

Die Vereinten Nationen bieten Designelemente für Veröffentlichungen an, die im Zusammenhang mit den SDGs stehen. Diese sind u. a. auf der Webseite https://17ziele.de/downloads.html als kostenloser Download verfügbar. Damit erreichen Sie, dass sich der Nachhaltigkeitsbericht auch optisch in den Rahmen der internationalen Bemühungen einreiht.

V

7. Fördermöglichkeiten

Kurz und knapp

Verschiedene Institutionen wie die SKEW und einzelne Bundesländer stellen Fördermittel für Nachhaltigkeitsstrategien u. Ä. bereit. Die Ergebnisse von Recherchen und Anfragen bei den entsprechenden Stellen werden in diesem Kapitel wiedergegeben. Vor dem Start der Nachhaltigkeitsberichterstattung in einer Kommune empfiehlt es sich, sich über aktuelle Fördermöglichkeiten zu informieren.

Um die finanziellen Aufwendungen, die eine Kommune für die Erstellung eines Nachhaltigkeitsberichts aufbringen muss, zu verringern,

[208] *Der Oberbürgermeister der Bundesstadt Bonn, Amt für Internationales und globale Nachhaltigkeit/Presseamt* (2020), S. 13

kann unter Umständen auf Fördermittel zurückgegriffen werden. Leider werden Fördermöglichkeiten oftmals nicht abgerufen. Das liegt nicht zuletzt an der Vielzahl an Förderprogrammen, die es fast unmöglich macht, den Überblick zu behalten. Deshalb wurde versucht, in diesem Kapitel eine Übersicht über die vorhandenen Fördermöglichkeiten zu geben. Dafür wurden zuständige Behörden und Organisationen angefragt und deren Antworten ausgewertet.

Beachten Sie: Das Angebot an Fördermitteln verändert sich fortlaufend. Programme werden neu aufgelegt, werden angepasst oder laufen zu einem Stichtag aus. Deshalb lohnt es sich, im Einzelfall weitergehende Recherchen anzustellen und keine Scheu davor zu haben, bei den zuständigen Stellen nachzufragen.

Das Bundesumweltministerium verweist in der Antwort auf die Frage nach Fördermöglichkeiten (finanzieller Art oder Beratung) für die Erstellung und Veröffentlichung kommunaler Nachhaltigkeitsberichte auf das Bundeskanzleramt.

Demnach ist innerhalb der Bundesregierung das Bundeskanzleramt federführend für die Nachhaltigkeitspolitik zuständig. Es gibt daher vom BMUV keine entsprechende Förderung. Entsprechend dem Hinweis in der DNS 2021 (des Bundes) nennt gleichermaßen das BMUV die „Servicestelle für Kommunen in der Einen Welt (SKEW)“ von Engagement Global. Diese arbeitet im Auftrag und mit Mitteln des Bundesministeriums für wirtschaftliche Zusammenarbeit und Entwicklung (BMZ) und bietet Fördermöglichkeiten an.

7.1 Förderung von der Servicestelle für Kommunen in der Einen Welt (SKEW)

Auf der Webseite der SKEW werden unter dem Stichwort „Themen/ Global Nachhaltige Kommune“ zahlreiche Projekte im Zusammenhang mit der Agenda 2030 vorgestellt. Dort sind Kontaktdaten verfügbar. Die Praxisbeispiele haben meist eine entwicklungspolitische Komponente.

Unter dem Titel „Kleinprojektefonds Kommunale Entwicklungspolitik“ (https://skew.engagement-global.de/kleinprojektefonds.html) wird die Erstellung kommunaler Nachhaltigkeitsstrategien gefördert. Aktuell können Anträge bis zum 15.10.2022 gestellt werden. Folgende Voraussetzungen werden genannt:

„**Förderfähig sind nur Projekte, die sich der kommunalen Entwicklungspolitik zuordnen lassen**. Als kommunale Entwicklungspolitik wird die Summe aller Mittel und Maßnahmen bezeichnet, die Kommunalverwaltung und -politik einsetzen und ergreifen, um eine nachhaltige Entwicklung vor Ort und in Entwicklungsländern zu fördern.

Inhaltlich muss das Projekt einen Beitrag zur Umsetzung der Agenda 2030 und zur Erreichung der globalen Ziele für nachhaltige Entwicklung (SDGs) und damit zur Deutschen Nachhaltigkeitsstrategie leisten."

D. h., grundsätzlich muss eine entwicklungspolitische Komponente enthalten sein. Dies ist z. B. der Fall, wenn eine inländische und eine ausländische Kommune gemeinsam einen Nachhaltigkeitsbericht erstellen und eine Nachhaltigkeitsstrategie entwickeln. Voraussetzung ist, dass die ausländische Kommune sich in einem Staat befindet, der entwicklungspolitisch gefördert wird. Maßgebend dafür ist die sogenannte „DAC-Liste der Entwicklungsländer und -gebiete", die vom BMZ herausgegeben wird.

Förderfähig sind zudem Projekte, die es ermöglichen, für die Bewältigung globaler Probleme unterstützende Maßnahmen auf lokaler Ebene zu treffen. In der „Bekanntmachung 2022" werden z. B. genannt:

- „Beiträge zur Umsetzung der Agenda 2030 für nachhaltige Entwicklung und der globalen Nachhaltigkeitsziele (Sustainable Development Goals – SDG) auf lokaler Ebene im Sinne des SKEW Programms Global Nachhaltige Kommune"
- „Fairer Handel und Faire Beschaffung auf lokaler Ebene"

Nach Auskunft der SKEW ist es empfehlenswert, einen Entwurf des Projekts, also die Projektidee, vorab einzureichen. Dann wird geprüft, ob das Projekt förderfähig ist und es werden gegebenenfalls Empfehlungen abgegeben. Die Anträge können nicht per E-Mail eingereicht werden. Stattdessen ist eine Förderprojektsoftware der SKEW anzuwenden. Dort muss zunächst die Kommune registriert und einer Trägerprüfung unterzogen werden. Diese soll im Regelfall nur ein paar Tage in Anspruch nehmen. Anschließend kann im Namen der Kommune ein Antrag gestellt werden. Für Privatpersonen ist das nicht möglich. Gefördert werden 90 Prozent der

Kosten, der Eigenanteil beträgt 10 Prozent. Beispiele sind Kosten für Design, Formatierung, Druck und Übersetzung. Personalkosten für Ehrenamtliche werden nicht bezahlt.

7.2 Förderungen von den Bundesländern

Für die folgende Übersicht wurde von Juli bis Oktober 2021 bei sämtlichen Bundesländern angefragt, ob sie Unterstützungsleistungen bei der Erstellung von kommunalen Nachhaltigkeitsberichten leisten. Zu diesem Zweck wurden folgende Fragen versendet:

1. Gibt es in Ihrem Bundesland die Möglichkeit der finanziellen Förderung von Kommunen, um diese bei der Erstellung von Nachhaltigkeitsberichten zu unterstützen?
2. Wenn ja: Unter welchen Voraussetzungen und in welchem Umfang wird die Förderung bewilligt?
3. Gibt es in ihrem Bundesland eine Service- oder Beratungsstelle, an die sich Kommunen bei Fragen zur Nachhaltigkeitsberichterstattung oder zum generellen Nachhaltigkeitsmanagement wenden können?

Die Bundesländer haben zum Teil sehr ausführlich geantwortet. Teilweise wird Unterstützung für die Erstellung von Nachhaltigkeitsberichten angeboten:

- **Baden-Württemberg** fördert mit der „Kommunalen Initiative Nachhaltigkeit" von der Landesanstalt für Umwelt Baden-Württemberg (LUBW) Städte und Gemeinden bei der Umsetzung von Nachhaltigkeitsstrategien. Baden-Württemberg bietet speziell für kommunale Nachhaltigkeitsberichte eine Förderung an. Diese erfolgt in der Finanzierung von Beratungsleistungen. Kommunen können mit bis zu 50 Beraterstunden à 80 Euro für die Neuerstellung eines Berichts bzw. 30 Stunden für die Fortschreibung eines Berichts unterstützt werden. In begründeten Fällen und auf Grundlage eines Zwischenberichts kann dieser Betrag aufgestockt werden.[209] Weiterhin sind für die Erstellung von kommunalen Nachhaltigkeitsberichten ein Leitfaden und eine Mustervorlage kostenlos abrufbar. Zielgruppe sind kleinere und

[209] *Ministerium für Umwelt, Klima und Energiewirtschaft Baden-Württemberg* (ohne Datum), S. 4

mittlere Kommunen. Im Text wird nicht definiert, was darunter zu verstehen ist. In Kapitel III werden die Unterstützungsleistungen der „Kommunalen Initiative" dargestellt.[210]

- **Brandenburg** unterstützt im Rahmen des Kleinförderprogramms „Aktion lokale Agenda Brandenburg". Hier können Initiativen und Kommunen für eine nachhaltige Lokal- bzw. Regionalentwicklung Fördermittel erhalten. Der Zuschuss je Projekt beläuft sich auf bis zu 5.000 Euro. Voraussetzung ist u. a., dass die Erarbeitung des kommunalen Nachhaltigkeitsberichts unter breiter Beteiligung der Bevölkerung erfolgt. Weiterführende Informationen gibt es auf http://www.aktion-brandenburg.de/lokale-agenda21.
- **Niedersachsen** fördert ein kommunales Nachhaltigkeitsprojekt der „UmweltAktionNiedersachsen" des Niedersächsischen Städte- und Gemeindebundes. Dieses unterstützt ausgewählte Kommunen wissenschaftlich bei der Erstellung kommunaler Nachhaltigkeitsstrategien. Sehen Sie dazu folgenden Link mit den entsprechenden Kontaktdaten: https://www.uan.de/themen/nachhaltigkeit.

In zahlreichen anderen Bundesländern gibt es zwar keine Förderungen speziell für die Erstellung von Nachhaltigkeitsberichten, kommunale Nachhaltigkeitsstrategien werden dagegen schon gefördert. Der Übergang ist fließend. Die Schaffung einer Informationsbasis in Form eines kommunalen Nachhaltigkeitsberichts, die von den Stakeholdern akzeptiert wird, ist die Grundlage für die Entwicklung, die Umsetzung und das Monitoring von Nachhaltigkeitsstrategien.

In der folgenden Tabelle finden Sie die Stellungnahmen der zuständigen Ministerien. Zur besseren Lesbarkeit sind einzelne Passagen hervorgehoben oder Abkürzungen ausgeschrieben. Inhaltliche Änderungen wurden nicht vorgenommen. Die Bundesländer sind alphabetisch sortiert. Bitte wählen Sie das für Sie zutreffende Bundesland aus und scheuen Sie sich nicht, dort Anfragen zu stellen.

---

[210] *Ministerium für Umwelt, Klima und Energiewirtschaft Baden-Württemberg* (2021)

Fragen	Antworten
Baden-Württemberg	
Frage 1	Für die Erstellung von kommunalen Nachhaltigkeitsberichten stellt die **Kommunale Initiative** den Kommunen einen Leitfaden und eine Mustervorlage kostenlos zur Verfügung. **Eine direkte finanzielle Förderung der Kommunen gibt es nicht, allerdings wird die Berichterstattung durch Berater/-innen unterstützt, die vom Land bezahlt werden.**
Frage 2	Das Unterstützungsangebot der Kommunalen Initiative wird derzeit in formaler Hinsicht überarbeitet. **Grundsätzlich wenden sich die Kommunen mit ihrem Vorhaben und Beratungswunsch an die Landesanstalt für Umwelt Baden-Württemberg (LUBW).** Die Kommune füllt einen vom Bürgermeister unterzeichneten Fragebogen aus und bekennt sich damit zum Interesse am Einsatz von Nachhaltigkeitsinstrumenten und der Umsetzung von Nachhaltigkeitszielen. Bei Kommunen ohne bisherige Erfahrungen mit strukturierten Nachhaltigkeitsprozessen steht in der Regel vor der Inanspruchnahme von weiterführenden Unterstützungsleistungen eine Orientierungsberatung, in der geklärt wird, auf welchem Stand die Kommune ist und welche Beratungsbausteine infrage kommen. **Bisher wurde noch keine interessierte Kommune abgewiesen.** Allerdings kommt es im Rahmen der Orientierungsberatung immer wieder vor, dass andere als die ursprünglich geplanten Vorhaben oder Vorgehensweisen vorgezogen werden. **Soll in einer Kommune ein Nachhaltigkeitsbericht erstellt werden, können Kommunen mit bis zu 50 Beraterstunden à 80 Euro für die Neuerstellung eines Berichts bzw. 30 Stunden für die Fortschreibung eines Berichts unterstützt werden.** Die Beauftragung der Berater/-innen erfolgt durch die LUBW. Als Abrechnungsgrundlage und Nachweis über die erbrachte Leistung dient der fertig gestellte und mit der Kommune abgestimmte Bericht.
Frage 3	Als Anlaufstelle für die Kommunen dient das Nachhaltigkeitsbüro der LUBW. Weiterführende Informationen zu Nachhaltigkeitsmanagement, Berichterstattung und Nachhaltiger Kommunalentwicklung finden sich auch auf der Homepage der Kommunalen Initiative Nachhaltigkeit: https://www.nachhaltigkeitsstrategie.de/kommunen, https://www.nachhaltigkeitsstrategie.de/kommunen/angebote/n-berichterstattung. Über die Kanäle der Kommunalen Landesverbände werden regelmäßig alle Kommunen in Baden-Württemberg über die Angebote der Kommunalen Initiative Nachhaltigkeit informiert.
Bayern	
Frage 1	In Bayern gibt es keine finanzielle Förderung von Kommunen zur Erstellung von Nachhaltigkeitsberichten.
Frage 2	Entfällt.
Frage 3	Entfällt.

V

Fragen	Antworten
Berlin	
Frage 1	**Es gibt kein spezielles Förderprogramm zur Förderung von Nachhaltigkeitsberichten.** Die Senatsverwaltung für Umwelt, Verkehr und Klimaschutz erstellt im Moment einen SDG-Bericht. Dieser nimmt die Bemühungen des Senats, also der Landesebene in den Blick. Im nächsten Schritt ist hier geplant, die Bezirke, also Kommunen in Berlin einzubinden und einen weiteren Bericht auf dieser Ebene zu verfassen. Dieses Projekt hat allerdings noch nicht begonnen. Inwieweit die Berliner Bezirke eigene Berichte erstellen, ist mir nicht bekannt. Ich weiß nur aus **Treptow-Köpenick, dass dort in Eigenregie ein Nachhaltigkeitsbericht erstellt wird**.
Frage 2	Trifft nicht zu.
Frage 3	Die Senatsverwaltung für Umwelt, Verkehr und Klimaschutz hat eine koordinierende Rolle der Aktivitäten im Land Berlin eingenommen. Mit Treptow-Köpenick zum Beispiel stehe ich im Austausch und unterstütze, soweit ich kann. Eine offizielle Service- und Beratungsstelle gibt es in diesem Sinne aber nicht.
Brandenburg	
Frage 1	Seitens des MLUK (Ministerium für Landwirtschaft, Umwelt und Klimschutz; Anm. d. Verf.) gibt es Unterstützungsmöglichkeiten in Bezug auf die Erarbeitung kommunaler Nachhaltigkeitsberichte im Rahmen des Kleinförderprogramms „Aktion lokale Agenda Brandenburg". Hier können Initiativen und auch Kommunen für eine nachhaltige Lokal-/Regionalentwicklung Fördermittel erhalten. **Der maximale Zuschuss je Projekt beträgt 5.000 Euro**. Da das Förderprogramm sehr stark auf eine partizipative Ausrichtung der Projekte ausgerichtet ist, **sollte die Erarbeitung eines kommunalen Nachhaltigkeitsberichts unter breiter Beteiligung der Bürger erfolgen.** Weiterführende Infos unter folgendem Link: **http://www.aktion-brandenburg.de/lokale-agenda21**. Inwiefern auch über andere Förderangebote des Landes BB eine Unterstützung bei der Erarbeitung von Nachhaltigkeitsberichten grundsätzlich möglich wäre bzw. erfolgt ist, entzieht sich meiner Kenntnis.
Frage 2	Entfällt.
Frage 3	Hierfür steht möglicherweise der brandenburgweit im Themenbereich „Nachhaltige Entwicklung" agierende Verein Brandenburg 21 zu Verfügung, siehe nachfolgender Link: https://www.nachhaltig-in-brandenburg.de/seite/298275/renn.mitte.html.
Bremen	
Frage 1	Da Bremen nur ein Zweistädtestaat ist, gibt es eine solche nicht, die Verfolgung der Nachhaltigkeitsziele wird innerhalb der beiden Stadtgemeinden als eigenständige Aufgabe betrieben.
Frage 2	Siehe Antwort auf Frage 1.

V

Fragen	Antworten
Frage 3	Das Thema „Nachhaltigkeit" ressortiert in der Senatskanzlei, in der sich mein Referat (25: Umwelt, Bau, Verkehr und Europa) hauptsächlich um die Einbindung in die bundesweiten und regionalen Norddeutschen Strukturen kümmert (Bund-Länder-Austausch Nachhaltigkeit und RENN Nord), sowie dem Referat Entwicklungszusammenarbeit, das konkrete Projekte und Initiativen fördert und dem Ausschuss für Bundes- und Europaangelegenheiten, Internationale Kontakte und Entwicklungszusammenarbeit berichtet. **Hierzu ist 2021 erstmals ein Monitoringbericht zu den SDGs entstanden.**
Hamburg	
Frage 1	Leider muss ich Ihnen mitteilen, dass Ihre Fragestellung für Hamburg nicht greift, da Hamburg sowohl Bundesland als auch Kommune ist.
Frage 2	Entfällt.
Frage 3	Entfällt.
Hessen	
Frage 1	Speziell für die Erstellung von Nachhaltigkeitsberichten gibt es für hessische Kommunen derzeit **keine finanzielle Förderung**. Die aus einem Projekt der Nachhaltigkeitsstrategie Hessen (siehe auf https://www.hessen-nachhaltig.de/klimaschutz-und-klimawandelanpassung.html) entstandenen Klima-Kommunen erhalten umfassende finanzielle Förderungen (siehe auf https://www.klima-kommunen-hessen.de/foerderung.html) ■ **Im Rahmen des Schwerpunktes der Förderung der ländlichen Räume** wird mit einem Aktionsplan in neun Handlungsfeldern mit mehr als 100 Instrumenten an der Herstellung gleichwertiger Lebensverhältnisse gearbeitet. Alle Ministerien leisten dabei wichtige Beiträge, die unter dem gemeinsamen Dach „LAND HAT ZUKUNFT" unter Leitung und Koordination des Hessischen Umweltministeriums gebündelt und sichtbar gemacht werden. Mit dem **Förderprogramm „STARKES DORF – Wir machen mit!"** unterstützt die hessische Landesregierung engagierte Dörfer mit jährlich 500.000 Euro. Siehe https://www.land-hat-zukunft.de/. ■ **Im Rahmen der Städtebauförderprogramme** gibt es die Möglichkeit zur Erstellung eines „Integrierten Städtebaulichen Entwicklungskonzepts (ISEK)" bzw. eines „Regionalen Entwicklungskonzeptes (REK)" für die „ländlichen Räume" und im Bereich der Dorfentwicklung „Integrierte kommunale Entwicklungskonzepte (IKEK)". Diese sollen auf einer fundierten analytischen Bewertung der Ausgangslage, einer Stärken-Schwächen-Analyse und Zieldefinition gründen. ■ **Zur Frage der finanziellen Förderung empfehle ich außerdem, die Servicestelle Kommunen in der einen Welt (SKEW) zu kontaktieren**, die im Auftrag des Bundesministeriums für

Fragen	Antworten
	wirtschaftliche Zusammenarbeit und Entwicklung (BMZ) Kommunen in Deutschland als Kompetenzstelle für kommunale Entwicklungspolitik in verschiedener Art und Weise unterstützend zur Verfügung steht.
Frage 2	Entfällt.
Frage 3	**Bei der Landesenergieagentur Hessen (LEA) ist eine Fachstelle für die Klima-Kommunen eingerichtet.** Die Kommunen werden dort bei der Erstellung ihrer CO_2-Bilanzen, bei der Entwicklung ihrer Aktionspläne und bei der Umsetzung ihrer Maßnahmen zum Klimaschutz und zur Anpassung an die Folgen des Klimawandels beraten und unterstützt. **Allen hessischen Kommunen steht außerdem das Fachzentrum Klimawandel und Anpassung beim Hessischen Landesamt für Naturschutz, Umwelt und Geologie, das eng mit der LEA zusammenarbeitet, offen. Die Servicestelle „Vitale Orte 2030"** (siehe auf https://www.hessen-nachhaltig.de/laendlicher-raum.html) unterstützt bestehende Ansätze und die Kooperation von verschiedensten Institutionen vor Ort für eine lebenswerte Zukunft im ländlichen Raum. Derzeit wird im Rahmen der Nachhaltigkeitsstrategie Hessen an einem Nachhaltigkeitskonzept für eine nachhaltige Entwicklung in Kommunen gearbeitet, durch das Städte und Gemeinden von kurzfristigen Nachhaltigkeitsprojekten hin zu einer resilienten Kommunalpolitik und einer guten Daseinsvorsorge geleitet werden können. Die Situation in hessischen Kommunen ist aufgrund der aktuellen Situation schwierig und personelle sowie finanzielle Kapazitäten werden stärker als zuvor beansprucht. Genau aus diesem Grund ist das Ansetzen eines Nachhaltigkeitskonzepts für Kommunen gerade jetzt relevant.
Mecklenburg-Vorpommern	
Frage 1	Soweit im Innenministerium M-V bekannt gibt es in unserem Bundesland weder zentrale Vorgaben noch einheitliche Vorgehensweisen zur Erstellung von Nachhaltigkeitsberichten. Themenbezogen werden – nach hiesiger Kenntnis – durch die Kommunen Berichte gefertigt, die dann gegebenenfalls auch durch das zuständige Ressort gefördert werden (können). **Das Innenministerium M-V hat z. B. in begründeten Fällen die Möglichkeit, die geforderte oder vereinbarte Berichterstattung durch Gewährung einer finanziellen Zuwendung in Form einer Sonderbedarfszuweisung (SBZ) auf der Grundlage des § 25 des Finanzausgleichsgesetzes M-V zu unterstützen.**
Frage 2	**SBZ wird auf Antrag gewährt. Ein genereller Anspruch auf Zuwendung besteht nicht.** Näheres regelt eine SBZ-Richtlinie. Link zur SBZ-RL: https://www.regierung-mv.de/Landesregierung/im/Kommunales/Kommunale-Investitionsf%C3%B6rderung/
Frage 3	Eine derartige Stelle ist hier nicht bekannt.

V

Fragen	Antworten
Niedersachsen	
Frage 1	**Eine direkte Förderung von Kommunen, die eigene Nachhaltigkeitsberichte erstellen, gibt es seitens des Landes Niedersachsen nicht.** Wir fördern jedoch ein kommunales Nachhaltigkeitsprojekt der **„UmweltAktionNiedersachsen" des Niedersächsischen Städte- und Gemeindebundes, welche ausgewählte Kommunen mit wissenschaftlicher Unterstützung bei der Erstellung kommunaler Nachhaltigkeitsstrategien berät und ihnen hilft**. Sehen Sie dazu folgenden Link: https://www.uan.de/themen/nachhaltigkeit. Ansprechpartner dort ist Herr Jung.
Frage 2	Keine Antwort.
Frage 3	Keine Antwort.
Nordrhein-Westfalen	
Frage 1	**In Nordrhein-Westfalen gibt es aktuell keine institutionalisierte Förderung für Kommunen zur Erstellung von Nachhaltigkeitsberichten.** Aktuell läuft ein von der SKEW der Engagement Global gGmbH und zudem vom RNE **gefördertes Projekt („Global Nachhaltige Kommune NRW")**, in welchem die Städte Arnsberg, Bonn, Dortmund, Düsseldorf und Münster mit Beratung der Landesarbeitsgemeinschaft Agenda 21 NRW (LAG 21 NRW) „Voluntary Local Reviews" (VLRs) und den „Berichtsrahmen nachhaltige Kommune" (BNK) anwenden. Weiterhin nehmen die Städte Köln, Lemgo, Lüdenscheid und Soest sowie die Gemeinde Kalletal und der Kreis Euskirchen am Projekt teil. Diese Kommunen konzentrieren sich jedoch nur auf die Anwendung des BNK.
Frage 2	Die Auswahl der Projektkommunen erfolgte anhand eines multikriteriellen Rasters, ausschlaggebend war hier das Vorhandensein einer kommunalen Nachhaltigkeitsstrategie, auf deren Grundlage die Berichterstattung erfolgen kann. Die Förderung besteht in der wissenschaftlichen Beratung und Durchführung der entsprechenden Partizipationsverfahren.
Frage 3	**Die LAG 21 NRW** berät als gemeinnütziger Verein, der von Kommunen und Verbänden in NRW getragen wird, die Gebietskörperschaften im Kontext von geförderten Projekten, aber auch bei Beauftragung zu allen Aspekten, die mit der Lokalisierung der Agenda 2030 einhergehen. Darüber hinaus bietet die LAG 21 NRW in Kooperation mit weiteren Partnern auch Weiterbildungskurse für kommunale Verwaltungsangestellte zu kommunalem Nachhaltigkeitsmanagement an (www.nama-nrw.de). Weiterhin ermöglicht die Servicestelle Kommunen in der Einen Welt über Förderprogramme die Unterstützung und Beratung in NRW, aber auch bundesweit.

Fragen	Antworten
Rheinland-Pfalz	
Frage 1	Ja, **es gibt in Rheinland-Pfalz die Möglichkeit der Förderung von Nachhaltigkeitsstrategien, allerdings nicht von -berichten.**
Frage 2	Voraussetzung für die Förderung ist ein Antrag; eine notwendige Bedingung besteht darin, dass die Maßnahme auf die Einführung eines zyklischen Nachhaltigkeitsmanagements zielt. Eine formale Höchstgrenze für die Förderung gibt es nicht, der Umfang der Förderung wird durch die verfügbaren (knappen) Haushaltsmittel begrenzt.
Frage 3	Als Service- und Beratungsstelle fungiert grundsätzlich der zuständige Referent im Wirtschaftsministerium.
Saarland	
Frage 1	**Es gab vor zwei Jahren das Projekt „Global Nachhaltige Kommunen im Saarland"** von der Servicestelle Kommunen in der einen Welt, das von uns kofinanziert wurde. In diesem Projekt wurden 13 Kommunen bei der Erarbeitung einer Nachhaltigkeitsstrategie fachlich, personell und inhaltlich begleitet. Zurzeit wird intern überlegt, ob wir im kommenden Jahr eine Neuauflage des Projekts mit anderen Kommunen durchführen. Eine Entscheidung, ob und wie das stattfinden soll, wurde noch nicht getroffen.
Frage 2	Nicht zutreffend.
Frage 3	Eine Service- und Beratungsstelle in der von Ihnen beschriebenen Form gibt es bei uns nicht. Allerdings können sich die Kommunen für allgemeine Nachhaltigkeitsfragen an das Referat D/1 im Umweltministerium wenden.
Sachsen	
Frage 1	**Im Freistaat Sachsen gibt es aktuell keine Möglichkeit für Kommunen, ihre Nachhaltigkeitsberichte über eine Fördermaßnahme des Freistaates Sachsen fördern zu lassen.**
Frage 2	Entfällt.
Frage 3	**Eine zentrale Service- und Beratungsstelle für die Erstellung von Nachhaltigkeitsberichten oder zum Nachhaltigkeitsmanagement auf der kommunalen Ebene besteht nicht.** Die Staatsregierung in Sachsen ist sich bewusst, dass Kommunen wesentliche Akteure und eine treibende Kraft zur Erreichung der globalen Nachhaltigkeitsziele sind. Im Rahmen der kommunalen Selbstverwaltung und der interkommunalen Kooperation sowie der damit einhergehenden Hoheitsrechte und Aufgaben verfügen sie über entscheidende Ressourcen und den unmittelbarsten sowie flexibelsten Gestaltungsspielraum bei der Umsetzung von Maßnahmen vor Ort. Zwar lassen Pflichtaufgaben der Kommunen in der Regel wenig Spielraum für die freiwillige Aufgabe „Nachhaltige Entwicklung", aber auch innerhalb der

V

Fragen	Antworten
	Pflichtaufgaben bestehen aus Sicht der Landesregierung immer Optionen zur Verknüpfung der Entscheidungsprozesse mit eigenen (nachhaltigen) Entwicklungszielen der Gemeinde, mit bestehenden Nachhaltigkeitszielen der Staatsregierung und sogar mit den 17 globalen Nachhaltigkeitszielen. Je nach lokaler oder regionaler Ausgangslage setzen Kommunen individuelle Prioritäten, fördern in unterschiedlicher Weise das bürgerschaftliche Engagement und können Beteiligungsprozesse vor Ort gestalten, die für anstehende Aufgaben der Kommunen eine Einbindung zivilgesellschaftlicher Akteure schon immer zugelassen haben. Als Politik- und Verwaltungsebene, die der Bürgerschaft und den Multiplikatoren am nächsten ist, spielen sie eine entscheidende Rolle bei der Information und Aktivierung der Öffentlichkeit und ihrer Sensibilisierung für eine nachhaltige Entwicklung.
Sachsen-Anhalt	
Frage 1	**Sachsen-Anhalt hat derzeit kein Förderprogramm, um Kommunen für die Erstellung von Nachhaltigkeitsberichten zu unterstützen.**
Frage 2	Siehe Antwort zu Frage 1.
Frage 3	Das Ministerium für Umwelt, Landwirtschaft und Energie, Referat Nachhaltigkeit, Umweltallianz, Forschung, steht den Kommunen als Ansprechpartner und Servicestelle zur Verfügung. Für technische Fragen zu Indikatoren steht das statistische Landesamt und für umweltbezogene Indikatoren das Landesamt für Umweltschutz zur Verfügung. Inwieweit der jeweilige Indikator auf Ebene der Einzelkommune heruntergebrochen werden kann, hängt vom jeweiligen Indikator ab.
Schleswig-Holstein	
Frage 1	**Aktuell unterstützen wir die Bestrebungen der Kommunen indirekt durch das Vorhaben „Global Nachhaltige Kommune" der Servicestelle Kommunen in der Einen Welt (SKEW)**, das bei uns im Land durchgeführt wird. Für das Vorhaben werden bis zu 10.000 Euro bereitgestellt. **Um Kommunen im Bereich der Nachhaltigen Beschaffung zu unterstützen**, wurde im Jahr 2019 die Kompetenzstelle Nachhaltige Beschaffung und Vergabe eingerichtet, die Kommunen für eine nachhaltige Beschaffung befähigen soll. Dazu werden 60.000 Euro, ab 2022 jährlich 120.000 Euro bereitgestellt.
Frage 2	Entfällt.
Frage 3	Entfällt.

Fragen	Antworten
Thüringen	
Frage 1	**Eine formelle Förderrichtlinie zur Unterstützung von Kommunen zur Etablierung einer Nachhaltigkeitsberichterstattung besteht nicht.** Dazu ist der Markt an möglichen Modellen zu unübersichtlich und auch die Qualifikation von beratenden Organisationen/Personen zu wenig standardisiert.
Frage 2	Entfällt.
Frage 3	**Momentan unterstützt das Thüringer Ministerium für Umwelt, Energie und Naturschutz ein Projekt nach dem Konzept „Global Nachhaltige Kommune" (GNK), an dem einige Thüringer Gemeinden und Städte teilnehmen.** Gegenwärtig läuft dazu eine zweite Runde. Ziel ist die Etablierung lokaler/kommunaler Nachhaltigkeitsstrategien. Projektträger ist der Verein Zukunftsfähiges Thüringen e. V., auf dessen Webseite https://www.global-nachhaltige-kommune-thueringen.de/home/ Sie Details zum laufenden Projekt und dem Vorgänger finden. **In Entwicklung/Prüfung ist derzeit ein Projekt zur Einführung eines Nachhaltigkeits-checks für Thüringer Kommunen.** Dabei soll es um die Nachhaltigkeitsprüfung von Entscheidungsvorlagen gehen. Auch hier gibt es eine Vielzahl von Modellen und die Tendenz, das Rad jeweils neu zu erfinden, ist groß, während das Interesse des Lands (und mutmaßlich auch der Kommunen) eher in der praktischen Anwendbarkeit und gegebenfalls Optimierung erprobter Modelle liegt. Mal sehen, wie das ausgeht. **Eine dritte Säule ist in Thüringen die vernetzende, beratende und motivierende Unterstützung der Kommunen durch das Thüringer Nachhaltigkeitszentrum (NHZ) https://nhz-th.de/ – ebenfalls in Trägerschaft von Zukunftsfähiges Thüringen e. V.** Hier findet auf unterschiedlichen Ebenen (Arbeitskreise, Werkstätten, Bürgermeisterdialoge sowie bei Bedarf Einzelgespräche) ein Austausch zu kommunalen Gestaltungsmöglichkeiten im Sinne einer nachhaltigen Entwicklung statt. **Schon fast historisch sind die Indikatorenprojekte aus den Anfängen der lokalen Agenda:** ▪ die Indikatoren zur lokalen Agenda 21, die Thüringen gemeinsam in Kooperation mit Hessen und Baden-Württemberg im Jahr 2000 entwickelt hatte: http://www.agenda21-treffpunkt.de/archiv/01/pdf/Link21Leitfaden.pdf sowie ▪ die Prozessindikatoren der lokalen Agenda aus 1999/2000: https://www.fh-erfurt.de/fhe/vur/metaprojektliste/1999/lokale-agenda-21-in-thueringen-evaluationsmoeglichkeiten-anhand-von-prozessindikatoren/. **Die Anwendungsbereitschaft war seinerzeit auf kommunaler Seite eher überschaubar.**

Tab. 35: Ergebnisse der Umfrage zur Unterstützung der Bundesländer für die Erstellung und Fortschreibung kommunaler Nachhaltigkeitsberichte, Zeitraum Juli bis Oktober 2021, eigene Darstellung

Praxistipp:

Planen Sie für die Beantragung und Zusage von Fördermitteln ausreichend Zeit ein. Die Personalkosten für ehrenamtlich Mitarbeitende werden meist nicht erstattet. Die aufgeführten Ämter und Institutionen sind sehr hilfsbereit. Bevor Sie einen mühsam detailliert ausgefüllten Antrag stellen, empfiehlt es sich, mit einer kurzen Projektskizze vorab anzufragen, ob die Projektidee förderfähig ist. Vor dem Antrag dürfen Sie keine Zahlungsverpflichtungen eingehen. Diese werden nicht gefördert.

Zusammenfassung des Kapitels

Die Initialzündung für die Erstellung eines kommunalen Nachhaltigkeitsberichts kann entweder aus der Verwaltung oder der Kommunalpolitik (top down) oder aus der Bürgerschaft (bottom up) kommen. In jedem Fall ist es wichtig, dass die wichtigsten Entscheidungsträgerinnen und Entscheidungsträger einer Gemeinde oder Stadt, insbesondere die (Ober-)Bürgermeisterin bzw. der (Ober-)Bürgermeister, hinter dem Projekt stehen.

Damit der Prozess reibungslos vonstattengeht und die Erstellung des Berichts gelingt, müssen vorab einige Fragen geklärt werden: Wer ist verantwortlich für und welches Team steuert den Prozess? Wer erstellt welche Berichtsinhalte? Sind finanzielle Ressourcen vorhanden? Wie kann die Bevölkerung mit eingebunden werden? Wie ist der Zeitplan für die Erstellung und Veröffentlichung des Berichts? Wenn diese Fragen klar beantwortet sind, steht einer erfolgreichen Erstellung des Nachhaltigkeitsberichts nichts mehr im Weg.

Viele der verfügbaren Daten stehen der Verwaltung direkt zur Verfügung oder können über die statistischen Dienste des Bundes oder der Länder abgerufen werden. Ansonsten geben viele Behörden und Ämter auf Nachfrage Auskunft. Für manche Indikatoren stehen Daten, beispielsweise aufgrund der geringen Bevölkerungszahl einer Gemeinde, nicht zur Verfügung. In diesen Fällen werden die entsprechenden Indikatoren als Leerposten im Bericht ausgewiesen.

Für die Gestaltung und das Layout ist es ratsam, auf eine professionelle Agentur zurückzugreifen. Bedenken Sie: Nur wenn der Bericht optisch ansprechend ist, wird er gelesen und ernst genommen.

Außerdem bindet die Gestaltung durch kommunale Mitarbeitende personelle und damit ebenso finanzielle Ressourcen. Der Kosten-Nutzen-Aufwand spricht deshalb meist für eine Gestaltung durch Externe.

Es stehen zahlreiche Fördermöglichkeiten in finanzieller und inhaltlicher Hinsicht zur Verfügung. Das Angebot ist in den Bundesländern sehr unterschiedlich. Deshalb sollten im Einzelfall immer noch einmal bei den zuständigen Stellen nachgefragt werden.

VI. Praxisbeispiel: Der Nachhaltigkeitsbericht der Gemeinde Rott a. Inn

VI. Praxisbeispiel: Der Nachhaltigkeitsbericht der Gemeinde Rott a. Inn

Ziel

Das in Kapitel IV vorgestellte Konzept und der Leitfaden aus Kapitel V wurden am Beispiel der oberbayerischen Gemeinde Rott a. Inn einem Praxistest unterzogen. Nachstehend werden die Erfahrungen aus dem Erstellungsprozess präsentiert. Außerdem ist in den Anlagen der Nachhaltigkeitsbericht von Rott a. Inn teilweise abgedruckt. Daran können Sie sich orientieren.

1. Ausgangslage in Rott a. Inn

VI

Rott a. Inn liegt im Norden des oberbayerischen Landkreises Rosenheim in einer ländlich geprägten Gegend. Das nächstgelegene Mittelzentrum ist die Stadt Wasserburg a. Inn, das nächstgelegene Oberzentrum die kreisfreie Stadt Rosenheim. Zum 31. Dezember 2020 hatte Rott a. Inn 4.117 Einwohnerinnen und Einwohner. Damit fällt Rott a. Inn in die Kategorie der Landgemeinden. Sie weist in den letzten Jahren eine stetige Zunahme der Bevölkerungszahl auf. Künftig wird gleichfalls ein fortlaufendes Bevölkerungswachstum

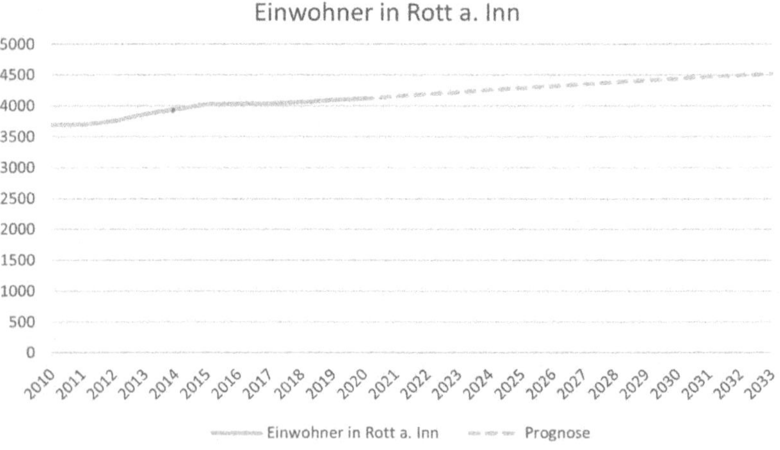

Abb. 29: Entwicklung und Prognose der Bevölkerung von Rott a. Inn, eigene Darstellung

erwartet. Für das Jahr 2033 wird eine Einwohnerzahl von 4.520 prognostiziert, was gegenüber dem Jahr 2020 einer Zunahme von rund 9,9 Prozent entspricht (bayernweit wird ein Wachstum von 2,6 Prozent angenommen).[211] Dies wird die Gemeinde vor allem bei der Bereitstellung von Wohnraum vor Herausforderungen stellen.

Bei der Kommunalwahl im März 2020 gab es einen Wechsel im Bürgermeisteramt. Nachdem der Amtsinhaber nicht mehr zu Wahl angetreten war, wurde als Erster Bürgermeister Daniel Wendrock gewählt. Er war der Kandidat der Bürger für Rott e. V. (BFR) und der SPD. Der Gemeinderat setzt sich in der Wahlperiode 2020–2026 folgendermaßen zusammen:

Zusammensetzung des Gemeinderats 2020–2026

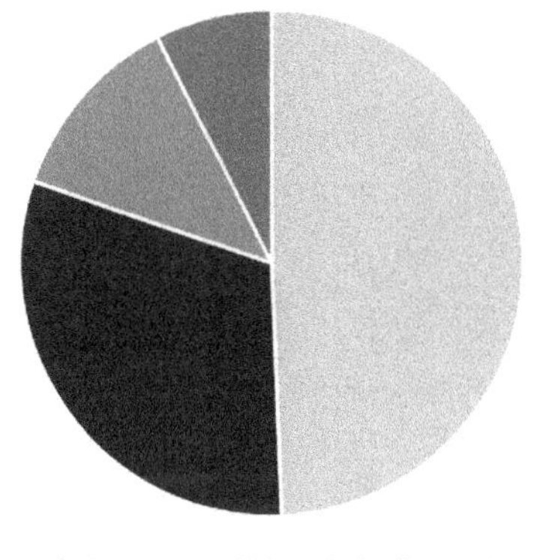

Bürger für Rott e. V. ▪ CSU ▪ Rotter Forum e. V. ▪ SPD

Abb. 30: Zusammensetzung des Gemeinderats von Rott a. Inn, eigene Darstellung

Ab dem Jahr 2020 wurde ein verstärktes Augenmerk auf die Aspekte von Ökologie und Nachhaltigkeit gelegt. So wurde vom Gemeinderat erstmals ein Referent für Umwelt und Nachhaltigkeit benannt. Diese Aufgabe übernahm mit dem Gemeinderat Matthias Eggerl einer der beiden Autoren dieses Buchs. Außerdem wurde der Arbeitskreis Umwelt & Nachhaltigkeit ins Leben gerufen, in dem sich rund zehn Bürgerinnen und Bürger engagieren.

Insgesamt kann die Gemeinde Rott a. Inn als eine durchschnittliche bayerische Gemeinde gelten. Teils liegen relevante Kennwerte unter, teils über dem Landesdurchschnitt. Mit rund 4.117 Einwohnerinnen

211 *Bayerisches Landesamt für Statistik* (2021a), S. 4–8

und Einwohnern liegt sie in etwa im Durchschnitt der bayerischen Gemeinden (zum 31.12.2019 betrug der Mittelwert der Gemeinden Bayerns 6.384, der Median lag bei 2.667). Die Fläche des Gemeindegebiets liegt mit 19,57 km² unter dem bayerischen Durchschnitt (hier lag der Mittelwert zum 31.12.2019 bei 33,24 km², der Median bei 25,41 km²). Eingeschränkt ist die Gemeinde zum Teil durch eine vergleichsweise hohe Pro-Kopf-Verschuldung von 3.658,05 Euro (Stand: 31.12.2021), die aus größeren Investitionen in den vergangenen Jahren – z. B. in den Neubau der stark sanierungsbedürftigen Grund- und Mittelschule – herrührt. Die Steuerkraft je Einwohnerin und Einwohner liegt bei 1.077,99 Euro und damit leicht über dem bayerischen Landesdurchschnitt. Insgesamt eignete sich Rott a. Inn gut als Praxisbeispiel für die Erstellung eines Nachhaltigkeitsberichts in einer kleineren Kommune.

2. Prozess der Planung und Erstellung

2.1 Idee und Startschuss

Die Idee, einen Nachhaltigkeitsbericht für Rott a. Inn zu erstellen, entstand Anfang November 2020 in der Zusammenarbeit der beiden Autoren dieses Buchs. Prof. Dr. Andreas Fieber beschäftigte sich zu diesem Zeitpunkt schon länger mit dem Thema „Nachhaltigkeitsberichterstattung“. Um neben der wissenschaftlichen auch kommunalpolitische Erfahrung zu nutzen, ging er auf Matthias Eggerl zu, der sich schon vor seiner Wahl als Gemeinderat und Umweltreferent des Gemeinderats mit den Themen „Umweltschutz“ und „Nachhaltigkeit“ auf kommunaler Ebene befasst hat.

Im November 2020 berichtete Eggerl dem Rotter Bürgermeister Daniel Wendrock am Rand einer Gemeinderatssitzung von der Idee. Dieser zeigte sich auf Anhieb sehr aufgeschlossen und war an der Durchführung interessiert. Nach weiteren Vorarbeiten, insbesondere der Entwicklung der Gliederung und der Indikatoren, stellten wir dem Rotter Bürgermeister am 25. Juni 2021 das Konzept vor. Dieser sicherte die Unterstützung der Gemeinde zu. In dem Gespräch, das rund zwei Stunden dauerte, wurden u. a. folgende Fragen besprochen:

- Wie werden die Verantwortlichkeiten verteilt?
- Wer soll Teil der Steuerungsgruppe sein?
- Wer soll Beiträge für den individuellen Teil leisten?

- Wie soll die Bürgerschaft mit eingebunden werden?
- Steht ein finanzielles Budget für Layout und Druck zur Verfügung?
- Wer ermittelt die Daten für den indikatorengestützten Teil?
- Bis wann soll der Bericht veröffentlicht werden?
- Wann soll das erste Treffen der Steuerungsgruppe stattfinden?

Als Mitglieder des Kernteams wurden die Autoren und der Bürgermeister bestimmt. Alle drei konnten den Bericht inhaltlich bearbeiten. Die Steuerungsgruppe setzte sich aus den Referentinnen und Referenten des Gemeinderats sowie den Gemeindebeauftragten zusammen. Außerdem sollten die Mitglieder der Arbeitskreises Umwelt & Nachhaltigkeit zur Teilnahme motiviert werden. Die Mitglieder der Steuerungsgruppe wurden gebeten, die Beiträge für den individuellen Teil zu verfassen und aus ihren Aufgabenbereichen zu berichten. Für die Ermittlung der Daten waren zum einen Prof. Dr. Fieber und Eggerl, zum anderen Mitarbeitende der Verwaltung vorgesehen. Für Zweiteres übernahm Bürgermeister Wendrock die Koordination. Dieser stellte außerdem unter Vorbehalt ein kleines Budget für Layout und Veröffentlichung in Aussicht. Die Veröffentlichung des Berichts wurde für November 2021 geplant. Dadurch wurde ein gesunder Zeitdruck aufgebaut, weshalb das erste Treffen der Steuerungsgruppe bereits für Anfang Juli 2021 anberaumt wurde.

2.2 Konkrete Durchführung

Am 5. Juli 2021 fand die Auftaktveranstaltung der Steuerungsgruppe statt. Als Mitglieder der Steuerungsgruppe waren eingeladen:

- Bürgermeister Daniel Wendrock
- Zweiter Bürgermeister und Vereinsreferent Alfred Zimpel
- Dritter Bürgermeister und Seniorenreferent Christoph Sewald
- Behindertenbeauftragter Richard Helm
- Jugendreferentin Carola Kahles
- Schulreferentin Anna-Lena Springer
- Mitglieder des Arbeitskreises Umwelt & Nachhaltigkeit
- Prof. Dr. Andreas Fieber

- Matthias Eggerl in Doppelfunktion als Co-Initiator und Umweltreferent

Zu Beginn stellten Prof. Dr. Fieber und Eggerl die Idee und das Konzept vor. Dabei gingen sie auf die Definition von Nachhaltigkeit, die SDGs, den Aufbau des Berichts und mögliche Inhalte ein. Außerdem stellten sie den angedachten Zeitplan vor:

- Abgabe der individuellen Beiträge bis zum 16. August 2021
- Einarbeitung der Daten der Indikatoren bis Ende August 2021
- Bearbeitung des Berichts bis Anfang Oktober 2021
- Veröffentlichung des Berichts im November 2021

Dabei war den Beteiligten klar, dass der Zeitplan durchaus eng gesteckt war. Festgelegt wurde zudem, dass die individuellen Beiträge zwischen einer halben und maximal drei Seiten lang sein sollten. Im Hinblick auf die Veröffentlichung wurden alle darum gebeten, vorhandene Fotos in guter Qualität in ihren Berichten einzubauen.

Am 12. Juli 2021 veröffentlichte die Wasserburger Zeitung einen viertelseitigen Artikel mit dem Titel „Rott will ab sofort einen Nachhaltigkeitsbericht".[212] Dies war der erste Schritt in der Öffentlichkeitsarbeit, der den Rotter Nachhaltigkeitsbericht flankieren sollte. Ziel war es, frühzeitig zu informieren und gleichzeitig das Interesse am Bericht schon vor seiner Veröffentlichung zu steigern.

Die zweite Sitzung der Steuerungsgruppe fand am 9. August 2021 statt. Zwischenzeitlich wurden in Absprache mit Bürgermeister Wendrock, Sebastian Mühlhuber als Gemeinderatsmitglied und Vertreter der Kirchenverwaltung und Johann Senega als Vertreter des Gewerbeverbands als weitere Mitglieder der Steuerungsgruppe berufen. In der Sitzung wurde bereits ein erster Entwurf des Rotter Nachhaltigkeitsberichts präsentiert. Zudem wurde der Stand der Beiträge für den individuellen Teil besprochen. Ein Thema waren die noch fehlenden Daten für mehrere Indikatoren. Dazu wurden Informationsmöglichkeiten erörtert. Der in der Juli-Sitzung festgelegte Zeitplan wurde bekräftigt und ein neuer Termin für die dritte Sitzung vereinbart.

Diese fand am 13. September 2021 statt. In dieser Sitzung wurden die abgegeben Beiträge und der Stand der Datenermittlung besprochen. Außerdem wurden die Mitwirkenden gebeten, ein Foto sowie

[212] *Helm* (2021b)

Kontaktdaten an die Mitglieder des Kernteams zu senden. Zudem wurde angefragt, wer sich dazu bereit erklären würde, den Bericht Korrektur zu lesen. Bürgermeister Wendrock und Prof. Dr. Fieber stimmten zu, Informationen und Angebote für den Druck und das Layout einzuholen. Da für den individuellen Teil noch Fotos fehlten, wurde beschlossen, den Gemeindefotografen um eine Auswahl von Bildern zu bitten. Als Reihenfolge der letzten Bearbeitungsschritte vereinbarten die Mitglieder der Steuerungsgruppe Folgendes:

1. Einarbeitung der fehlenden Beiträge und Daten
2. Fertigstellung des Berichts und Überarbeitung durch das Kernteam
3. Korrekturlesen
4. Finale Überprüfung durch Bürgermeister Wendrock
5. Versand an den Layouter
6. Veröffentlichung des Berichts und Vorstellung im Gemeinderat

Im zweiten Teil des Treffens wurde die aktuelle Bearbeitungsversion des Nachhaltigkeitsberichts von den anwesenden Mitgliedern der Steuerungsgruppe durchgearbeitet. Dabei wurden einige Hinweise und Anregungen geäußert, die vom Kernteam aufgenommen wurden.

Ende September 2021 wurde einem Layouter der Auftrag zur Gestaltung des Rotter Berichts erteilt. Am 8. Oktober. 2021 ging der erste Entwurf für das Berichtslayout an die Gemeinde zurück. In der zweiten Hälfte des Septembers und im Oktober 2021 wurden die fehlenden Inhalte, Fotos und Daten in den Nachhaltigkeitsbericht eingearbeitet. Damit konnte er bis Anfang November Korrektur gelesen, überprüft und schließlich Mitte November 2021 an den Layouter versandt werden.

Im Rahmen der Bürgerversammlung am 15. November 2021 stellte Prof. Dr. Fieber in einem kurzen Vortrag das Projekt des Rotter Nachhaltigkeitsberichts vor. Die PDF-Version des Berichts wurde kurz vor Weihnachten 2021 fertiggestellt. Am 18. Januar 2022 kamen die Druckexemplare in der Gemeindeverwaltung Rott a. Inn an.

Letztlich zeigte sich, dass der gesetzte Zeitplan zwar realistisch, am Ende des Prozesses jedoch eine Verzögerung von rund vier Wochen zu verzeichnen war. Diese lag in der Urlaubszeit und in Schwierigkeiten bei der Ermittlung einzelner Daten begründet. Die umfangreichen

Vorarbeiten von Prof. Dr. Fieber und Eggerl ermöglichten es, den Rotter Nachhaltigkeitsbericht in weniger als einem halben Jahr zu erstellen und zu veröffentlichen. Der Vorteil für andere Gemeinden ist, dass diese Vorarbeiten nicht mehr zwingend nötig sind – sie können jederzeit auf die Vorlage, anhand derer der Rotter Bericht erstellt wurde, zurückgreifen.

Praxistipp:

Ein Zeitbedarf von drei bis maximal sechs Monaten ist bei Verwendung der hier vorgestellten Gliederung und Indikatoren durchaus realistisch. Je straffer der Prozess gestaltet wird, desto besser. Das verringert die Gefahr, dass Beiträge aufgeschoben werden oder Daten nicht mehr aktuell sind.

2.3 Veröffentlichung

Für Satz und Gestaltung des Rotter Berichts wurde ein Layouter beauftragt. Dieser erstellte aus dem ihm zugesandten Bericht eine druckbare Version und eine, die zur Veröffentlichung als PDF-Dokument geeignet war. Gedruckt wurde der Rotter Nachhaltigkeitsbericht in einer Auflage von 50 Stück.

Der Bericht wurde am 23. Januar 2022 im Rotter Gemeinderat vorgestellt und von den Gemeinderatsmitgliedern zur Kenntnis genommen. Die Veröffentlichung wurde durch eine Pressemitteilung an die lokalen Medien bekannt gegeben. Diese wurde in mehreren regionalen Zeitungen und Onlinemedien veröffentlicht. Das Regionalfernsehen Oberbayern (RFO) sendete einen rund dreiminütigen Beitrag zu dem Thema. Zusätzlich wurde im Gemeindeblatt, das an alle Haushalte verteilt wird, über den Rotter Nachhaltigkeitsbericht informiert. Auch die Social-Media-Kanäle der Gemeinde wurden genutzt, um auf den Bericht aufmerksam zu machen. Anfang März wurden im Rahmen des „Bürgermeister-Podcasts" auf YouTube die Idee und das Ergebnis des Rotter Nachhaltigkeitsberichts vorgestellt. Die PDF-Version des Berichts ist auf der Webseite der Gemeinde jederzeit abrufbar.[213]

---

213 *Fieber/Eggerl* (2022)

3. Zusammenfassung des Berichtsprozesses

Der oberbayerische Ort Rott a. Inn, der als Beispielgemeinde ausgewählt wurde, repräsentiert eine typische Landgemeinde, wie sie in Deutschland häufig zu finden ist. Das in diesem Buch vorgestellte Konzept wurde hier zwar auf eine Landgemeinde angewandt, eine Übertragung auf größere Kommunen ist jedoch problemlos möglich. Die Wegmarken im Erstellungsprozess lassen sich folgendermaßen zusammenfassen:

- November 2020 bis Juni 2021: Idee und Ausarbeitung eines Konzepts
- Juli bis September 2021: verschiedene Sitzungen der Steuerungsgruppe
- Oktober bis November 2021: Layout und Design des Berichts
- November bis Dezember 2021: Finalisierung, Freigabe und Druck
- Januar bis März 2022: Vorstellung des Berichts im Gemeinderat, Öffentlichkeitsarbeit

Insgesamt konnte gezeigt werden, dass die Nachhaltigkeitsberichterstattung mit dem vorgeschlagenen Konzept auch für eine Landgemeinde leistbar ist. Die finanziellen Aufwendungen betrugen rund 2.000 Euro. Die Mitarbeitenden der Verwaltung waren mit einer niedrigen zweistelligen Stundenzahl am Projekt beteiligt. Nötig war jedoch das ehrenamtliche Engagement mehrerer Beteiligter und die tatkräftige Unterstützung durch den Bürgermeister. Sinnvoll erscheint es, dass dort, wo Klimaschutzmanagerinnen bzw. Klimaschutzmanager oder Fachleute in ähnlicher Funktion vorhanden sind, diese die inhaltliche Bearbeitung des Berichts federführend übernehmen.

VII. Fazit und Ausblick

Den heute lebenden Generationen ein intaktes ökonomisches, ökologisches und soziales Gefüge zur Verfügung zu stellen und den nächsten Generationen ein ebensolches, intaktes Gefüge zu hinterlassen: Das ist das Ziel der nachhaltigen Entwicklung auf globaler und lokaler Ebene. Dieses Ziel zu erreichen, ist eine Herausforderung, die in allen Teilen der Welt bewältigt werden muss. Auch Deutschland hat noch einen weiten Weg vor sich, bis es in allen Bereichen nachhaltig handelt.

Umso bedeutsamer ist es, dass alle staatlichen Ebenen einen Beitrag zur nachhaltigen Entwicklung leisten. Ein besonderes Augenmerk liegt dabei auf den untersten Verwaltungseinheiten: den Gemeinden und Städten. Sie sind der Ort, an dem die Bürgerinnen und Bürger mit dem Staat unmittelbar in Kontakt treten. Gleichzeitig besitzen die Kommunen bei der Umsetzung von Maßnahmen und Projekten sehr große Handlungsspielräume. Demzufolge bestimmen sie zum Teil direkt die gegenwärtige und künftige Ausprägung der Nachhaltigkeit vor Ort.

Basis für fundierte und zielgerichtete Entscheidungen der Verantwortlichen in Politik und Verwaltung sowie der Bürgerinnen und Bürger sind Informationen zum Stand der Nachhaltigkeit in einer Kommune. Diese Aufgabe leisten kommunale Nachhaltigkeitsberichte. Darin wird anschaulich dargestellt, in welchen Bereichen eine Kommune im Hinblick auf Ökonomie, Ökologie und Soziales bereits nachhaltig agiert und wo noch Verbesserungsbedarf besteht.

Ein Überblick über die bisher veröffentlichten kommunalen Nachhaltigkeitsberichte zeigt, dass es bis zu einer flächendeckenden Berichterstattung noch ein weiter Weg ist. Ihre Auswertung macht zudem deutlich, dass die große Unterschiedlichkeit ein Problem darstellt. Sie verhindert die Vergleichbarkeit der Nachhaltigkeitsberichte und mindert ihre Aussagekraft erheblich. Eine Vereinheitlichung der Berichterstattung hätte zahlreiche Vorteile. Neben der Gewährleistung von Vergleichbarkeit sänke zudem der Erstellungsaufwand für die einzelne Gemeinde oder Stadt. Das in diesem Buch vorgestellte Konzept liefert dazu einen Beitrag. Durch seine Anwendung wird die Berichterstattung selbst in kleinen Gemeinden möglich. Dies konnte anhand des Nachhaltigkeitsberichts der Landgemeinde Rott a. Inn aufgezeigt werden.

In mittel- und langfristiger Perspektive ist eine Weiterentwicklung der kommunalen Nachhaltigkeitsberichterstattung erforderlich. Voraussetzung dafür ist, dass möglichst viele Gemeinden und Städte – unabhängig von ihrer Größe – in die Berichtserstattung einsteigen. Das Angebot an Förder- und Beratungsmöglichkeiten für die Kommunen durch den Bund und die Länder ist diesbezüglich bislang sehr überschaubar und sollte ausgeweitet werden. Zielsetzung ist, jede Kommune zu befähigen, einen kommunalen Nachhaltigkeitsbericht zu erstellen. Sobald das Ziel einer landesweiten Berichterstattung erreicht ist, könnten die Berichte zusammengefasst und konsolidiert werden. Auf diese Weise wäre es möglich, Überblicksberichte für Landkreise, Bundesländer und die Bundesrepublik zu verfassen. Diese konsolidierten kommunalen Nachhaltigkeitsberichte würden einen Einblick in die Herausforderungen, vor denen die Kommunen stehen, erlauben. Daraus ließen sich angepasste Strategien zur Förderung von Nachhaltigkeit auf kommunaler Ebene entwickeln. Eine flächendeckende Berichterstattung bildet somit die Grundlage für regionales und überregionales kommunales Nachhaltigkeitsmanagement.

Zusätzlich sind Innovationen bei der Veröffentlichung der Berichte notwendig. Ein erster wichtiger Schritt wäre analog dem Bundeszentralregister für Unternehmen eine zentrale Plattform, auf der sämtliche kommunalen Nachhaltigkeitsberichte abgerufen werden können. Dies würde die Auffindbarkeit massiv erleichtern. In einem zweiten Schritt sollten die Nachhaltigkeitsberichte nicht mehr nur in klassischer gedruckter und digital in konzeptionell gedruckter Form vorliegen, sondern volldigital erscheinen. Dadurch vervielfachen sich die Möglichkeiten in der Darstellung und der Nutzung bzw. Auswertung der Berichte. Ermöglicht würden interaktive Verknüpfungen, direkte Vergleiche zwischen Kommunen, eine Verlinkung zu weiteren Informationsangeboten u. v. m. Die Grundlagen dafür wurden bereits in mehreren Online-Portalen gelegt. Im Hinblick auf die Herausforderungen, vor der die Welt steht, sollten solche Konzepte rasch und mit Nachdruck verfolgt werden.

Die globalen Nachhaltigkeitsziele sind nur zu erreichen, wenn jede und jeder Einzelne einen Beitrag dazu leistet. Das gilt für die verschiedenen staatlichen Ebenen genauso wie für die Bürgerinnen und Bürger. Im Alltag und bei sich im Ort anzufangen, ist der erste notwendige Schritt. Der Leitspruch für uns alle lautet: „Global denken, lokal handeln."

VIII. Anhang

1. Nachhaltigkeitsberichte der Bundesländer

Bundesland	Bezeichnung (Jahr der Veröffentlichung)
Baden-Württemberg https://www.baden-wuerttemberg.de/fileadmin/redaktion/m-um/intern/Dateien/Dokumente/2_Presse_und_Service/Publikationen/Umwelt/Nachhaltigkeit/2020-11-N-Strategie-N-Bericht-uebergreifenderTeil-bf.pdf	Nachhaltigkeitsbericht 2019 (2020)
Bayern https://www.stmuv.bayern.de/themen/daten/umweltbericht/index.htm	Indikatorenbericht zur nachhaltigen Entwicklung in Bayern (2019)
Berlin https://www.stadtentwicklung.berlin.de/planen/foren_initiativen/nachhaltige_stadtentwicklung/download/kernindikatorenbericht_2014.pdf	Kernindikatoren zur nachhaltigen Entwicklung Berlins (2014)
Brandenburg https://mluk.brandenburg.de/sixcms/media.php/9/Fortschreibung-Nachhaltigkeitsstrategie-BB.pdf	Nachhaltigkeitsstrategie für das Land Brandenburg (2019)
Bremen https://ez-der-laender.de/sites/default/files/2021-04/hb_SDG_Indikatorenbericht_032021.pdf	Bericht zur Umsetzung der SDGs im Land Bremen. Indikatorenbericht 2021
Hamburg https://www.zukunftsrat.de/fileadmin/pdf/allgemeine_Veranstaltungen/2015_Nachhaltigkeitsbericht.pdf	Hamburger Nachhaltigkeitsbericht 2015 (2015)
Hessen https://www.hessen-nachhaltig.de/files/content/downloads/ziele_und_indikatoren/2020_Fortschrittsbericht_Hessen_nachhaltig.pdf	Nachhaltigkeitsstrategie Hessen – Ziele und Indikatoren (2020)
Mecklenburg-Vorpommern https://www.17ziele-mv.de/	Kein Bericht, aber eine Übersicht zu den SDGs: 17 Ziele in der Praxis – Mecklenburg-Vorpommern (2020)
Niedersachsen https://www.umwelt.niedersachsen.de/startseite/themen/nachhaltigkeit/nachhaltigkeitsstrategie/nachhaltigkeitsstrategie-111080.html	Fortschrittsbericht zur Nachhaltigkeitsstrategie für Niedersachsen (2020)

Bundesland	Bezeichnung (Jahr der Veröffentlichung)
Nordrhein-Westfalen https://www.nachhaltigkeit.nrw.de/fileadmin/user_upload/Nachhaltigkeitsstrategie_PDFs/NRW_Nachhaltigkeitsstrategie_2020.pdf	Die globalen Nachhaltigkeitsziele konsequent umsetzen (2020)
Rheinland-Pfalz https://www.statistik.rlp.de/fileadmin/dokumente/nach_themen/umw/Nachhaltigkeit/Statistische_Indikatoren_Nachhaltigkeit_2019.pdf	Statistische Indikatoren zur nachhaltigen Entwicklung (2020)
Saarland https://www.saarland.de/SharedDocs/Downloads/DE/muv/nachhaltigkeit/dl_nachhaltigkeitsstrategie_muv.pdf?__blob=publicationFile&v=0	Gemeinsam Verantwortung tragen für heute und morgen – Nachhaltigkeitsstrategie für das Saarland (2017)
Sachsen https://www.nachhaltigkeit.sachsen.de/Nachhaltigkeitsindikatoren.html	Sachsen hat Zukunft – Nachhaltigkeitsbericht 2016 (2016)
Sachsen-Anhalt https://mule.sachsen-anhalt.de/fileadmin/Bibliothek/Politik_und_Verwaltung/MLU/MLU/02_Umwelt/Nachhaltigkeit/00_Startseite_Nachhaltigkeit/190722_Nachhaltigkeitsstrategie.pdf	Nachhaltigkeitsstrategie des Landes Sachsen-Anhalt – Stand: Dezember 2018 (ohne Angabe)
Schleswig-Holstein https://www.schleswig-holstein.de/DE/Landesregierung/Themen/UmweltNatur/Nachhaltigkeit/Nachhaltigkeitsbericht/_documents/download_nachhaltigkeitsbericht.pdf?__blob=publicationFile&v=2 https://www.schleswig-holstein.de/DE/Landesregierung/Themen/UmweltNatur/Nachhaltigkeit/Nachhaltigkeitsbericht/_documents/zusammenfassung_bericht.pdf?__blob=publicationFile&v=1 https://www.schleswig-holstein.de/DE/Landesregierung/Themen/UmweltNatur/Nachhaltigkeit/Nachhaltigkeitsbericht/_documents/download_zusammenf_nachhaltigkeitsbericht_leichtesprache.pdf?__blob=publicationFile&v=1	1. Bericht Schleswig-Holsteins zu den UN-Nachhaltigkeitszielen (2020) Zusammenfassung: Nachhaltigkeitsbericht Schleswig-Holstein 2020 Zusammenfassung in leichter Sprache
Thüringen https://umwelt.thueringen.de/fileadmin/001_TMUEN/Unsere_Themen/Nachhaltigkeit/Nachhaltigkeitsstrategie.pdf	Die Thüringer Nachhaltigkeitsstrategie 2018 (2018)

Tab. 36: Bundesländer und Nachhaltigkeitsberichte (Stand: 31.10.2021), eigene Darstellung

2. Nachhaltigkeitsberichte der Städte ab 200.000 Einwohnerinnen und Einwohnern

Städte ab 200.000 Einwohnerinnen und Einwohnern und Nachhaltigkeitsberichte mit Link
Aachen: Kein Bericht
Augsburg: Wo Nachhaltigkeit gemeinsame Sache ist. Augsburger Nachhaltigkeitsbericht 2018 https://www.nachhaltigkeit.augsburg.de/fileadmin/nachhaltigkeit/data/Nachhaltigkeitsbericht/Augsburger_Nachhaltigkeitsbericht_2018.pdf
Berlin (Stadt): Nachhaltigkeitsbericht 2020 über die Berliner Landesunternehmen https://www.berlin.de/sen/finanzen/vermoegen/downloads/nachhaltigkeitsbericht/artikel.956228.php
Bielefeld: Kein Bericht
Bochum: Kein Bericht
Bonn: NACHHALTIGKEIT. SUSTAINABILITY. DURABILITÉ – Nachhaltigkeitsbericht der Stadt Bonn 2016–2018 https://www.bonn.de/themen-entdecken/umwelt-natur/nachhaltigkeitsbericht.php
Braunschweig: Kein Bericht
Bremen (Stadt): Kein Bericht
Chemnitz: Kein Bericht
Dortmund: Bestandsaufnahme zur nachhaltigen Entwicklung in Dortmund – Zwischenbericht zur Lokalen Agenda 21 – 2019 https://www.dortmund.de/media/p/lokale_agenda/downloads_lokale_agenda/Bestandsaufnahme_zur_Nachhaltigen_Entwicklung_Dortmund.pdf https://www.dortmund.de/media/p/lokale_agenda/downloads_lokale_agenda/Agenda_2030-Bericht_2019_akt.pdf
Dresden: Kein Bericht
Duisburg: Nachhaltigkeitsbericht 2017 – Wirtschaftsbetriebe Duisburg https://www.duisburg.de/microsites/wbd/unternehmen/Nachhaltigkeit/index.php
Düsseldorf: BERICHT. IST-ERFASSUNG NACHHALTIGE ENTWICKLUNG IN DER STADTVERWALTUNG DÜSSELDORF. 19.2.2021 https://www.duesseldorf.de/fileadmin/Amt19/nachhaltigkeit/Div_pdf_Dateien_Bilder/Bericht_IstErfassung_nachhaltige_Entwicklung_in_der_Stadtverwaltung_Duesseldorf_2020.pdf
Erfurt: Kein Bericht
Essen: Kein Bericht
Frankfurt am Main: Stadt Frankfurt am Main Nachhaltigkeitsbericht 2020 https://frankfurt.de/service-und-rathaus/verwaltung/aemter-und-institutionen/umweltamt/nachhaltigkeitsbericht-2020

Städte ab 200.000 Einwohnerinnen und Einwohnern und Nachhaltigkeitsberichte mit Link
Freiburg im Breisgau: 4. Freiburger Nachhaltigkeitsbericht 2020 https://www.freiburg.de/pb/1073066.html
Gelsenkirchen: Kein Bericht
Halle (Saale): Kein Bericht
Hamburg (Stadt): Hamburger Nachhaltigkeitsbericht 2015 https://www.zukunftsrat.de/fileadmin/pdf/allgemeine_Veranstaltungen/2015_Nachhaltigkeitsbericht.pdf
Hannover: Nachhaltigkeitsbericht der Landeshauptstadt Hannover 2020 https://www.hannover.de/Leben-in-der-Region-Hannover/Umwelt-Nachhaltigkeit/Nachhaltigkeit/Agenda-21-Nachhaltigkeit/Nachhaltige-Kommune/Nachhaltigkeitsbericht-der-Landeshauptstadt-Hannover
Karlsruhe: Kein Bericht
Kassel: Integriertes Klimaschutzkonzept für die Stadt Kassel https://www.kassel.de/suche.php?sp%3Aq=nachhaltigkeitsberichte&sp%3Asearch=siteSearch https://www.kassel.de/umwelt-und-klimaschutz/Klimaschutzkonzept_Stadt_Kassel_Langfassung.pdf
Kiel: Kein Bericht
Köln: Kein Bericht
Krefeld: Kein Bericht
Leipzig: Kein Bericht
Lübeck: Kein Bericht
Magdeburg: Maßnahmenkatalog zum „Masterplan 100 % Klimaschutz" für die Landeshauptstadt Magdeburg https://www.magdeburg.de/Start/B%C3%BCrger-Stadt/System/Volltextsuche-SOLR/index.php?La=1&NavID=37.871&object=med,37.29251.1.PDF
Mainz: Kein Bericht
Mannheim: Nachhaltigkeitsbericht der Stadt Mannheim 2016 https://www.mannheim.de/sites/default/files/2017-10/Nachhaltigkeitsbericht%20Mannheim%202016.pdf
Mönchengladbach: Kein Bericht
München: Nachhaltigkeitsbericht München 2014 https://www.muenchen.de/rathaus/dam/jcr:a40d64a3-8178-40c0-a5e8-058094aae897/Nachhaltigkeitsbericht_2014.pdf
Münster: Jahres-Statistik 2015 der Stadt Münster – Kapitel „Indikatoren zur nachhaltigen Entwicklung" https://www.stadt-muenster.de/fileadmin/user_upload/stadt-muenster/61_stadtentwicklung/pdf/jahr/Jahres-Statistik_2015_Indikatoren_zur_nachhaltigen_Entwicklung.pdf https://www.stadt-muenster.de/stadtentwicklung/publikationen.html#c36487

VIII

Städte ab 200.000 Einwohnerinnen und Einwohnern und Nachhaltigkeitsberichte mit Link
Nürnberg: Nürnberg nachhaltig 4. Bericht zur nachhaltigen Entwicklung der Stadt Nürnberg (2015 – 2017) https://www.nuernberg.de/imperia/md/umweltreferat/dokumente/ 4_nachhaltigkeitsbericht.pdf
Oberhausen: Kein Bericht
Rostock: Indikatoren der nachhaltigen Stadtentwicklung 2018 https://rathaus.rostock.de/media/4984/Indikatorenkatalog%202018.pdf
Stuttgart: Lebenswertes Stuttgart – Die globale Agenda 2030 auf lokaler Ebene https://www.stuttgart.de/suche.php?form=&sp%3Aq%5B%5D=nachhaltigkeitsberichterstattung&sp%3Asearch%5B%5D=siteSearch https://www.stuttgart.de/leben/internationale-beziehungen/stuttgart-global-und-nachhaltig.php
Wiesbaden: Kein Bericht
Wuppertal: Kein Bericht

Tab. 37: Übersicht Nachhaltigkeitsberichte deutscher Städte mit einer Bevölkerungszahl von mehr als 200.000 (Stand: 31.10.2021), eigene Darstellung

3. Nachhaltigkeitsberichte der Kommunen in Bayern

Kommune	Bezeichnung des Berichts
Aschaffenburg (Stadt)	Aschaffenburger-Indikatoren Zahlen, Daten und Fakten zur nachhaltigen Entwicklung
https://www.aschaffenburg.de/dokumente/Kultur-und-Tourismus/Stadtportrait/Aschaffenburger-Indikatoren-2018.pdf	
Augsburg (Stadt)	Wo Nachhaltigkeit gemeinsame Sache ist. Augsburger Nachhaltigkeitsbericht 2018
https://www.nachhaltigkeit.augsburg.de/zukunftsleitlinien/nachhaltigkeitsbericht	
Bamberg (Stadt)	Nachhaltigkeitsbericht der Stadt Bamberg 2011 Bamberger Agenda 21 – Heute für morgen handeln!
https://www.lag21.de/files/default/pdf/Portal%20Nachhaltigkeit/kommune/portal-n-uberarbeitung/by-2011-nachhaltigkeitsbericht-bamberg.pdf	
Coburg (Stadt)	Nachhaltigkeitsbericht der Stadt Coburg 2006
https://www.coburg.de/Portaldata/2/Resources/dokumente/r2-agenda21/Nachhaltigk_Bericht_06_Juli06.pdf	
Erlangen (Stadt)	GLOBAL DENKEN. LOKAL HANDELN Nachhaltigkeitsbericht der Stadt Erlangen 2020
https://www.erlangen.de/PortalData/1/Resources/030_leben_in_er/dokumente/amt_31/31nachh_B_Nachhaltigkeitsbericht_2020_aktual.Webversion.pdf	

VIII

<table>
<tr><th>Kommune</th><th>Bezeichnung des Berichts</th></tr>
<tr><td>Garmisch-Partenkirchen (Markt)</td><td>Nachhaltigkeitsstrategie Garmisch-Partenkirchen 2020</td></tr>
<tr><td colspan="2">https://energiewende-oberland.de/download/C71633bfeX13d35dec834X3c9e/Garmisch_Partenkirchen_lay10.pdf</td></tr>
<tr><td>Herzogenaurach (Stadt)</td><td>Nachhaltigkeitsbericht Herzogenaurach 2017</td></tr>
<tr><td colspan="2">https://energie-herzo.jimdofree.com/downloads/</td></tr>
<tr><td>Mühldorf a. Inn (Stadt)</td><td>Nachhaltigkeitsbericht Mühldorf a. Inn</td></tr>
<tr><td colspan="2">https://www.muehldorf.de/265-Nachhaltigkeitsbericht.html</td></tr>
<tr><td>München (Landeshauptstadt)</td><td>Nachhaltigkeitsbericht München 2014</td></tr>
<tr><td colspan="2">https://www.muenchen.de/rathaus/dam/jcr:a40d64a3-8178-40c0-a5e8-058094aae897/Nachhaltigkeitsbericht_2014.pdf</td></tr>
<tr><td>Neu-Ulm (Große Kreisstadt)</td><td>Nachhaltigkeitsbericht der Stadt Ulm
Berichtszeitraum 2012–2013 (Stand: 2014)</td></tr>
<tr><td colspan="2">Im Internet ist nur der Bericht für den Berichtszeitraum 2011 (Stand: 2012) abrufbar:
https://www.lag21.de/files/default/pdf/Portal%20Nachhaltigkeit/kommune/portal-n-uberarbeitung/by-2012-nachhaltigkeitsbericht-neu-ulm.pdf</td></tr>
<tr><td>Nürnberg (Stadt)</td><td>Nürnberg nachhaltig
4. Bericht zur nachhaltigen Entwicklung der Stadt Nürnberg (2015–2017)</td></tr>
<tr><td colspan="2">https://www.nuernberg.de/imperia/md/umweltreferat/dokumente/4_nachhaltigkeitsbericht.pdf</td></tr>
<tr><td>Rottendorf (Gemeinde)</td><td>Nachhaltigkeitsbericht 2010–2016/17 der Agenda 21 für die Gemeinde Rottendorf</td></tr>
<tr><td colspan="2">https://daten2.verwaltungsportal.de/dateien/seitengenerator/e61d0c4e7b42f0c96ef88da6972bae6793789/nachhaltigkeitsbericht_41-3.pdf</td></tr>
<tr><td>Schweinfurt (Stadt)</td><td>3. Nachhaltigkeitsbericht der Stadt Schweinfurt
ökologische, ökonomische, soziale Indikatoren</td></tr>
<tr><td colspan="2">http://www.schweinfurt.de/m_8204</td></tr>
<tr><td>Unterhaching (Gemeinde)</td><td>Fortschreibung Nachhaltigkeitsbericht
Gemeinde Unterhaching 2012</td></tr>
<tr><td colspan="2">https://www.unterhaching.de/unterhaching/web.nsf/gfx/5E6E55DB04D150CEC12580180028D790/$file/2_Nachhaltigkeitsbericht.pdf</td></tr>
<tr><td>Vaterstetten (Gemeinde)</td><td>Aktionsprogramm & Nachhaltigkeitsbericht
Vaterstetten auf dem Weg der nachhaltigen Gemeindeentwicklung 1999</td></tr>
<tr><td colspan="2">https://www.vaterstetten-agenda21.de/berichte/nhb_vast.pdf</td></tr>
</table>

Tab. 38: Kommunale Nachhaltigkeitsberichte in Bayern (Stand: 30.9.2021), eigene Darstellung

4. Nachhaltigkeitsbericht Rott a. Inn 2021 (Auszüge)

Der komplette Bericht ist unter folgendem Link abrufbar: https://www.rottinn.de/communice-news/news/artikel?tx_news_pi1%5Baction%5D=detail&tx_news_pi1%5Bcontroller%5D=News&tx_news_pi1%5Bnews%5D=214&cHash=93fbfc38cea779468c8c5c5ab656cc66 (Stand: 25.2.2022).

VIII

Nachhaltigkeitsbericht der Gemeinde Rott a. Inn 2021

INHALT

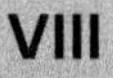

Nachhaltigkeitsbericht
der Gemeinde Rott a. Inn 2021

Die Gemeinde Rott a. Inn

VIII

Die Gemeinde Rott a. Inn

LAGE:

Rott a. Inn liegt im Norden des oberbayerischen Landkreises Rosenheim in einer ländlich geprägten Gegend auf einer Höhe von 481 m über dem Normalhöhennull. Die nächstgelegenen Mittelzentren sind Wasserburg a. Inn und Prien a. Chiemsee. Das nächstgelegene Oberzentrum ist die kreisfreie Stadt Rosenheim. Rott a. Inn selbst ist als Unterzentrum klassifiziert.

WAPPEN:

Das Recht auf Führung eines Gemeindewappens erhielt Rott im Juli 1954 durch das bayerische Innenministerium. In der amtlichen Urkunde heißt es:
„Rott a. Inn ist eine Großgemeinde mit rund 2300 Einwohnern in 32 Orten. Für das neue Gemeindewappen hat der Gemeinderat auf eine geschichtliche Tatsache sowie örtliche Begebenheiten zurückgegriffen. Die Hauptfigur des Wappens (in Rot zwei mit blauen Spitzhelmen bekrönte silberne Türme) entspricht einem erstmals 1358 nachgewiesenen Siegel der ehemaligen Benediktinerabtei Rott: Der Benediktinerorden hat kulturell und wirtschaftlich wesentlich zur Entwicklung des Ortes beigetragen. Der grüne Dreiberg im Schildfuß weist auf die erhöhte Lage von Ort und Kloster über dem Tal des Inn und der den Türmen unterlegte silberne Querfluß auf den Inn selbst hin."

BEVÖLKERUNGSSTAND JEWEILS ZUM 31. DEZEMBER:

2010	2011	2012	2013	2014	2015	2016	2017	2018	2019	2020
3.690	3.695	3.751	3.866	3.942	4.025	4.032	4.038	4.064	4.098	4.117

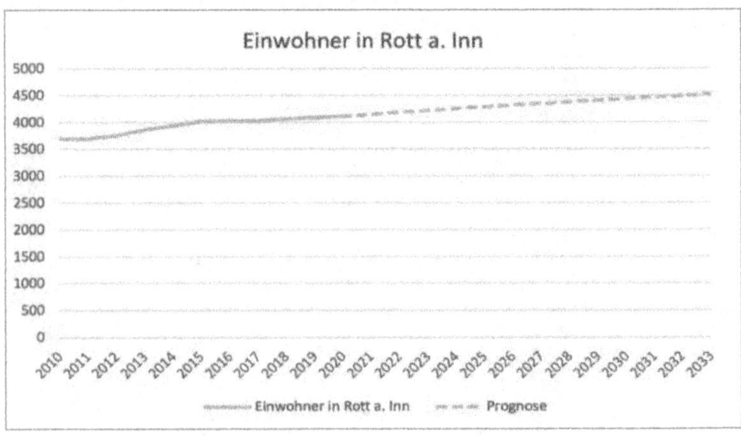

Nachhaltigkeitsbericht
der Gemeinde Rott a. Inn 2021

Individueller Teil

Grußwort des Bürgermeisters

Liebe Bürgerinnen und Bürger,

mit Stolz darf ich Ihnen den ersten Nachhaltigkeitsbericht für die Gemeinde Rott a. Inn präsentieren.
Der Begriff „Nachhaltigkeit" begegnet uns heute auf allen Ebenen und wird von manchen eindimensional als rein umweltbezogenes Thema verstanden. Dabei ist er weit mehr als das. Vielmehr umfasst Nachhaltigkeit die drei Bereiche Soziales, Ökonomie und Ökologie. Immer geht es darum, wie die dauerhafte Regenerationsfähigkeit dieser Systeme gesichert und für künftige Generationen bewahrt werden kann. In all' diesen Bereichen gibt es derzeit Entwicklungen, die diese Zukunft gefährden. Ja, die Menschheit steht vor globalen Herausforderungen vielleicht nie gekannten Ausmaßes. Und gleichzeitig wächst die Erkenntnis, dass viele Problemlösungen auf kommunaler, lokaler Ebene liegen.
Ein Gradmesser für die Nachhaltigkeit auf dieser Ebene sind kommunale Nachhaltigkeitsberichte, die allerdings bislang großteils nur von größeren Städten und Gemeinden erstellt wurden – auch weil es hierfür bislang keine einheitlich anerkannten Standards gibt. Sehr gerne habe ich daher eine Initiative von Prof. Dr. Andreas Fieber von der Technischen Hochschule Rosenheim und des Umweltreferenten des Gemeinderates zur Erstellung eines Nachhaltigkeitsberichtes für unsere Gemeinde aufgenommen. Auf Grundlage des nun erstellten Berichtes, können Sie anhand von 78 Indikatoren und ausgewählten Berichten aus dem kommunalen Raum ersehen, wo Rott a. Inn derzeit in puncto Nachhaltigkeit steht. Dabei geht es nicht um eine politische Wertung, sondern um Zahlen, Daten, Fakten. Sie als Leserin und Leser sollen einen transparenten Einblick in die Gesamtsituation der Gemeinde erhalten. Es ist angedacht den Bericht in regelmäßigen Abständen fortzuschreiben.
Gleichzeitig will der Bericht in Aufbau und inhaltlicher Hinsicht allgemeine Standards für weitere Nachhaltigkeitsberichte ähnlich großer, bzw. kleiner Gemeinden formulieren. Wenn sich das eine oder andere Mitglied in der interkommunalen Familie der Gemeinde und Städte aufgrund dessen zur Erstellung eines ähnlich strukturierten Berichtes entscheiden sollte, geht die Bedeutung des nun vorgelegten Nachhaltigkeitsberichtes weit über Rott a. Inn hinaus.
Mein Dank gilt neben Prof. Dr. Andreas Fieber und Matthias Eggerl allen die durch ihre Beiträge und Mitarbeit zu diesem Bericht beigetragen haben. Ihnen als Leser wünsche ich nun eine interessante und erkenntnisreiche Lektüre.

Ihr
Daniel Wendrock

VIII

Grundlagen zum Nachhaltigkeitsbericht

ZIEL DES BERICHTS

Mit ihrem Nachhaltigkeitsbericht beschreitet die Gemeinde Rott a. Inn neue Wege. Während Städte in der Größenordnung von Nürnberg, Augsburg oder München bereits seit mehreren Jahren über das Thema Nachhaltigkeit berichten, sind solche Bemühungen in kleineren Kommunen bisher noch die absolute Ausnahme. Ziel des Rotter Nachhaltigkeitsberichtes soll es sein, objektiv und transparent offenzulegen, in welchen Bereichen die Gemeinde bereits gut dasteht und wo es noch Handlungsbedarf gibt. Damit soll er allen Bürgerinnen und Bürgern eine Orientierungshilfe bieten und eine ehrliche Rückmeldung über die Entwicklungen in Rott a. Inn geben.

Von zentraler Bedeutung ist, dass der Nachhaltigkeitsbericht nicht als Dokument verstanden wird, das nur die Verantwortlichen in Gemeindepolitik und Verwaltung betrifft. Vielmehr soll mit seiner Veröffentlichung auch jede Rotterin und jeder Rotter dazu aufgerufen werden, sich über das Thema Nachhaltigkeit zu informieren, Dinge im Alltag umzusetzen und so zu einer Verbesserung beizutragen.

Im Bericht wird Nachhaltigkeit in ihrer Gesamtheit verstanden. Deshalb werden alle drei Dimensionen gleichermaßen beleuchtet: die ökologische, die ökonomische und die soziale Dimension. Das übergeordnete Ziel ist, dass sich Rott a. Inn in seiner Gesamtheit nachhaltig entwickelt. Der Nachhaltigkeitsbericht liefert dafür wichtige Daten, die als Entscheidungsgrundlage dienen können. Außerdem macht er Entwicklungen sichtbar, die ansonsten möglicherweise nicht erkannt worden wären. Zu diesem Zweck soll der Bericht in regelmäßigen Abständen fortgeschrieben und aktualisiert werden.

Was bedeutet „nachhaltige Kommunalentwicklung"?

Nachhaltige kommunale Entwicklung bedeutet, dass die Bewohner einer Kommune ihre Bedürfnisse befriedigen, ohne zu riskieren, dass künftige Bewohner der Kommune ihre eigenen Bedürfnisse nicht befriedigen können. Darüber hinaus zielt nachhaltige kommunale Entwicklung in regionaler, überregionaler und letztlich globaler Perspektive stets darauf ab, weder gegenwärtig noch zukünftig einer Befriedigung der Bedürfnisse von Menschen, die außerhalb der Kommune leben, im Wege zu stehen. Dabei sind ökonomische, ökologische und soziale Belange gleichermaßen zu berücksichtigen.

MIT DEM BERICHT ZU MEHR NACHHALTIGKEIT IN ROTT

Rott hat sich zum Ziel gesetzt, in punkto Nachhaltigkeit eine Vorreitergemeinde zu werden. Um diesen Weg konsequent beschreiten zu können, braucht es ein geplantes und vor allem gezieltes Handeln. In der Wissenschaft wird dieses Handeln auch mit dem Begriff „Nachhaltigkeitsmanagement" beschrieben. Und genau darum geht es: Rott so zu gestalten, dass es sich sowohl ökologisch, ökonomisch, als auch sozial dauerhaft und tragfähig weiterentwickelt. Der Nachhaltigkeitsbericht ist dabei das neue Kernstück dieses Politik- und Verwaltungsansatzes. Er bildet die Grundlage für ein strategisches Nachhaltigkeitsmanagement:

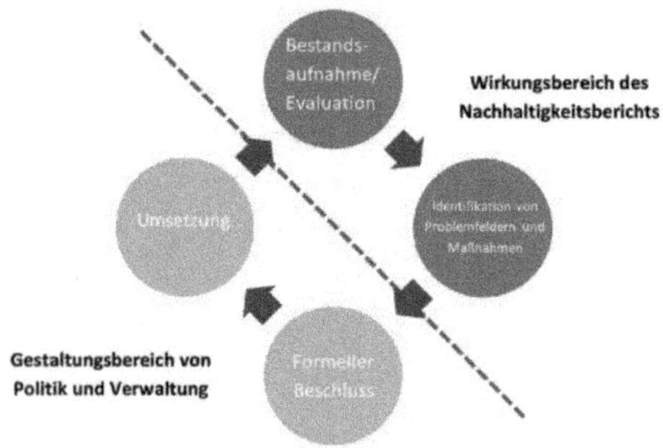

AUFBAU DES BERICHTS: INDIVIDUELLER UND INDIKATORENGESTÜTZTER TEIL

Der Rotter Nachhaltigkeitsbericht ist grundsätzlich zweigeteilt. Im ersten Teil werden individuelle Projekte und Einzelmaßnahmen von und in der Gemeinde erläutert. Dieser Teil erhebt weder den Anspruch der Vergleichbarkeit noch der Vollständigkeit. Vielmehr soll es darum gehen, über herausragende Aktivitäten der vergangenen beiden Jahre zu berichten. Diese werden auch unter dem Titel „Leuchtturmprojekte" geführt. Sie sollen Anstoß und Beispiel für andere Kommunen sein.

Im zweiten Teil werden anhand von 78 Indikatoren, die nach den sogenannten Sustainable Development Goals (SDGs) gegliedert sind, gestützte Teil ist so konzipiert, dass er sich auf Kommunen verschiedenster Größe anwenden lässt – von der Landgemeinde Rott bis zur Landeshauptstadt München. Da einige Daten jedoch für kleine Einheiten nicht erhoben werden oder nicht relevant sind, bleiben Leerstellen bestehen. Die entsprechenden Indikatoren wurden dennoch bewusst nicht komplett auf dem Bericht gestrichen. Zum einen können sie auch ohne Daten der Gemeinde Rott interessante Informationen zum Thema Nachhaltigkeit liefern. Zum anderen sind sie als Anstoß gedacht, Daten zukünftig auch bis auf die kleinsten Ebenen hinab zu ermitteln.

ORIENTIERUNG AN DEN SUSTAINABLE DEVELOPMENT GOALS (SDGS)

Der Rotter Nachhaltigkeitsbericht soll nicht für sich allein stehen, sondern in ein großes Gesamtgefüge eingebettet werden. Genauso wie eine nachhaltige Entwicklung ein globales Thema ist, sollten auch die untersuchten Bereiche auf globaler oder zumindest nationaler Ebene deckungsgleich sein.

Um dies zu gewährleisten, wurde ein großer Teil des Berichts nach den 17 Entwicklungszielen der Vereinten Nationen gegliedert – den sogenannten Sustainable Development Goals (SDGs).

Diese wurden von der Weltgemeinschaft im September 2015 verabschiedet und streben eine nachhaltige Entwicklung in allen Weltteilen gleichermaßen an.

Auch die Deutsche Nachhaltigkeitsstrategie, verschiedene Indikatorenkataloge und eine Mehrheit der in den vergangenen Jahren veröffentlichten kommunalen Nachhaltigkeitsberichte basieren auf diesen Entwicklungszielen. Damit wird Rott a. Inn mit anderen Gemeinden und Städten vergleichbar und der Rotter Nachhaltigkeitsbericht fügt sich in die nationalen und internationalen Ziele ein.

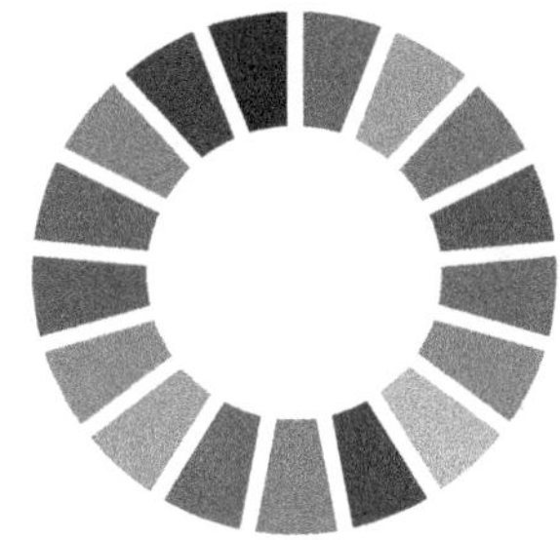

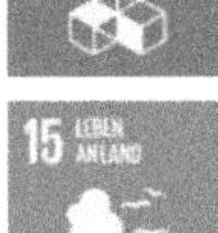

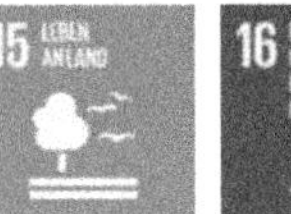

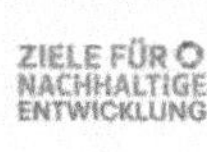

Bildquelle: Vereinte Nationen, https://unric.org/de/17ziele/

BETEILIGTE PERSONEN

Am Rotter Nachhaltigkeitsbericht waren verschiedene Personen über mehrere Monate beteiligt. Den Anstoß gab ein Buchprojekt von Prof. Dr. Andreas Fieber vom Campus Burghausen, TH Rosenheim und Matthias Eggerl über kommunale Nachhaltigkeitsberichterstattung. Mithilfe des Rotter Berichts, der gleichzeitig als ein Fallbeispiel gedacht ist, soll gezeigt werden, dass durchaus auch kleinere Städte und Landgemeinden in der Lage sein können, Nachhaltigkeitsberichte zu erstellen.

An der Bereitstellung der Daten war die Verwaltung mit Bürgermeister Daniel Wendrock an der Spitze maßgeblich beteiligt.

Foto: Prof. Dr. Andreas Fieber, Bürgermeister Daniel Wendrock und Umweltreferent Matthias Eggerl

Großer Dank gilt den Referentinnen und Referenten des Gemeinderats, den Mitgliedern des Arbeitskreises Umwelt & Nachhaltigkeit sowie den Vertreterinnen und Vertretern der Verbände, die die Texte und Bilder für den ersten Teil des Berichtes geliefert haben. Viele der Fotografien stammen von Bernd Klemmer, dem an dieser Stelle ein besonderer Dank für seine Mithilfe gebührt. Britta Kuhlendahl-Kraft sei für ihre Mithilfe beim Korrekturlesen des Berichts gedankt.

Maßnahmen der Gemeinde

Als Beitrag zu einer nachhaltigen Kommunalpolitik zählen für die Gemeinde Rott a. Inn alle kommunalpolitischen Maßnahmen, die das ökologische Gleichgewicht fördern, der ökonomischen Sicherheit zuträglich sind und ihren Beitrag zur sozialen Gerechtigkeit leisten („Dreieck der Nachhaltigkeit"). Im Folgenden werden auf diesen Gebieten exemplarisch drei wichtige Projekte („Leuchtturmprojekte") sowie weitere bereits umgesetzte, in Umsetzung befindliche oder geplante Maßnahmen dargestellt.

Leuchtturmprojekte (ökonomisch, ökologisch, sozial)

NACHHALTIGKEIT IN RATHAUS UND VERWALTUNG

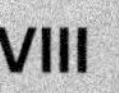

Die Rathaus- und Gemeindearbeit wurde und wird seit 2020 stufenweise im Hinblick auf mehr ökologische und soziale Nachhaltigkeit umgestellt. Dies umfasst ein ganzes Bündel an Einzelmaßnahmen:

- In Verwaltung und Schule wird ausschließlich Umweltpapier verwendet, ebenso für den Druck des Gemeindeblattes.
- Als „Neubürgergeschenke" werden ausnahmslos von einem Rotter Gewerbebetrieb designte Produkte vergeben. Diese werden unter Beachtung ökologischer und sozialer Kriterien regional hergestellt.
- Die konventionellen Putzmittel für die Reinigung der gemeindlichen Liegenschaften sind, wo immer möglich, durch ökologische Produkte ersetzt worden.
- Zudem werden die Liegenschaften künftig zu 100 % mit Strom aus regenerativen Energien versorgt, Kindergarten, Schule und Kläranlage darüber hinaus mit Photovoltaikanlagen ausgestattet.
- Ein digitales Ratsinformationssystem und Bürgernetz soll den Einstieg in eine papierlose, ressourcenschonende Verwaltungswelt eröffnen.
- Ab 2022 wird schließlich ein E-Auto den Fuhrpark der Gemeinde erweitern.

NACHHALTIGE BAURECHTSSCHAFFUNG

Die Gemeinde Rott a. Inn setzt auch bei Bebauungsplanaufstellungen und -änderungen auf Kriterien sozialer und ökologischer Nachhaltigkeit.

- Ältere Bebauungspläne mit Wohnungsbeschränkungen und vergleichsweise kleinen Baurechten auf großen Grundstücken werden und wurden systematisch im Sinne der Nachverdichtung geändert.
- Durch höhere Grundflächenzahlen und Gebäudehöhen wird die Schaffung von dringend benötigtem Wohnraum ohne die gleichzeitige Versiegelung unbebauter Grundstücke im Außenbereich ermöglicht.
- Im Bereich Meiling-Süd wurde die Aufstellung eines Bebauungsplanes beschlossen, in dem neben subventioniertem Bauland im Rahmen des Einheimischenmodells auch Wohnungen mit reduziertem, sozialen Mietpreis entstehen sollen. In einem zweiten Abschnitt ist dort auch die Schaffung eines Mehrgenerationenwohnens als städtebauliche Reaktion auf den fortschreitenden demographischen Wandel angedacht.
- Bei diesen Planungsprojekten wird auf flankierende ökologische Festsetzungen in den Plänen geachtet. Hierzu zählen beispielsweise die Pflicht zur Schaffung von Photovoltaikanlagen auf den Hausdächern, das Verbot von Steingärten oder Thujenhecken und im Hinblick auf den Klimawandel zukunftsweisende Pflanzgebote.

STÄRKUNG ÖKONOMISCHER STRUKTUREN

Die Schaffung von guten Rahmenbedingungen für die breit gefächerte mittelständische Wirtschaft ist ein weiteres kommunalpolitisches Ziel zur nachhaltigen Stärkung ökonomischer Sicherheit.

- Für die Erweiterung des Gewerbegebietes Am Eckfeld wurde zunächst im Rahmen der Bestandspflege ausschließlich Rotter Gewerbetreibenden die Möglichkeit zur Bewerbung gegeben, in einer zweiten Runde auch auswärtigen Betrieben. Leitkriterien für die Grundstücksvergabe waren hierbei u.a. die Schaffung sozialversicherungspflichtiger Arbeitsplätze und die zu erwartenden Gewerbesteuereinnahmen zur Sicherung der finanziellen Basis für infrastrukturelle Maßnahmen der Gemeinde.
- Auch ansonsten ist die Gemeinde Rott a. Inn um einen engen Schulterschluss zur lokalen Wirtschaft bemüht: bereits seit vielen Jahren ist sie Mitglied im Ortsverband des Bundes der Selbstständigen und mit diesem gemeinsam Träger verschiedener Veranstaltungen, wie etwa dem alljährlichen Neujahrsempfang.
- Die Gewerbesteuersätze konnten trotz angespannter Haushaltslage über Jahre hinweg stabil gehalten werden.
- Steuerstundungen gerade im Rahmen der Coronakrise wurden großzügig behandelt.

Weitere Maßnahmen und Ziele

BARRIEREFREIES ROTT

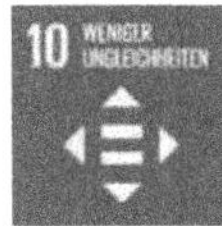

Im Rahmen des Abbaus von Barrieren für Menschen mit Behinderungen oder Seniorinnen und Senioren wurde der Ort seit 2018 an verschiedenen Stellen barrierefrei umgebaut (Wege im Ortszentrum, am Friedhof oder am Naherholungsgebiet Rotter Ausee).
Die neue Homepage der Gemeinde ist barrierefrei und mehrsprachig.

NEUBAU DER GRUND- UND MITTELSCHULE

Bis 2023 soll der Neubau der Rotter Grund- und Mittelschule abgeschlossen sein. Es entsteht ein moderner Schulhausneubau mit integrierter Ganztagesbetreuung (Hort, Ganztagesklassen) und eine Raumaufteilung die auch modernen pädagogischen Ansätzen (z.B. Differenzierungsunterricht) ausreichend Raum belässt. Die Bauweise erfolgt im Passivhausstandard und genügt hohen ökologischen Baustandards.

SPENDE DES ALTEN FEUERWEHRAUTOS IN DEN LIBANON

Anfang 2021 wurde das ausgediente Feuerwehrfahrzeug der freiwilligen Feuerwehr in den Libanon zur Stärkung der dortigen maroden Feuerwehrinfrastruktur abgegeben.
Der Dank gilt hier auch dem damaligen Gemeinderatsmitglied und ehemaligen 2. Bürgermeister Franz Riedl, der den Transport des Fahrzeugs mit einer großzügigen Spende unterstützte.

UNTERSTÜTZUNG DER ROTTER SENIORINNEN UND SENIOREN

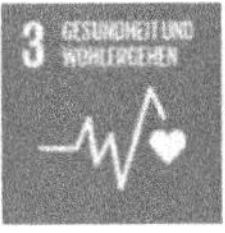

Bereits Anfang der 2000er Jahre hat die Gemeinde Rott a. Inn mit dem heutigen „Seniorenwohnen Am Kaisergarten“ den Weg zu betreuten und altersgerechten Wohnen eingeschlagen. In dieser Wahlperiode wurde zudem ein Seniorenbeirat mit satzungsmäßig verankerten Mitwirkungsrechten bei gemeindlichen

Die Gemeinde unterstützt aktiv die Maßnahmen der Sozialstiftung Gottfried Hain zur Eindämmung von (Alters-)Armut im Gemeindegebiet und den Gemeinden Ramerberg und Pfaffing. Der Erste Bürgermeister ist Stiftungsratsvorsitzender, die Antragsprüfung und Betreuung der Leistungsempfänger erfolgt durch

Berichte der Referenten des Gemeinderats

Referentin für das Schulwesen

Nach langjähriger Planung begann Ende 2020 nun das große Projekt Schulhausneubau. Mit rund 19 Millionen Euro ist es das größte Projekt der Gemeinde Rott a. Inn. Der Schulstandort der Grund- und Mittelschule Rott a. Inn soll damit erhalten bleiben. Nach anfänglichen Überlegungen, dass bestehende Gebäude zu sanieren, entschied sich der Gemeinderat schließlich aus pädagogischen und wirtschaftlichen Gründen doch für einen Neubau. Ein Passivhaus soll entstehen, das im Vergleich zum alten Gebäude platzsparender ist. Die Schule wird ein Stockwerk höher, wird barrierefrei und verfügt insgesamt über 17 Klassenzimmer, 9 Fachräume, 3 Ganztagesklassen, einer Mensa und zusätzlich ist noch ein Hort mit drei Gruppen vorgesehen. Letzterer war zuvor in Rott nicht vorhanden und schafft eine zusätzliche Betreuungsmöglichkeit für die Kinder.

Der Neubau wird nach ökologischen Standards errichtet. Die Dachflächen werden für eine Photovoltaikanlage genutzt und geheizt wird zukünftig mit einer Pelletheizung. Diese ist so geplant, dass zu einem späteren Zeitpunkt der naheliegende Gemeindekindergarten sowie die benachbarten Gebäude der Freiwilligen Feuerwehr Rott mit Wärme versorgt werden können. Zwischenzeitlich wurde auch überlegt den Katholischen Kindergarten und Pfarrsaal, welche sich unweit der Schule befinden, ebenfalls an die Heizung anzuschließen. Dadurch entstünde eine zentrale Heizversorgung für die Schule, den Kindergarten, den Pfarrsaal sowie die Feuerwehr. Aufgrund der enormen Kostenentwicklung bei diesem Vorhaben, welche sowohl auf die Gemeinde als auch auf die Kirche zugekommen wären, wurde darauf verzichtet, die kirchlichen Gebäude mit in die Planung zu integrieren.

Foto: Abriss der alten Schule aus der Vogelperspektive

Foto: Die Bauarbeiten an der neuen Schule kommen voran

Die Mittagsverpflegung wurde bis zum Frühjahr 2020 durch die ortsansässige Gastronomie übernommen. Aus Kosten- und arbeitstechnischen Gründe wurde die Zusammenarbeit leider beendet. Die Suche nach einer neuen Catering-Firma gestaltete sich schwieriger als gedacht, jedoch konnte eine ortsnahe Firma für die Verpflegung gewonnen werden. Möglichst kurze Fahrstrecken und dennoch eine ausgewogenes Mittagsangebot für die Schülerinnen und Schüler hatten bei der Suche Priorität.

In die Schule werden immer wieder verschiedene Vereine der Gemeinde eingeladen und haben die Möglichkeit sich vorzustellen. Junge Mitglieder können so gewonnen werden und die Kinder haben die Möglichkeit Fragen zu stellen und unterschiedliche Vereine kennenzulernen. Die Schülerinnen und Schüler haben so die Gelegenheit aktiv das Gemeindeleben mitzugestalten.

Schulreferentin:
Anna-Lena Springer
anna-lena.springer@web.de

Webseite der Grund- und Mittelschule Rott a. Inn:
www.gms-rottinn.de

VIII

Steckbrief

Für die Wahlperiode 2020-2026 wurde Anna-Lena Springer als Referentin des Gemeinderats für das Schulwesen berufen.
Ihre Aufgabe als Referentin ist es, Bindeglied zwischen dem Gemeinderat und den Bürgern zu sein. Bei Themen rund um die Schule ist sie die richtige Ansprechpartnerin.

Bericht des Behindertenbeauftragten

ZIEL

Das Ziel eines jeden Behindertenbeauftragten muss die Inklusion sein. Inklusion bedeutet, dass kein Mensch ausgeschlossen, ausgegrenzt oder an den Rand gedrängt werden darf. Als Menschenrecht ist Inklusion unmittelbar verknüpft mit den Ansprüchen auf Freiheit, Gleichheit und Solidarität. Damit ist Inklusion sowohl ein eigenständiges Recht als auch ein wichtiges Prinzip, ohne das die Menschenrechte unvollständig bleiben. Anders ausgedrückt, allen soll die Teilnahme am öffentlichen Leben möglich sein. Kein Mensch mit Behinderung sollte ausgeschlossen sein.

DEFINITION BEHINDERUNG

Als Behinderung wird die dauerhafte und gravierende Beeinträchtigung der gesellschaftlichen und wirtschaftlichen Teilhabe verstanden. Behinderung wird nicht als Krankheit bezeichnet, jedoch sind oft eine oder mehrere Krankheiten mit der Behinderung verknüpft. Behinderungen lassen sich grob in die Bereiche körperliche Behinderung, Sinnesbehinderung (Blindheit, Gehörlosigkeit, Schwerhörigkeit, Taubblindheit), Sprachbehinderung, psychische Behinderung, Lernbehinderung und geistige Behinderung gliedern. Häufig wird das Wort Behinderter als zu unpersönlich und damit diskriminierend kritisiert. Ausweichformen sind behinderte Person, behinderter Mensch, Mensch mit Behinderung oder körperlich eingeschränkter Mensch.

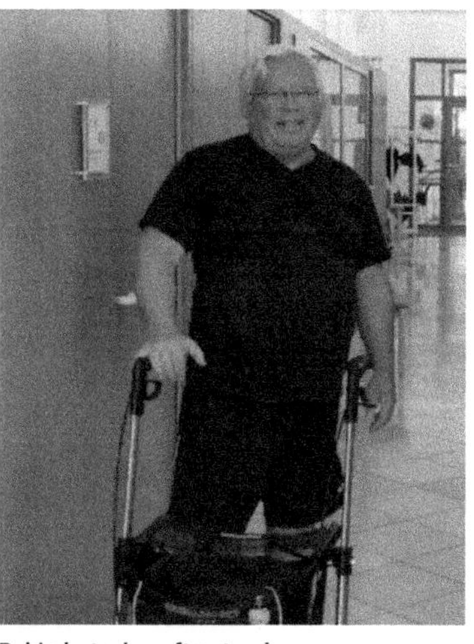

Behindertenbeauftragter der Gemeinde Rott a. Inn Richard Helm

Festnetz: 08039/909 7430
Mobil: 01522 366 2734
richard.helm@web.de

Steckbrief

Richard Helm ist seit dem 01. August 2019 Behindertenbeauftragter der Gemeinde. Er ist Ansprechpartner für Menschen mit Behinderungen in der Gemeinde und vertritt ihre Anliegen gegenüber dem Bürgermeister, dem Gemeinderat und der Gemeindeverwaltung.

In seiner Funktion als Beauftragter informiert und berät er Menschen mit Behinderung und deren Angehörige und vermittelt sie bei Bedarf an andere Institutionen und Behörden.

VIII

AUFGABEN DES BEHINDERTENBEAUFTRAGTEN

Seit Augst 2019 ist Richard Helm der Behindertenbeauftragte der Gemeinde. Der Behindertenbeauftragte ist der Ansprechpartner für Menschen mit Behinderungen, er vertritt deren Belange gegenüber dem Bürgermeister, dem Gemeinderat und der Gemeindeverwaltung. Er berät Menschen mit Behinderung und vermittelt sie bei Bedarf an andere Institutionen und Behörden. Er betreibt Öffentlichkeitsarbeit und macht auf die Situation von Menschen mit Behinderung aufmerksam. Und er ist Ansprechpartner für die Behindertenbeauftragten des Landkreises.

ANSPRECHPARTNER FÜR MENSCHEN MIT BEHINDERUNG

Seit August 2019 haben 20 Personen das Gespräch gesucht. Beratungsbedarf bestand bei Problemen mit der Krankenkasse, der Pflegekasse oder dem medizinischen Dienst (MDK), die Einordnung in Pflegegrade und der Gang vor das Sozialgericht. Für eine Person war ein Folgeantrag für die Höherstufung der Schwerbehinderung zu stellen. Häufig ging es auch um die Verbesserung von Verkehrswegen.

ÖFFENTLICHKEITSARBEIT

Der Behindertenbeauftragte veröffentlichte seit August 2019 im Gemeindeblatt 19 Artikel mit Informationen für Menschen mit Behinderung oder über den Umgang mit Menschen mit Behinderungen. Außerdem postet er gelegentlich in Facebook unter der Seite „Ich bin doch nicht behindert" teils lustig-ironische und auch ernste Beiträge, die auf die Situation der Menschen mit Behinderungen aufmerksam machen.

MITWIRKUNG IN GREMIEN

Der Behindertenbeauftragte wirkt im Vorfeld einer Bauausschusssitzung mit. Er prüft bei Bauvorhaben mit mehr als zwei Wohnungen, ob Artikel 48 der Bayerischen Bauordnung zur Barrierefreies Bauen eingehalten wird. In Gebäuden mit mehr als zwei Wohnungen müssen die Wohnungen eines Geschosses barrierefrei erreichbar sein; diese Verpflichtung kann auch durch barrierefrei erreichbare Wohnungen in mehreren Geschossen erfüllt werden. Seit Mai 2021 ist der Behindertenbeauftrage Mitglied im Seniorenbeirat, der Vorschläge und Konzepte für Seniorinnen und Senioren erarbeitet. Der Behindertenbeauftragte wird bei Fragen der Barrierefreiheit angehört, so zum Beispiel bei Planungsmöglichkeiten für einen barrierefreien Zugang zum tiefer gelegenen Pausenhof beim Schulneubau.

KONTAKTE ZWISCHEN MENSCHEN MIT BEHINDERUNGEN HERSTELLEN UND FÖRDERN

Eine noch nicht genannte Aufgabe des Behindertenbeauftragen ist es, zu ermöglichen, dass Menschen mit Behinderung untereinander sich besser kennenlernen. Dabei soll ein Wir-Gefühl entstehen und eine bessere Motivation und Förderung untereinander entstehen. Bürgermeister und der Behindertenbeauftragte haben hierzu einen Stammtisch geplant, bisher haben die Corona-Auflagen dies verhindert. Allerdings können hierzu die Menschen mit Behinderungen nicht persönlich eingeladen werden, denn es gibt aus Datenschutzgründen keine Listen, wer behindert ist, wo er wohnt und welche Art die Behinderung vorliegt.

38 Nachhaltigkeitsbericht der Gemeinde Rott a. Inn 2021

VERBESSERUNG DER VERKEHRSWEGE

Der Behindertenbeauftragte hat 16 Vorschläge zur Verbesserung der Begehbarkeit im Ort gemacht. Zur Verwirklichung wird jedoch die Hilfe von den politischen Entscheidungsträgern benötigt. Die fand der Behindertenbeauftragte in Bürgermeister Daniel Wendrock, der sich die Verbesserung der Gehwege vorgenommen hat. Es fanden acht Abstimmungsgespräche statt. Mit der Hilfe von Bürgermeister Daniel Wendrock konnte bereits der Übergang vom Gehweg zur Sparkasse sowie die Ausfahrt vom Gemeindeparkplatz zur Bahnhofsstraße verbessert werden. Der Abgang im nördlichen Friedhof soll ein zweites Geländer bekommen. Die Stufe zum Kirchweg wird abgeschrägt. Auch die Situation am Rotter Ausee soll verbessert werden. Das Geländer der Treppe in den Ausee wird verlängert. 2022 soll das bestehende Kioskgebäude vergrößert werden. Darin soll auch eine Behindertentoilette mit Umkleide eingebaut werden. Derzeit sind mehr Bänke im Ort geplant. Dies hat auch der neue Seniorenbeirat angeregt. Bei einer Rundfahrt mit Bürgermeister Daniel Wendrock soll geklärt werden, wo sie aufgestellt werden können. Sobald die Haushaltslage der Gemeinde es zulässt, soll die für Rollstuhlfahrer und Rollatorenbenutzer holprige Rotter Achse eine glattere Bahn bekommen, um den Menschen mit Behinderung den Zugang zur Gemeindeverwaltung, Kirche und Behinderten-WC leichter zu machen. Ein weiteres großes Ziel sind Fußgängerüberwege über die Bahnhofsstraße und Münchner Straße. Das wird vielfach gewünscht, hängt jedoch von den zuständigen Behörden ab. Bürgermeister Daniel Wendrock und der Behindertenbeauftragte wollen auf die Behörden zugehen.

Foto: Bürgermeister Daniel Wendrock und Behindertenbeauftragter Richard Helm machen sich ein Bild vom Umbau des Gehwegs an der Sparkasse (Dezember 2020)

VIII

6.3. Abwasserbehandlung / -qualität

Definition:

Der Indikator zeigt den Anteil des Abwassers, der durch Denitrifikation und Phosphorelimination behandelt wird.

Daten für Rott a. Inn:

Anteil des Abwassers, der in Rott a. Inn per 31.12.2021 entsprechend behandelt wird: 100%

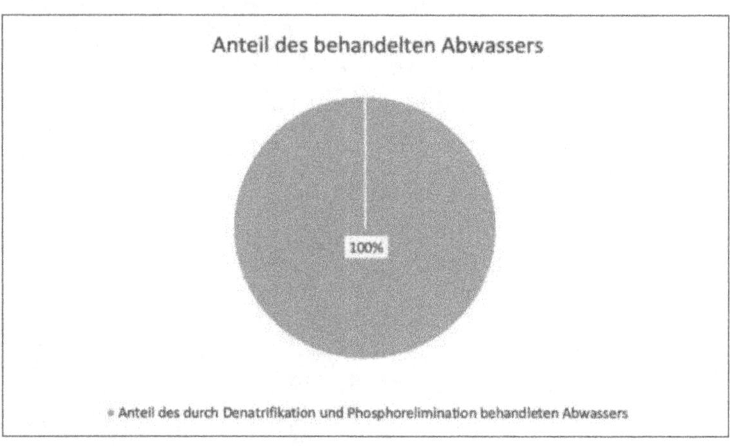

Bedeutung im Zusammenhang mit Nachhaltigkeit:

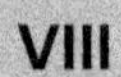

Nitrat- und Phosphoreintrag und die damit einhergehende Anreicherung von Nährstoffen kann zu einer erhöhten Algenproduktion und einem sinkenden Sauerstoffgehalt des Wassers führen. Dadurch können Ökosysteme nachhaltig gestört werden, was bis zu Fischsterben und anderen unmittelbar greifbaren Konsequenzen führen kann. Auch unterhalb dieser unmittelbar sichtbaren Folgen führt die Veränderung der Gewässerökologie oftmals zur Verdrängung von Tier- und Pflanzenarten und wirkt sich dadurch negativ auf den Artenreichtum an sich aus. Da ein beträchtlicher Teil (bei Phosphor rund die Hälfte) der Einträge aus den kommunalen Abwassersystemen stammt, ist die Einflussmöglichkeit für die Kommunen sehr groß.

Zielwert:

Der Anteil des Abwassers, der durch Denitrifikation und Phosphorelimination behandelt wird, soll auf 100 Prozent erhöht werden.

Quelle: *Gemeinde Rott a. Inn*

6.4. Wasserqualität der Badegewässer

Definition:

Der Indikator zeigt den Anteil der Badestellen, die gemäß der Richtlinie 2006/7/EG des Europäischen Parlaments und des Rates mit dem Ergebnis „ausgezeichnet" bewertet werden.
Die untersuchten Badestellen werden einzeln aufgelistet.

Daten für Rott a. Inn:

Anteil der erfassten Badestellen mit dem Ergebnis „Ausgezeichnet":

100 %, bei einer untersuchten Badestelle im Gemeindegebiet.

- **Badestelle Rotter Ausee, Nordufer**

Wasserqualität „Ausgezeichnet" gemäß EU-Einstufung 2015- 2018

Bedeutung im Zusammenhang mit Nachhaltigkeit:

Beim Schwimmen und Baden wird in der Regel unvermeidlich eine gewisse Menge Wasser aufgenommen. Vor allem bei einer bakteriellen Belastung des Wassers kann dies zu gesundheitlichen Problemen führen. Deshalb sind die EU-Mitgliedsstaaten seit 2008 dazu verpflichtet, die Qualität regelmäßig genutzter Badestellen zu überwachen. In Deutschland wurde die Umsetzung in nationales Recht auf Länderebene vollzogen. Neben der reinen Überwachung soll ein umfassendes Badegewässermanagement für eine sichere Badeaktivität sorgen. Bereits heute wird ein Großteil der untersuchten Badestellen mit „ausgezeichnet" bewertet. Deshalb ist ein Erreichen der entsprechenden Bewertung auch für die übrigen Badestellen nicht nur anzustreben, sondern auch realistisch.

Zielwert:

Alle Badestellen sollen die Bewertung „ausgezeichnet" gemäß der Richtlinie 2006/7/EG des Europäischen Parlaments und des Rates erreichen

Quelle:

Die Daten werden von der EU jährlich erhoben: https://www.eea.europa.eu/themes/water/europes-seas-and-coasts/assessments/state-of-bathing-water/state-of-bathing-waters-in-2020, abgerufen am 20.11.2021

Für Rott a. Inn und seine Nachbargemeinden listet auch die Seite des Landratsamts Rosenheim alle Badestellen auf: https://www.landkreis-rosenheim.de/landkreis-gemeinden/?findTab=badestelle#qualitaet-der-badeseen-rotter-ausee-nordufer-rott, abgerufen am 20.11.2021

6.5. Zugänglichkeit öffentlicher Sanitäranlagen

Definition:

Der Indikator zeigt die Zahl der öffentlich zugänglichen Sanitäranlagen. Diese können kommunal betriebene Sanitäranlagen und solche in privater Hand umfassen, soweit sie explizit für den allgemeinen öffentlichen Gebrauch zugänglich sind.

Die vorhandenen öffentlich zugänglichen Sanitäranlagen werden möglichst inklusive folgender Informationen einzeln ausgewiesen: Lage, zeitliche Zugänglichkeit, Benutzungsgebühren, Barrierefreiheit.

VIII

Daten für Rott a. Inn:

Zum 31.12.2021 finden sich vier öffentlich zugängliche Sanitäranlagen in Rott a. Inn. Sie sind alle gebührenfrei, eine davon ist barrierefrei.

Bedeutung im Zusammenhang mit Nachhaltigkeit:

Während die Versorgung mit adäquaten Sanitäranlagen im privaten Bereich in Deutschland bei annähernd einhundert Prozent liegt, ist die Zugänglichkeit öffentlicher Sanitäranlagen oftmals nur eingeschränkt sichergestellt. Insbesondere ist die Aufmerksamkeit auf eine bessere Versorgung mit barrierefrei zugänglichen Sanitäranlagen zu richten. Verbesserungen im Bereich der Versorgung mit allgemein zugänglichen Sanitäranlagen können den öffentlichen Raum attraktiver und inklusiver machen und zu einer verbesserten Hygiene beitragen.

Zielwert:

Kein konkreter Zielwert. Es soll eine angemessene Anzahl an öffentlich zugänglichen Sanitäranlagen entsprechend der Einwohnerzahl und der Touristen zur Verfügung gestellt werden.

Quelle: *Gemeinde Rott a. Inn*

SDG 7: BEZAHLBARE UND SAUBERE ENERGIE

7.1. Anteil erneuerbarer Energien am Bruttoendenergieverbrauch

Definition:

Der Indikator zeigt den Anteil der erneuerbaren Energien am Bruttoendenergieverbrauch in der Kommune.

Der „Bruttoendenergieverbrauch", umfasst im Sinne der EU-Richtlinie 2009/28/EG zur Förderung der Nutzung von Energie aus erneuerbaren Quellen Artikel 2(f):

- sämtliche Lieferungen von Energieprodukten an die Verbraucher von Energie
- den Eigenverbrauch der Energiegewinnungsbereiche
- die bei der Verteilung und Übertragung auftretenden Transport- und Leitungsverluste.

Dies sind alle in Deutschland oder in einer Kommune verbrauchten Energieträger. Dazu zählen neben den erneuerbaren Energien auch importierter Strom und fossile Energieträger wie Braun- und Steinkohle, Öl und Gas.

Daten für Rott a. Inn:

Für Rott a. Inn sind keine Daten vorhanden.

Bedeutung im Zusammenhang mit Nachhaltigkeit:

Der Klimawandel fordert im Sinne der intergenerationellen Gerechtigkeit ein konsequentes Handeln der heutigen Generationen. Um ihm wirksam begegnen zu können, müssen insbesondere die CO_2-Emissionen in absehbarer Zeit deutlich gesenkt werden. Dazu muss vor allem die Energiegewinnung aus fossilen Stoffen zurückgefahren und im Gegenzug der Anteil der erneuerbaren Energien in allen Sektoren gesteigert werden.

Die Kommunen können sich aktiv an der Förderung und am Ausbau von Sonnen-, Wind- und Wasserkraft sowie der Energiegewinnung aus Biomasse und Geothermie beteiligen und so zu einer gelingenden Energiewende beitragen.

Zielwert:

Gemäß den in der Deutschen Nachhaltigkeitsstrategie formulierten Zielen soll der Anteil der erneuerbaren Energien am Bruttoendenergieverbrauch auf 18% bis 2020, auf 30% bis 2030, auf 45% bis 2040 und auf 60% bis 2050 gesteigert werden.

Mögliche Quellen: *Bundesamt für Statistik, Statistische Landesämter*

7.2. Anteil erneuerbarer Energien am Bruttostromverbrauch (Gesamtstromverbrauch)

Definition:

Der Indikator zeigt den Anteil des aus erneuerbaren Energien gewonnen Stroms am Bruttostromverbrauch (Gesamtstromverbrauch) in der Kommune.
Der Bruttostromverbrauch einer Region umfasst die gesamte Stromerzeugung im Land plus Importe minus Exporte. Darin sind auch der Eigenverbrauch der Energiegewinnungsbereiche und die bei der Verteilung und Übertragung auftretenden Transport- und Leitungsverluste enthalten.

Daten für Rott a. Inn:

Anteil erneuerbarer Energien am Gesamtstromverbrauch in Rott a. Inn:

	2012	2013	2014	2015	2016	2017	2018	2019
Anteil der Stromerzeugung aus Erneuerbaren Energien am Gesamtstromverbrauch in %	17,7	17,4	17,7	18,0	18,1	18,2	19,6	18,8

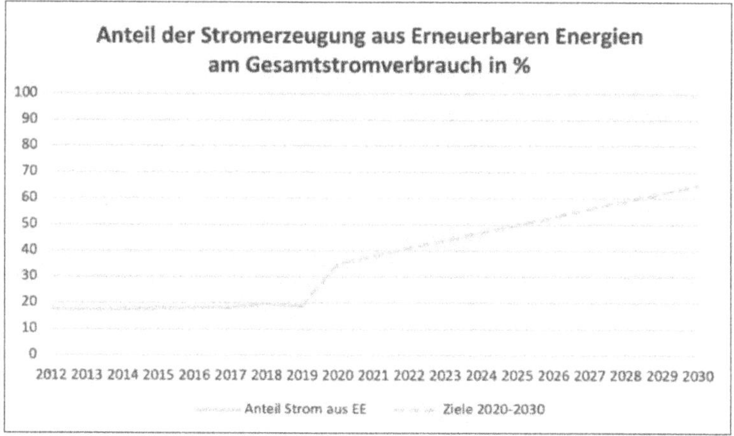

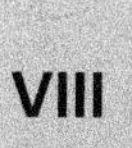

Hinweis:

Nach Auskunft von Energieatlas Bayern wurden die Angaben aus statistischen Daten errechnet und können daher vom tatsächlichen Verbrauch abweichen. Die Berechnung erfolgt auf Basis der Stromverbräuche der Verbrauchssektoren „Verarbeitendes Gewerbe" und „Haushalte und sonstige Verbraucher" (Klarstellung: Endenergieverbrauch). Der Eigenverbrauch im Umwandlungsbereich und Leitungsverluste bleiben dementsprechend unberücksichtigt. Ebenso bleibt der Stromverbrauch im Verkehrsbereich (überwiegend Bahnstrom) unberücksichtigt.

Bedeutung im Zusammenhang mit Nachhaltigkeit:

Der Klimawandel fordert im Sinne der intergenerationellen Gerechtigkeit ein konsequentes Handeln der heutigen Generationen. Um ihm wirksam begegnen zu können, müssen insbesondere die CO_2-Emissionen in absehbarer Zeit deutlich gesenkt werden. Dazu muss vor allem die Energiegewinnung aus fossilen Stoffen zurückgefahren und im Gegenzug der Anteil der erneuerbaren Energien in allen Sektoren gesteigert werden. Der Bereitstellung von Energie in Form von Elektrizität kommt dabei eine zentrale Rolle zu.

Die Kommunen können sich aktiv an der Förderung und am Ausbau von Sonnen-, Wind- und Wasserkraft sowie der Energiegewinnung aus Biomasse und Geothermie beteiligen und so zu einer gelingenden Energiewende beitragen.

Zielwert:

Gemäß den in der Deutschen Nachhaltigkeitsstrategie formulierten Zielen soll der Anteil des aus erneuerbaren Energien gewonnen Stroms am Bruttostromverbrauch in der Kommune 35% bis 2020 und 65% bis 2030 betragen. Für das Jahr 2050 wird für Deutschland Treibhausgasneutralität des erzeugten und verbrauchten Stroms angestrebt.

Quelle: *Energieatlas Bayern – Dieser stellt weitere Daten auf Anfrage bereit.*

7.3. Strom aus Photovoltaik: Installierte Leistung je Einwohnerin und Einwohner

Definition:

Der Indikator zeigt die installierte Leistung der Photovoltaikanlagen je Einwohnerin und Einwohner.

Daten für Rott a. Inn:

Installierte Leistung je Einwohner zum 31.12.2019:

Leistung pro Einwohnerin und Einwohner:	1,1 kWp
Leistung absolut:	4,4 MWp
Volllaststunden:	911 Stunden (berechnet für 2019)
Stromproduktion pro Einwohnerin und Einwohner:	985 kWh (2019)
Stromproduktion absolut:	4.037 MWh

Hinweis zur Stromproduktion: nur EEG-Meldungen, ausschließlich Netzeinspeisung.

Entwicklung der Stromproduktion aus Photovoltaik:

Photovoltaik (Dachflächen); Stromproduktion in MWh	2012	2013	2014	2015	2016	2017	2018	2019
	3.572	3.490	3.894	4.051	3.823	3.990	4.152	4.037

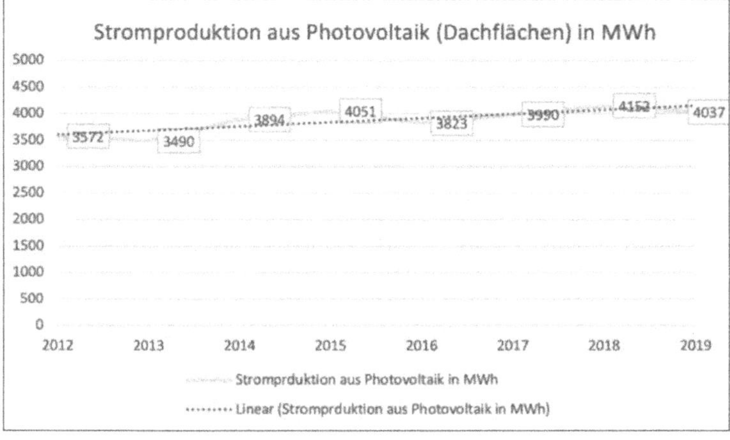

Bedeutung im Zusammenhang mit Nachhaltigkeit:

Die Stromerzeugung durch Photovoltaik trägt zu einem erheblichen Teil zur Bereitstellung erneuerbarer Energien bei. Sie ist damit eine Schlüsseltechnologie für die Energiewende und zur Erreichung des übergeordneten Ziels der Klimaneutralität. Im Vergleich zur Windkraft ist ihr Einsatz weniger stark durch regionale Gegebenheiten begrenzt und sie besitzt zudem ein geringeres Widerstandpotenzial in der Bevölkerung. Die Kommunen können den Ausbau von Photovoltaikanlagen auch auf privaten Liegenschaften maßgeblich beeinflussen.

Zielwert:

Kein konkreter Zielwert.

Die installierte Leistung der Photovoltaikanlagen je Einwohnerin und Einwohner soll gesteigert werden.

Quellen:

Energieatlas Bayern

https://www.energieatlas.bayern.de/karten/?lang=de&topic=energie_gesamt&bgLayer=atkis&layers=993eba39-922b-40c7-8c6f-144673077b71,9cebb88d-3877-4afe-a24c-3f24757f8257,4211eaba-8080-4df7-950a-b5addb9c3625,99f59e01-577e-497c-8c62-4e68376942c8,c5cc696e-5d3f-42e1-8a53-dacd4d7ff8b4,c7c8300f-d32d-4314-b7a7-fcaced7a6c37&E=766361.47&N=5314246.60&zoom=4&layers_visibility=false,false,false,false,false,falseD
abgerufen am 20.11.2021

Der Energieatlas Bayern stellt weitere Daten auf Anfrage bereit.

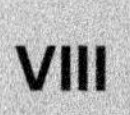

7.4. Strom aus Photovoltaik: Installierte Leistung auf kommunalen Liegenschaften

Definition:

Der Indikator zeigt die installierte Leistung der Photovoltaikanlagen auf kommunalen Liegenschaften.

Daten für Rott a. Inn:

Es konnten keine Daten zur installierten Leistung ermittelt werden.

Aktuell sind auf zwei kommunalen Liegenschaften Photovoltaikanlagen installiert (bis zum Abriss der Grund- und Mitteschule auch dort). Nach Fertigstellung des neuen Schulgebäudes der Grund- und Mittelschule soll auf dessen Dach wieder eine Photovoltaikanlage installiert werden.

Bedeutung im Zusammenhang mit Nachhaltigkeit:

Die Stromerzeugung durch Photovoltaik trägt zu einem erheblichen Teil zur Bereitstellung erneuerbarer Energien bei. Sie ist damit eine Schlüsseltechnologie für die Energiewende und zur Erreichung des übergeordneten Ziels der Klimaneutralität.

Die Kommunen können durch einen konsequenten Ausbau der Photovoltaikanlagen auf den eigenen Liegenschaften ihren Teil zur Energiewende beitragen und gleichzeitig als Vorbild für die Bürgerinnen und Bürger dienen.

Zielwert:

Die installierte Leistung Photovoltaikanlagen auf kommunalen Liegenschaften soll gesteigert werden.

Mittelfristig sollen alle kommunalen Liegenschaften, auf denen eine Installation von Photovoltaikanlagen möglich ist, entsprechend ausgestattet werden.

***Quelle:** Gemeinde Rott a. Inn*

7.5. Strom aus Windkraft: Installierte Leistung je Einwohnerin und Einwohner

Definition:

Der Indikator zeigt die installierte Leistung von Windenergie je Einwohnerin und Einwohner.

Daten für Rott a. Inn:

Installierte Leistung je Einwohnerin und Einwohner zum 01.08.2021: Null

Bedeutung im Zusammenhang mit Nachhaltigkeit:

Die Windkraft trägt zu einem erheblichen Teil zur Bereitstellung erneuerbarer Energien bei. Sie ist damit eine Schlüsseltechnologie für die Energiewende und zur Erreichung des übergeordneten Ziels der Klimaneutralität.

Die Kommunen können den Ausbau der Windkraft maßgeblich beeinflussen.

Zielwert:

Kein konkreter Zielwert.

Die installierte Leistung von Windenergie pro Einwohnerin und Einwohner soll gesteigert werden.

Quelle: *Energieatlas Bayern – Dieser stellt weitere Daten auf Anfrage bereit.*

7.6. Strom aus Biomasse: Installierte Leistung je Einwohnerin und Einwohner

Definition:

Der Indikator zeigt die installierte Leistung von Stromerzeugung aus Biomasse je Einwohnerin und Einwohner.
Biomasse sind Energieträger aus Phyto- und Zoomasse. Hierzu gehören auch aus Phyto- und Zoomasse resultierende Folge- und Nebenprodukte, Rückstände und Abfälle, deren Energiegehalt aus Phyto- und Zoomasse stammt (§ 2 Biomasseverordnung).

Daten für Rott a. Inn:

Installierte Leistung je Einwohner zum 31.12.2019:

Leistung pro Einwohnerin und Einwohner:	0,14 kW
Stromproduktion pro Einwohnerin und Einwohner:	792 kWh (2019)
Stromproduktion 2019:	3.246 MWh
Anzahl der Anlagen:	5

Entwicklung der Stromproduktion aus Biomasse:

Stromproduktion aus Biomasse in MWh	2012	2013	2014	2015	2016	2017	2018	2019
	3.100	3.100	3.160	3.149	3.183	3.283	3.343	3.246

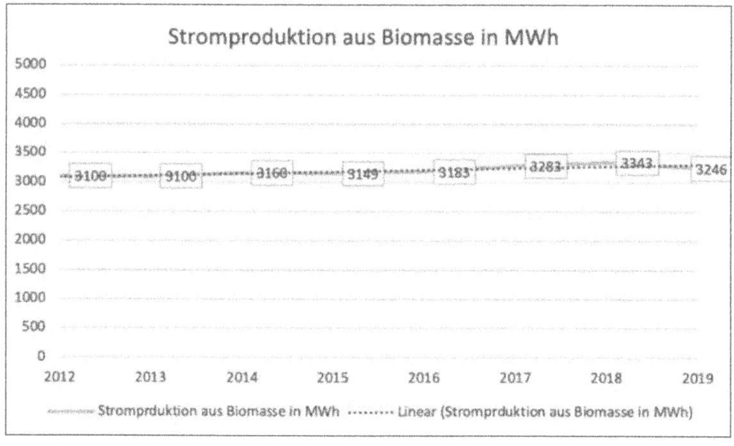

VIII

Bedeutung im Zusammenhang mit Nachhaltigkeit:

Die Stromerzeugung durch Biomasse trägt zur Bereitstellung erneuerbarer Energien bei. Sie ist damit eine Schlüsseltechnologie für die Energiewende und zur Erreichung des übergeordneten Ziels der Klimaneutralität. Im Vergleich zur Windkraft ist ihr Einsatz in ländlichen Gebieten weniger stark durch regionale Gegebenheiten begrenzt. Sie besitzt zudem ein geringeres Widerstandspotenzial in der Bevölkerung. Vorteil der Stromerzeugung aus Biomasse ist zudem, dass der Strom bedarfsgerecht eingespeist werden kann und damit in Zeiten von wenig Sonneneinstrahlung oder Windflauten zur Stabilisierung des Stromnetzes beiträgt. Kritik an der Stromerzeugung aus Biomasse richtet sich vor allem gegen den monokulturellen Anbau von Mais, der ökologische Nachteile mit sich bringt.

Neben dem erzeugten Strom sollte, soweit möglich, auch die Nutzung der Abwärme dargestellt werden.

Die Kommunen können den Ausbau der Stromerzeugung aus Biomasse nur in geringem Maß beeinflussen. Sie können jedoch Einfluss auf die Nutzung des Stroms und der Abwärme nehmen. (Beispiel: Das Virtuelle Kraftwerk der Stadtwerke Rosenheim *https://www.swro.de/kraftwerke/virtuelles-kraftwerk/biogas.html*)

Zielwert:

Kein konkreter Zielwert.

Die installierte Leistung von Biomasse je Einwohnerin und Einwohner soll beibehalten oder gesteigert werden. Die damit verbundenen ökologischen Nachteile sollen vermieden oder verringert werden.

Quelle: *Energieatlas Bayern – Dieser stellt weitere Daten auf Anfrage bereit.*

7.7. Strom aus Wasserkraft: Installierte Leistung je Einwohnerin und Einwohner

Definition:

Der Indikator zeigt die installierte Leistung von Stromerzeugung durch Wasserkraft je Einwohnerin und Einwohner.

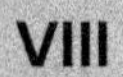

Daten für Rott a. Inn:

Installierte Leistung je Einwohnerin und Einwohner zum 31.12.2019:

Daten zur installierten Leistung liegen nur auf Landkreisebene vor.
Im Gemeindegebiet Rott a. Inn befindet sich ein Wasserkraftwerk (Eichmühle).

Entwicklung der Stromproduktion aus Wasserkraft:

Stromproduktion aus Wasserkraft in MWh	2012	2013	2014	2015	2016	2017	2018	2019
	0,5	7	10	44	23	12	6	12

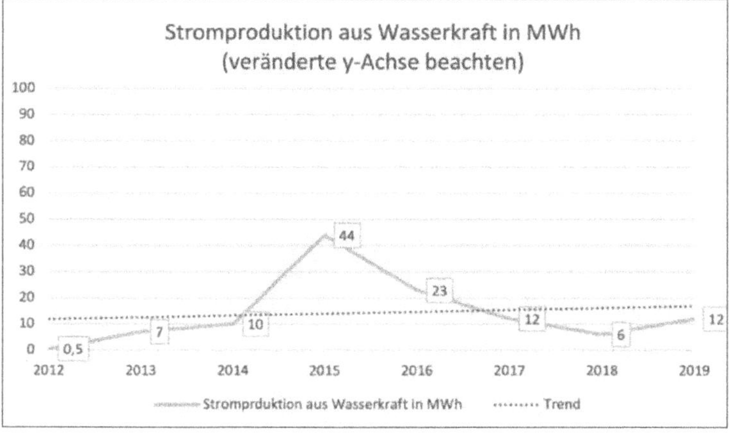

Bedeutung im Zusammenhang mit Nachhaltigkeit:

Die Stromerzeugung mit Wasserkraft trägt zu einem erheblichen Anteil zur Bereitstellung erneuerbarer Energien bei. Sie ist damit eine Schlüsseltechnologie für die Energiewende und zur Erreichung des übergeordneten Ziels der Klimaneutralität. Vorteil der Stromerzeugung mit Wasserkraft ist, dass sie weitestgehend witterungsunabhängig und damit grundlastfähig ist. Kritik an der Stromerzeugung mit Wasserkraft richtet sich vor allem gegen die massiven gewässerökologischen Auswirkungen.

Zielwert:

Kein konkreter Zielwert.

Die installierte Leistung von Wasserkraft je Einwohnerin und Einwohner soll beibehalten oder gesteigert werden. Die damit verbundenen ökologischen Nachteile sollen vermieden oder verringert werden.

Quelle: *Auf Landkreisebene Energieatlas Bayern: Energie-Atlas Bayern - Kartenteil*
Weitere Daten werden vom Energieatlas Bayern auf Anfrage bereitgestellt.

Zusammenfassung: Stromproduktion aus Erneuerbaren Energien

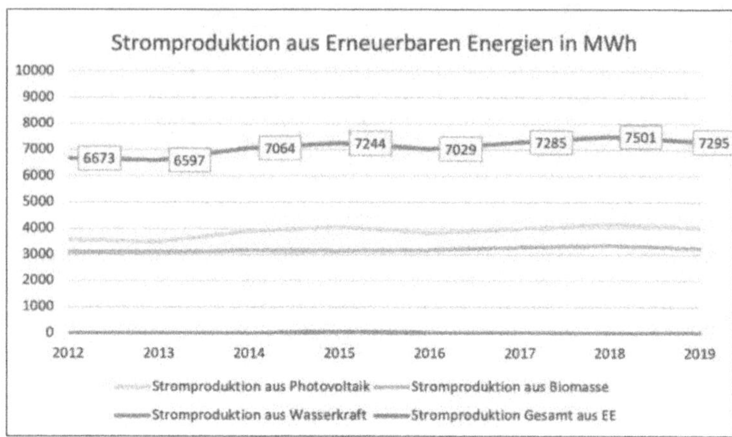

7.8. Anteil der Straßenbeleuchtung mit LED-Technik

Definition:

Der Indikator zeigt den Anteil der kommunalen Straßenbeleuchtung, der mit LED-Technik ausgestattet ist.

Daten für Rott a. Inn Stand August 2021

Insgesamt 482 Brennstellen, 304 wurden bereits umgerüstet, das entspricht einem Anteil von 63%.

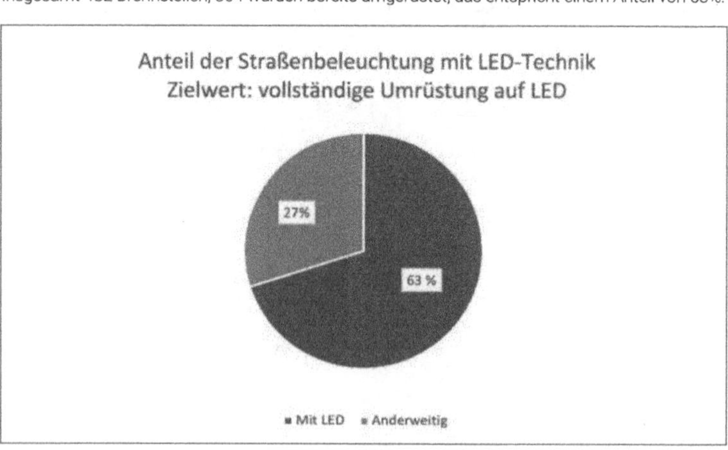

Bedeutung im Zusammenhang mit Nachhaltigkeit:

Neben der Energiewende ist dort, wo es möglich ist, auch eine Senkung des Energieverbrauchs zur Erreichung der Klimaziele anzustreben. Für die Straßenbeleuchtung werden in Deutschland nach Schätzungen des Städte- und Gemeindebunds im Jahr bis zu vier Terawattstunden Strom benötigt, was dem Verbrauch von rund einer Million privater Haushalte entspricht. Bei der Umstellung der Straßenbeleuchtung auf LED-Lampen kann die Verbrauchsreduktion nach Schätzungen bis zu 80 Prozent betragen.

Im Zuge der Modernisierung können darüber hinaus Lampendesigns Verwendung finden, die durch Abstrahlreduzierung die Lichtverschmutzung mindern und damit auch einen Beitrag zum Schutz von Insekten und anderen Tieren leisten.

Zielwert:

Die kommunale Straßenbeleuchtung soll komplett auf moderne LED-Technik umgerüstet werden.

Quelle: *Gemeinde Rott a. Inn*

SDG 8: MENSCHENWÜRDIGE ARBEIT UND WIRTSCHAFTSWACHSTUM

8.1. Bruttoinlandsprodukt (BIP) pro Einwohnerin bzw. Einwohner

Definition:

Der Indikator zeigt das Bruttoinlandsprodukt (BIP) je Einwohnerin bzw. Einwohner in der jeweiligen Stadt oder Gemeinde. Das BIP misst den Wert der in der Kommune erwirtschafteten Leistung.

Wenn möglich soll das preisbereinigte BIP ausgewiesen werden.

Daten für Rott a. Inn:

Es liegen keine Daten vor.

Bedeutung im Zusammenhang mit Nachhaltigkeit:

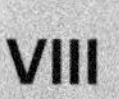

Das BIP gilt als wichtiger Indikator für Konjunktur und Wachstum einer Volkswirtschaft. Mit dem preisbereinigten BIP wird die „reale" Wirtschaftsentwicklung im Zeitablauf frei von Preiseinflüssen dargestellt. Ohne Preisbereinigung wird lediglich die nominale Wirtschaftsentwicklung dargestellt, d.h. steigende Preise (Inflation) erhöhen das BIP. Die Veränderungsrate des BIP dient als Messgröße für das Wirtschaftswachstum der Volkswirtschaften.

Ein steigendes preisbereinigtes BIP ist ein Hinweis auf einen sich positiv entwickelnden Wohlstand der Bevölkerung in einer Kommune

Zielwert:

Angestrebt wird für Deutschland gemäß der DNS 2021 ein stetiges und angemessenes Wachstum. Ziel ist es zudem, die Wirtschaftskraft umwelt- und sozialverträglich zu erhöhen.

Für die Kommune gilt das Ziel ein BIP pro Einwohnerin und Einwohner größer oder gleich dem Durchschnitt in Deutschland zu erzielen.

Zielwert:

Anzahl der Personen (m/w/d), die Gewalt gegen die sexuelle Selbstbestimmung und häuslicher Gewalt ausgesetzt sind, soll so weit wie möglich gesenkt werden.

Quelle: *Polizeipräsidium Oberbayern-Süd*

16.3. Wahlbeteiligung

Definition:

Der Indikator zeigt den Anteil der Beteiligung an den einzelnen Wahlen bezogen auf alle Wahlberechtigten. Dies sind die Kommunal-, Landtags-, Bundestags- und Europawahlen.

Die genannten Wahlen finden nicht jährlich statt. Daher sind nur die Beteiligungen im jeweiligen Wahljahr aufzuführen.

Daten für Rott a. Inn:

Gemeinderatswahlen

1984	1990	1996	2002	2008	2014	2020
83,5%	80,7%	77,4%	66,2%	71,5%	68,8%	65,5%

Landtagswahlen

1990	1994	1998	2003	2008	2013	2018
67%	69,2%	71,4%	60,6%	61,5%	66,8%	74,8%

Bundestagswahlen

1994	1998	2002	2005	2009	2013	2017	2021
78,3%	79,6%	82,4%	77,7%	71,8%	69,2%	78,9%	81,1%

Europawahlen

1989	1994	1999	2004	2009	2014	2019
63,4%	57,9%	42,7%	39,8%	48,6%	39,1%	59,3%

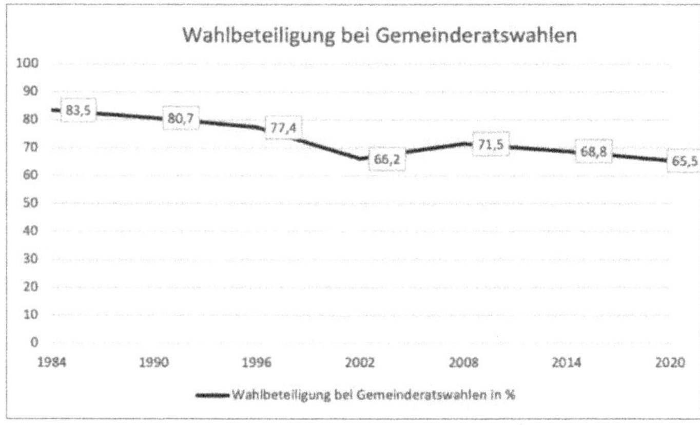
Wahlbeteiligung bei Gemeinderatswahlen
100
90
80
70
60
50
40
30
20
10
0
83,5
80,7
77,4
66,2
71,5
68,8
65,5
1984
1990
1996
2002
2008
2014
2020
Wahlbeteiligung bei Gemeinderatswahlen in %

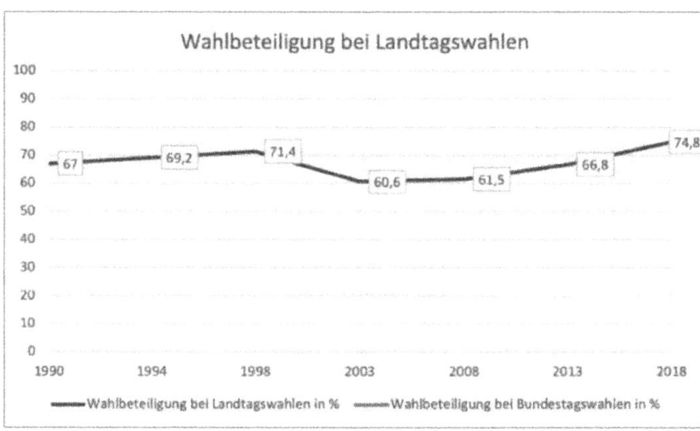
Wahlbeteiligung bei Landtagswahlen
100
90
80
70
60
50
40
30
20
10
0
67
69,2
71,4
60,6
61,5
66,8
74,8
1990
1994
1998
2003
2008
2013
2018
Wahlbeteiligung bei Landtagswahlen in %
Wahlbeteiligung bei Bundestagswahlen in %

VIII

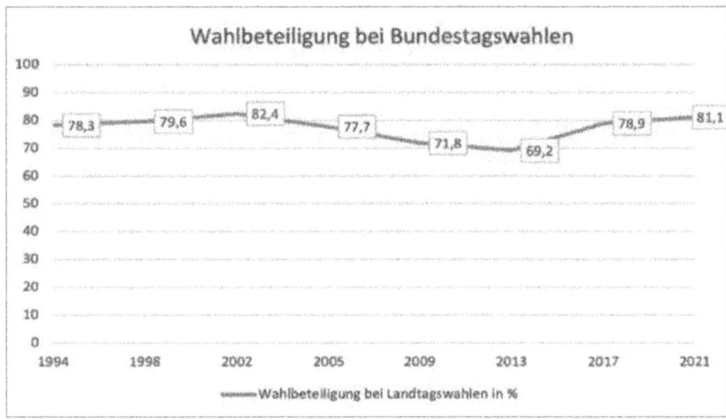

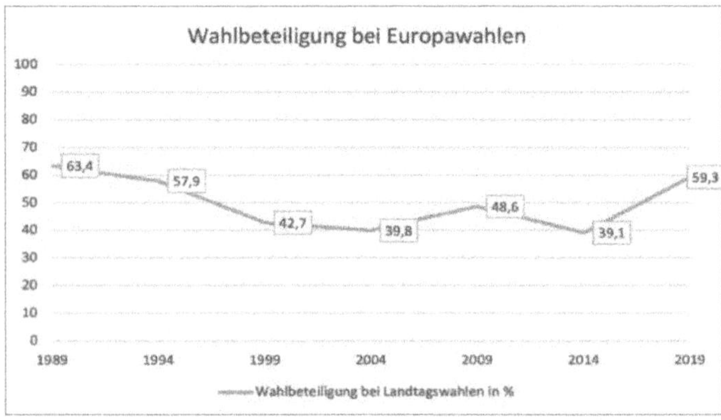

Bedeutung im Zusammenhang mit Nachhaltigkeit:

Der betrachtete Indikator zeigt, von welcher Bedeutung solche Wahlen für die Einwohnerinnen und Einwohner einer Kommune sind.

Eine hohe Wahlbeteiligung deutet auf eine starke Verankerung der Demokratie in der Kommune hin. Die gewählten Vertreterinnen und Vertreter einer Kommune haben diesbezüglich eine hohe Verantwortung und sollten demokratisches Verhalten vorleben.

Zielwert:

Kein konkreter Zielwert.
Die Wahlbeteiligung soll über dem nationalen Durchschnitt liegen.

Quelle:
GENESIS-Datenbank des Bayerischen Landesamtes für Statistik. Die Daten bis 2019 können auch in den Ausgaben von „Statistik Kommunal" (herausgegeben vom Bayerischen Landesamtes für Statistik) abgerufen werden. Die Daten zur Wahlbeteiligung bei der Bundestagswahl 2021 wurden von der Gemeinde Rott a. Inn abgefragt.

16.4. Bürgerbeteiligung

Definition:

Der Indikator zeigt die Anzahl der Bürgerbeteiligungsverfahren.

Diese können sehr unterschiedlich sein und dienen dem Austausch von Informationen und Meinungen zwischen der Bevölkerung und den Entscheidungsträgerinnen und Entscheidungsträgern. Beispiele sind Bürgerbegehren (Bürgerentscheid), Bürgerinitiativen, Unterschriftensammlungen, Bürgerversammlungen, Runde Tische etc.

Soweit möglich, sollen die einzelnen Beteiligungsformate genannt oder kurz vorgestellt werden.

Daten für Rott a. Inn:

In Rott a. Inn besteht ein fest eingerichteter Seniorenbeirat. Der Seniorenbeirat der Gemeinde Rott ist Ansprechpartner für alle Rotter Seniorinnen und Senioren. Er vertritt ihre Interessen und ist das Bindeglied zwischen ihnen und der Gemeinde. Der Beirat kümmert sich um die Sorgen der älteren Rotter Bürger und berät die Gemeinde in Seniorenfragen. Weitere Infos finden sich unter folgendem Link:

https://www.rottinn.de/zuhause-in-rott-ainn/wissenswertes-fuer-senioren/seniorenbeirat (abgerufen am 16.12.2021)

Seit dem Jahr 2021 gibt es in Rott außerdem in lockerer Organisationsform den Arbeitskreis Umwelt & Nachhaltigkeit, in dem sich Bürgerinnen und Bürger für die entsprechenden Themen engagieren. Der Bürgermeister und der Umweltreferent des Gemeinderats sind Mitglied im Arbeitskreis.

In regelmäßigen Abständen findet eine Bürgerversammlung statt. Die letzte wurde am 15.11.2021 auf Grund der COVID-19-Pandemie online abgehalten und aufgezeichnet (https://www.youtube.com/channel/UC91MmYXxbRtFN9dW74uulYg/live, abgerufen am 16.12.2021)

Bedeutung im Zusammenhang mit Nachhaltigkeit:

Zahlreiche von den Einwohnerinnen und Einwohnern genutzte und von den Entscheidungsträgerinnen und Entscheidungsträgern geförderte (informelle) Beteiligungsverfahren deuten auf einen intensiven Austausch von Informationen und Meinungen innerhalb einer Kommune hin.

Dies ist ein Hinweis auf ein gelebtes und starkes Demokratieverständnis in einer Kommune.

Zielwert:

Kein konkreter Zielwert.

Bei weitreichenden Entscheidungen sollte die Bürgerschaft möglichst frühzeitig und tiefgreifend beteiligt werden.

Quelle: *Gemeinde Rott a. Inn*

16.5. Ausgaben für die Unterstützung von Vereinen und sozialen Trägern

Definition:

Der Indikator zeigt den Anteil der kommunalen Ausgaben für die Unterstützung von Vereinen und sozialen Trägern am Gesamthaushalt der Kommune.

Daten für Rott a. Inn:

2019	2020	2021
33.700,00 €	41.600,00 €	34.300,00 €

Bedeutung im Zusammenhang mit Nachhaltigkeit:

Vereine sind wichtige Institutionen in kommunalen Gemeinschaften, die als Orte der Begegnung, des Austauschs und der gemeinsamen Aktivitäten dienen. Sie können dadurch direkten Einfluss auf das Wohlbefinden der Bevölkerung üben und beispielsweise Phänomenen wie der Vereinsamung im Alter vorbeugen. Darüber hinaus leisten die Vereine durch ehrenamtliche Arbeit wichtige Dienste für die kommunale Gemeinschaft und übernehmen teils Aufgaben, die ansonsten von der Kommune selbst geleistet werden müssten. Neben vielen anderen positiven Einflüssen auf das kommunale Leben sind insbesondere eine kulturelle Bereicherung und die Übernahme karitativer Aufgaben hervorzuheben.

Abhängig von ihrem Zweck und Betätigungsfeld fallen bei den Vereinen teils Kosten an, die von ihnen selbst nicht getragen werden können. Dies gilt mitunter auch für Organisationen unabhängig von ihrer Rechtsform, die als Träger sozialer Arbeit in der Kommune oder für Bürger der Kommune auftreten. Im Einzelfall ist deshalb eine finanzielle Unterstützung durch die Kommunen sinnvoll. Diese Ausgaben für die Kommune können sich zum Teil relativieren, da eine Aufgabenübernahme durch die Kommune mit gleichen oder sogar höheren Kosten verbunden wäre. Gleiches gilt auch für die Unterstützung von sozialen Trägern.

Kommunen haben in diesem Bereich einen großen Gestaltungsspielraum und können eigene Schwerpunkte setzen.

Zielwert:

Kein konkreter Zielwert.

Der Anteil am Gesamthaushalt soll langfristig konstant bleiben oder angemessen gesteigert werden.

Quelle: *Gemeinde Rott a. Inn*

16.6. Möglichkeiten der Bürgerinformation

Definition:

Der Indikator zeigt die Möglichkeiten für die Bürgerinnen und Bürger auf, sich über aktuelle Entwicklungen in der Kommune zu informieren.

Alle Angebote werden aufgelistet und kurz dargestellt. Die Zahl der öffentlichen Aushänge wird je 1.000 Einwohnerinnen und Einwohner angegeben. Bei Druckerzeugnissen wird die Auflage angegeben. Für Webseiten werden die monatlichen Zugriffszahlen angegeben. Zudem wird erläutert, ob sich die Inhalte in Fremdsprachen, in leichter Sprache oder über eine Vorlesefunktion darstellen lassen.

Daten für Rott a. Inn:

In Rott a. Inn gibt es vier öffentliche Aushänge (am Rathaus, Rott Nord, Lengdorf, Arbing).

Das monatlich erscheinende Gemeindeblatt hat eine Auflage von 5.000 Stück und wird an alle Haushalte verteilt.

Die Gemeindewebsite wurde 2021 komplett neu aufgestellt. Sie besitzt eine Vorlesefunktion und ist damit barrierefrei. Zudem ist sie multilingual und kann in mehreren Fremdsprachen aufgerufen werden. Dies entspricht 0,96 Aushängen je 1.000 Einwohnern. Zugriffszahlen können aktuell nicht dargestellt werden.

Seit 2021 berichtet Bürgermeister Daniel Wendrock in einem regelmäßig veröffentlichten Videoblog über aktuelle Themen aus der Gemeindepolitik.

Bedeutung im Zusammenhang mit Nachhaltigkeit:

Möglichst umfangreiche und nutzerfreundliche Informationsangebote entsprechen dem SDG-Unterziel 16.7, wonach „Entscheidungsfindung auf allen Ebenen bedarfsorientiert, inklusiv, partizipatorisch und repräsentativ" sein sollen

(https://www.globaleslernen.de/sites/default/files/files/pages/broschuere_sdg_unterziele_2019_web.pdf, abgerufen am 22.11.2021).

Die Informationsangebote sollten barrierefrei gestaltet sein. Dadurch wird Personen mit einem Handicap die Beteiligung am gesellschaftlichen und politischen Leben erleichtert.

Zielwert:

Kein konkreter Zielwert.

Quelle: *Gemeinde Rott a. Inn*

SDG 17: PARTNERSCHAFTEN ZUR ERREICHUNG DER ZIELE

17.1. Ausgaben für Entwicklungszusammenarbeit

Definition:

Der Indikator zeigt den Anteil der kommunalen Ausgaben für Entwicklungszusammenarbeit am Gesamthaushalt der Kommune.

Der Begriff Ausgaben für Entwicklungszusammenarbeit ist nicht einheitlich definiert. Dadurch ist die Vergleichbarkeit stark eingeschränkt. Dies können zum Beispiel Ausgaben für kommunale Partnerschaften, projektbezogene Kooperationen, Vorträge und Ausstellungen sowie Austauschprogramme für Studierende sein.

Daten für Rott a. Inn:

Die Gemeinde tätigt keine direkten Ausgaben für Entwicklungszusammenarbeit.

Bedeutung im Zusammenhang mit Nachhaltigkeit:

Der betrachtete Indikator zeigt, welche Bedeutung das Thema Entwicklungszusammenarbeit für die Kommune besitzt. Dies ist auf kommunaler Ebene eine freiwillige Aufgabe, da Entwicklungspolitik in den Zuständigkeitsbereich des Bundes fällt.

Kommunale Entwicklungszusammenarbeit trägt zur Völkerverständigung bei. Außerdem werden durch diese Unterstützung wirtschaftlich schwächere Kommunen eher in die Lage versetzt ebenfalls einen Beitrag zur Erreichung der sonstigen SDGs zu leisten.

Zielwert:

Ziel ist es den Anteil entsprechend der Wirtschaftskraft der Kommune gleich zu halten oder langfristig angemessen zu steigern.

Für die Kommune gilt das Ziel einen Anteil zu erreichen, der gleich oder größer dem Durchschnitt in Deutschland ist.

***Quelle:** Gemeinde Rott a. Inn*

17.2. Nachhaltige Geldanlage

Definition:

Der Indikator zeigt den Anteil der nachhaltig angelegten finanziellen Mittel an den gesamten Finanzanlagen der Kommune.

Nachhaltige Geldanlage ist nicht eindeutig definiert. Dies sind zum Beispiel Aktien- oder Anleihefonds bzw. Exchange Traded Funds (ETF), die bei der Auswahl der Unternehmen oder Investitionen neben ökonomischen zusätzlich ökologische und ethische Kriterien anwenden.

Daten für Rott a. Inn:

Für Rott a. Inn nicht relevant, da derzeit keine finanziellen Mittel angelegt werden.

Bedeutung im Zusammenhang mit Nachhaltigkeit:

Nachhaltige Geldanlage kann bewirken, dass durch die Bedeutung der Finanzmärkte der Nachhaltigkeitsgedanke in Deutschland und weltweit als Erfolgsfaktor gesehen wird. Dies gilt auch für Länder in denen Nachhaltigkeit auf Grund anderer Überzeugungen bzw. Ansichten keine größere Bedeutung hat. Dadurch wird ein nachhaltiges Wirtschaften gefördert.

Eine Geldanlage ist nicht nachhaltig, wenn die Kommune dadurch höhere Risiken als geplant bzw. vorgeschrieben eingeht.

Zielwert:

Sämtliche Finanzanlagen sollten in Anlageformen investiert werden, die als nachhaltig gekennzeichnet sind.

Quelle: *Gemeinde Rott a. Inn*

17.3. Partnerschaften und Aktivitäten mit Kommunen im In- und Ausland insbesondere des globalen Südens

Definition:

Der Indikator zeigt die Partnerschaften der Kommunen mit anderen Kommunen im In- und Ausland. Die Partnerschaften mit Kommunen des Globalen Südens sollten gesondert dargestellt werden.

Weiterhin sollten Projekte und Aktivitäten des Berichtszeitraums erläutert werden.

Daten für Rott a. Inn:

Rott a. Inn pflegt keine offiziellen Städtepartnerschaften. Sie hat jedoch traditionell enge Verbindungen zu den drei folgenden Gemeinden:

- **Fieberbrunn (Österreich)**
  Die Tiroler Marktgemeinde mit heute ca. 4.300 Einwohnern gehörte zu den historischen Besitzungen des Klosters Rott (Hofmark Pillersee). Die Gemeinde liegt heute im Gerichtsbezirk Kitzbühel. Homepage: www.fieberbrunn.tirol.gv.at
- **Bad Kötzting**
  Das heute über 7.000 Einwohner zählende Kur- und Kneippbad Kötzting im Bayerischen Wald gehörte neben umfassenden Ländereien im sog. Lamer Winkel bis 1614 zur Grundherrschaft des Klosters Rott. Bis heute sind beide Gemeinden nicht zuletzt über ihre Feuerwehren partnerschaftlich verbunden. Homepage: https://bad-koetzting.de/startseite/
- **Feldthurns**
  Die Südtiroler Gemeinde Feldthurns liegt mit ihren knapp 3.000 Einwohnern im Eisacktal. 2020 haben beide Gemeindevertretungen beschlossen, in freundschaftliche Beziehungen zueinander einzutreten. Homepage: https://www.gemeinde.feldthurns.bz.it/de

Bedeutung im Zusammenhang mit Nachhaltigkeit:

Partnerschaften mit anderen Kommunen fördern die Völkerverständigung in besonderem Maße. Partnerschaften mit Kommunen des Globalen Südens dienen zudem der Entwicklungszusammenarbeit.

Weiterhin baut die Kommune dadurch Netzwerke im In- und Ausland auf, die entsprechend genutzt werden können.

Es kommt nicht nur auf die Anzahl der Partnerschaften (Quantität), sondern vor allem auch auf die damit verbundenen Aktivitäten an (Qualität).

Zielwert:

Die Anzahl der Partnerschaften und die damit verbundenen Aktivitäten sollten ein angemessenes Niveau erreichen.

Quelle: *Gemeinde Rott a. Inn*

LITERATURHINWEISE

Assmann, D./Jasmin, H./Busso, G./Jochen, R. (2018), SDG-Indikatoren für Kommunen. Indikatoren zur Abbildung der Sustainable Development Goals der Vereinten Nationen in deutschen Kommunen, online unter: *https://www.bertelsmann-stiftung.de/fileadmin/files/Projekte/Monitor_Nachhaltige_Kommune/SDG-Indikatoren_fuer_Kommunen_final.pdf*, abgerufen am 20.11.2021.

Bertelsmann Stiftung/Bundesinstitut für Bau-, Stadt- und Raumforschung/Deutscher Landkreistag/Deutscher Städtetag/Deutscher Städte- und Gemeindebund/Deutsches Institut für Urbanis-tik/Servicestelle Kommunen in der Einen Welt/Rat der Gemeinden und Regionen Europas / Deutsche Sektion (Hrsg.) (2020), SDG-Indikatoren für Kommunen. Indikatoren zur Abbildung der Sustainable Development Goals der Vereinten Nationen in deutschen Kommunen.

Bayerisches Landesamt für Statistik (2021), Statistik kommunal 2020 Gemeinde Rott a. Inn 09 187 170. Eine Auswahl wichtiger statistischer Daten, online unter: *https://www.statistik.bayern.de/mam/produkte/statistik_kommunal/2020/09187170.pdf*, abgerufen am 20.11.2021.

Die Bundesregierung (2021), Die deutsche Nachhaltigkeitsstrategie. Weiterentwicklung 2021, (Langfassung), online unter: *https://www.bundesregierung.de/resource/blob/998006/1873516/3d3b15cd92d0261e7a0bcdc8f43b7839/2021-03-10-dns-2021-finale-langfassung-nicht-barrierefrei-data.pdf?download=1*, abgerufen am 20.11.2021.

Kuhn, S./Burger, A./Ulrich, P. (2018), Wirkungsorientiertes Nachhaltigkeitsmanagement in Kommunen. Leitfäden, online unter: *https://www.bertelsmann-stiftung.de/fileadmin/files/Projekte/Monitor_Nachhaltige_Kommune/MNK_Leitfaeden.pdf*, abgerufen am 20.11.2021.

RENN.nord, Schutzgemeinschaft Deutscher Wald, Landesverband Hamburg e. V. (2019), Ziele für Nachhaltige Entwicklung. Die 169 Unterziele im Einzelnen, in: *https://www.globaleslernen.de/sites/default/files/files/pages/broschuere_sdg_unterziele_2019_web.pdf*, abgerufen am 22. 11. 2021.

Riedel, H. (2020), Wirkungsorientiertes Nachhaltigkeitsmanagement in Kommunen. Einflussfaktoren und Effekte der Nutzung von Indikatoren, online unter: *https://www.bertelsmann-stiftung.de/fileadmin/files/Projekte/Monitor_Nachhaltige_Kommune/Wirkungsorientiertes_Nachhaltigkeitsmanagement_final.pdf*, abgerufen am 20.11.2021.

IMPRESSUM

Herausgeber:
Gemeinde Rott a. Inn
Erster Bürgermeister Daniel Wendrock
https://www.rottinn.de/

Autoren:
Andreas Fieber und Matthias Eggerl
Für das Vorwort und die Beiträge im individuellen Teil sind die dort genannten Autoren verantwortlich.

Fotos:
Bernd Klemmer/Verfasser der jeweiligen Berichte
Titelbild © J-Mel - Adobe Stock

Gestaltung:
Helmut Wegenkittl, *idw.at*

Druck:
FLYERALARM GmbH
Gedruckt auf Bilderdruck matt PEFC™

Erscheinungsjahr:
Januar 2022

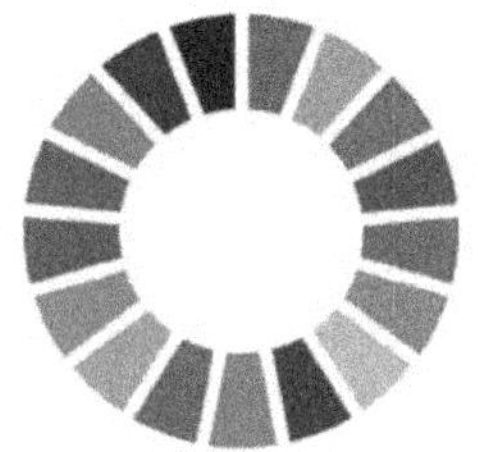

Nachhaltigkeitsbericht

DER GEMEINDE ROTT A. INN

IX. Literaturverzeichnis

„BMUB (Kap. 1 bis 4) und Schäfer & Breuss GbR (Kap. 5)" (2016): Den ökologischen Wandel gestalten – Integriertes Umweltprogramm 2030. In: https://www.bmu.de/fileadmin/Daten_BMU/Pools/Broschueren/integriertes_umweltprogramm_2030_bf.pdf, Stand: 31.10.2021.

Abshagen, Marie-Luise (2016): High Level Political Forum 11.07.–20.07.2016. In: https://www.forumue.de/wp-content/uploads/2016/08/HLPF-2016-Bericht-Forum-Umwelt-und-Entwicklung-Marie-Luise-Abshagen.pdf, Stand: 31.10.2021.

Assmann, Dirk/ Honold, Jasmin/ Grabow, Busso/ Roose, Jochen (2018): SDG-Indikatoren für Kommunen. Indikatoren zur Abbildung der Sustainable Development Goals der Vereinten Nationen in deutschen Kommunen. Gütersloh.

Bachmann, Günther (2017): Die Deutsche Nachhaltigkeitsstrategie 2016 – Stand und Perspektiven. In: *Michelsen, Gerd* (Hrsg.): Die deutsche Nachhaltigkeitsstrategie. Wegweiser für eine Politik der Nachhaltigkeit. Wiesbaden, S. 41–54.

Baker, Susan (2016): Sustainable development. 2. Auflage. London.

Barbier, Edward B./ Markandya, Anil/ Pearce, David W. (2013): A new blueprint for a green economy. New York.

Bartels, Tim (2021a): Deutsche Nachhaltigkeitsstrategie (DNS) – Transformation auf Papier. UmweltBriefe. Nr. 4, S. 3.

Bartels, Tim. (2021b): Kommunale Bodenschutzkonzepte. – Steckbrieflich umgesetzt. UmweltBriefe. Nr. 10, S. 23.

Bayerisches Landesamt für Statistik (2021a), Demographie-Spiegel für Bayern. Gemeinde Rott a. Inn Berechnungen bis 2033.

Bayerisches Landesamt für Statistik (2021b): Einwohnerzahlen am 31. Dezember 2020 – Gemeinden, Kreise und Regierungsbezirke in Bayern – Basis: Zensus 2011. In: https://www.statistik.bayern.de/mam/produkte/veroffentlichungen/statistische_berichte/a1200c_202044.pdf, Stand: 31.10.2021.

Beller, Svenja (2021): Adieu, Brotfisch – Überfischung – Wie die Lobby der Fischer den Dorsch in der Ostsee aussterben lässt. In:

https://www.freitag.de/autoren/der-freitag/adieu-brotfisch, Stand: 31.10.2021.

Bertelsmann Stiftung/ Bundesinstitut für Bau-, Stadt- und Raumforschung/ Deutscher Landkreistag/ Deutscher Städtetag/ Deutscher Städte- und Gemeindebund/ Deutsches Institut für Urbanistik/ Servicestelle Kommunen in der Einen Welt/ Rat der Gemeinden und Regionen Europas/ Deutsche Sektion (Hrsg.) (2020): SDG-Indikatoren für Kommunen – Indikatoren zur Abbildung der Sustainable Development Goals der Vereinten Nationen in deutschen Kommunen.

Bezirk Oberbayern (2021): Umwelterklärung des Bezirks Oberbayern 2020 – Berichtszeitraum 2018 bis 2020 Planungszeitraum 2021 bis 2023. In: https://www.bezirk-oberbayern.de/output/download.php?fid=2378.3582.1.PDF, Stand: 31.10.2021.

Boettcher, Florian/ Freier, Ronny/ Geißler, René (2021): Kommunaler Finanzreport 2021. In: https://www.bertelsmann-stiftung.de/de/publikationen/publikation/did/kommunaler-finanzreport-2021-all-1, Stand: 25.2.2022.

Bopp, Martin (2020): Globale Agenda 2030 auf lokaler Ebene – „Es geht darum, das, was wir tun, anders zu tun". UmweltBriefe. Nr. 11, S. 11.

BUND/ MISEREOR (Hrsg.) (1996): Zukunftsfähiges Deutschland – Ein Beitrag zu einer global nachhaltigen Entwicklung. Basel.

Bundesinstitut für Bau-, Stadt- und Raumforschung (2020): Laufende Stadtbeobachtung – Raumabgrenzungen – Stadt- und Gemeindetypen in Deutschland. In: https://www.bbsr.bund.de/BBSR/DE/forschung/raumbeobachtung/Raumabgrenzungen/deutschland/gemeinden/StadtGemeindetyp/StadtGemeindetyp.html, Stand: 31.10.2021.

Bundesministerium für Umwelt, Naturschutz, nukleare Sicherheit und Verbraucherschutz, www.bmuv.de (2022): Umweltbewusstsein in Deutschland 2020. In: https://www.bmuv.de/fileadmin/Daten_BMU/Pools/Broschueren/umweltbewusstsein_2020_bf.pdf, Stand: 22.2.2022.

Bundesministerium für Umwelt, Naturschutz und nukleare Sicherheit (2019): Klimaschutzprogramm 2030 der Bundesregierung zur Umsetzung des Klimaschutzplans 2050.

Bundesministerium für Umwelt, Naturschutz und nukleare Sicherheit (2021a): Bundeskabinett beschließt 5. Bodenschutzbericht. Pressemitteilung Nr. 215/20. Bodenschutz und Altlasten. In: https://www.bmu.de/pressemitteilung/bundeskabinett-beschliesst-5-bodenschutzbericht, Stand: 31.10.2021.

Bundesministerium für Umwelt, Naturschutz und nukleare Sicherheit (2021b): Fünfter Bodenschutzbericht der Bundesregierung. 19. Legislaturperiode. In: https://www.bmu.de/pressemitteilung/bundeskabinett-beschliesst-5-bodenschutzbericht, Stand: 31.10.2021.

Bundesregierung (2002): Perspektiven für Deutschland – Unsere Strategie für eine nachhaltige Entwicklung. In: https://www.bmu.de/fileadmin/bmu-import/files/pdfs/allgemein/application/pdf/nachhaltigkeit_strategie.pdf, Stand: 31.10.2021.

Bundesregierung (2016): Report of the German Federal Government to the High-Level Political Forum on Sustainable Development 2016. In: https://sustainabledevelopment.un.org/content/documents/10686HLPF-Bericht_final_EN.pdf, Stand: 31.10.2021.

Bundesregierung (2020): Klimaschutz für alle möglich machen. In: https://www.bundesregierung.de/breg-de/service/newsletter-und-abos/newsletter-verbraucherschutz/unser-klimaschutz-1796730, Stand: 25.2.2022.

Bundesregierung (2021): Bericht über die Umsetzung der Agenda 2030 für nachhaltige Entwicklung – Freiwilliger Staatenbericht Deutschlands zum HLPF 2021. In: https://www.bundesregierung.de/breg-de/service/publikationen/bericht-ueber-die-umsetzung-der-agenda-2030-fuer-nachhaltige-entwicklung-1942880, Stand: 31.10.2021.

Bundesrepublik Deutschland, vertreten durch das Bundesministerium für Umwelt, Naturschutz und nukleare Sicherheit (2021): Der Europäische Emissionshandel. In: https://www.umweltbundesamt.de/aten/klima/der-europaeische-emissionshandel, Stand: 31.10.2021.

Bundesumweltministerium/Umweltbundesamt (1998): Handbuch Lokale Agenda 21 – Wege zur nachhaltigen Entwicklung in den Kommunen. Bonn.

Bundesverfassungsgericht (2021a): BVerfG, Beschluss des Ersten Senats vom 24. März 2021 – 1 BvR 2656/18, 1 BvR 96/20, 1 BvR 78/20,

1 BvR 288/20, 1 BvR 96/20, 1 BvR 78/20 – Rn. (1–270). In: https://www.bverfg.de/e/rs20210324_1bvr265618.html, Stand: 31.10.2021.

Bundesverfassungsgericht (2021b): Verfassungsbeschwerden gegen das Klimaschutzgesetz teilweise erfolgreich. Pressemitteilung Nr. 31/2021 vom 29. April 2021, Beschluss vom 24. März 2021 – 1 BvR 2656/18, 1 BvR 96/20, 1 BvR 78/20, 1 BvR 288/20, 1 BvR 96/20, 1 BvR 78/20. In: https://www.bundesverfassungsgericht.de/SharedDocs/Pressemitteilungen/DE/2021/bvg21-031.html, Stand: 31.10.2021.

Burgdorf, Markus/ Eltges, Markus/ Kuhlmann, Petra/ Nielsen, Jörg/ Pütz, Thomas (2012): Raumabgrenzungen und Raumtypen des BBSR. Bonn.

Carlowitz, Hans Carl von (1713): Sylvicultura oeconomica, oder Haußwirthliche Nachricht und Naturmäßige Anweisung zur Wilden Baum-Zucht. In: https://de.wikisource.org/wiki/Sylvicultura_oeconomica, Stand: 31.10.2021.

Ciambra, Andrea (2020): Guidelines for Voluntary Local Reviews – Volume 1 – A Comparative Analysis of Existing VLRs. In: https://unhabitat.org/sites/default/files/2020/07/uclg_vlrlab_guidelines_july_2020_final.pdf, Stand: 31.10.2021.

Ciambra, Andrea (2021): Guidelines for Voluntary Local Reviews – Volume 2 – Towards a New Generation of VLRs: Exploring the local-national link. In: https://unhabitat.org/sites/default/files/2021/07/vlr-guidelines_vol2.pdf, Stand: 31.10.2021.

Crippa, Monica/ Guizzardi, Diego/ Muntean, Marilena/ Schaaf, Edwin/ Solazzo, Efisio/ Monforti-Ferrario, Fabio/ Olivier, Jos G.J./ Vignati, Elisabetta (2020): Fossil CO_2 emissions of all world countries – 2020 Report. In: https://op.europa.eu/en/publication-detail/-/publication/71b9adf3-f3dc-11ea-991b-01aa75ed71a1/language-en, Stand: 25.2.2022.

Department of Economic and Social Affairs (DESA) United Nations (2020): Handbook for the Preparation of Voluntary National Reviews. In: https://sustainabledevelopment.un.org/content/documents/27024Handbook_2021_EN.pdf, Stand: 31.10.2021.

Der Oberbürgermeister der Bundesstadt Bonn, Amt für Internationales und globale Nachhaltigkeit/ Presseamt (2020): Lokalbericht aus Bonn – „Voluntary Local Review“ – Agenda 2030 auf lokaler Ebene –

Die Umsetzung der 17 nachhaltigen Entwicklungsziele der Vereinten Nationen in Bonn. In: https://www.bonn.de/themen-entdecken/uno-internationales/sdg-lokalbericht-aus-bonn.php, Stand: 31.10.2021.

Deutscher Städtetag Berlin und Köln (2020): Stadtfinanzen 2020 – Schlaglichter des Deutschen Städtetages. In: https://www.staedtetag.de/files/dst/docs/Publikationen/Beitraege-zur-Stadtpolitik/2020/beitraege-zur-stadtpolitik-116-stadtfinanzen-2020.pdf, Stand: 25.2.2022.

Die Bundesregierung (2017): Die deutsche Nachhaltigkeitsstrategie – Neuauflage 2016. In: https://www.bundesregierung.de/resource/blob/975292/730844/3d30c6c2875a9a08d364620ab7916af6/deutsche-nachhaltigkeitsstrategie-neuauflage-2016-download-bpa-data.pdf?download=1, Stand: 31.10.2021.

Die Bundesregierung (2021a): Die deutsche Nachhaltigkeitsstrategie – Weiterentwicklung 2021. In: https://www.bundesregierung.de/resource/blob/998006/1873516/3d3b15cd92d0261e7a0bcdc8f43b7839/2021-03-10-dns-2021-finale-langfassung-nicht-barrierefrei-data.pdf?download=1, Stand: 25.2.2022.

Die Bundesregierung (2021b): Kommunen als zentrale Akteure für eine nachhaltige Entwicklung – Staatssekretärsausschuss für nachhaltige Entwicklung – Beschluss vom 14. Juni 2021. In: https://www.bundesregierung.de/resource/blob/998006/1929118/d46e91c0c13d623d3eca38a2a937c0dc/2021-06-14-beschluss-kommunen-data.pdf?download=1, Stand: 31.10.2021.

Dirk, W. (2021): Im Land der Einfamilienhäuser. Wasserburger Zeitung. Nr. 38, S. 5.

Ehlers, Dirk (2007): Die Gemeindevertretung. In: *Mann, Thomas/ Püttner, Günter* (Hrsg.): Handbuch der kommunalen Wissenschaft und Praxis – Grundlagen und Kommunalverfassung. 3. Auflage. Berlin u. a., S. 459–534.

Elsaeßer, Miriam, Deutscher Landkreistag/ Milbert, Lucas, Deutscher Städtetag (2020): Exkurs „Die Bedeutung der Kommunen für die Deutsche Nachhaltigkeitsstrategie". In: *Bertelsmann Stiftung/ Bundesinstitut für Bau-, Stadt- und Raumforschung/ Deutscher Landkreistag/ Deutscher Städtetag/ Deutscher Städte- und Gemeindebund/ Deutsches Institut für Urbanistik/ Servicestelle Kommunen in der Einen Welt/ Rat der Gemeinden und Regionen Europa/ Deutsche*

IX

Sektion (Hrsg.): SDG-Indikatoren für Kommunen – Indikatoren zur Abbildung der Sustainable Development Goals der Vereinten Nationen in deutschen Kommunen. S. 46–47.

Engagement Global (2021): Mit guten Ideen vor Ort gegen den Plastikmüll. In: https://skew.engagement-global.de/aktuelle-mitteilung/kommunen-gegen-plastikmuell.html, Stand: 31.10.2021.

Fieber, Andreas/ Eggerl, Matthias (2022): Nachhaltigkeitsbericht DER GEMEINDE ROTT A. INN 2021. In: https://www.rottinn.de/communice-news/news/artikel?tx_news_pi1%5Baction%5D=detail&tx_news_pi1%5Bcontroller%5D=News&tx_news_pi1%5Bnews%5D=214&cHash=93fbfc38cea779468c8c5c5ab656cc66, Stand: 25.2.2022.

Food and Agriculture Organization of the United Nations (2020): Global proportion of fish stocks within biologically sustainable levels (1974–2017). In: http://www.fao.org/sustainable-development-goals/indicators/1441/en/, Stand: 25.2.2022.

Gesetz über die friedliche Verwendung der Kernenergie und den Schutz gegen ihre Gefahren (Atomgesetz – AtG) in der Fassung der Bekanntmachung vom 15.7.1985 (BGBl. I S. 1565), das zuletzt durch Art. 3 des Gesetzes vom 7.12.2020 (BGBl. I S. 2760) geändert worden ist.

Gesetz zur Suche und Auswahl eines Standortes für ein Endlager für hochradioaktive Abfälle (Standortauswahlgesetz – StandAG) vom 5.5.2017 (BGBl. I S. 1074), das zuletzt durch Art. 1 des Gesetzes vom 7.12.2020 (BGBl. I S. 2760) geändert worden ist.

Global Reporting Initiative (2018): GRI 101: Grundlagen 2016. In: https://www.globalreporting.org/standards/media/1671/german-gri-101-foundation-2016.pdf, Stand: 31.10.2021.

Günster, Karlheinz (2021): Ab 2023 bezieht Pfaffing Ökostrom aus Neuanlagen – Gemeinderat setzt auf regenerative Energien. Wasserburger Zeitung. Nr. 67, S. 13.

Haeften, Hans von/ Oelsner, Gerd (2016): Land unterstützt Kommunen – Die Kommunale Initiative Nachhaltigkeit Baden-Württemberg. In: *Engagement Global/ Weltsichten* (Hrsg.): Global Nachhaltige Kommune – Kommunen engagieren sich für Nachhaltigkeit in der Einen Welt. S. 6.

Harborth, Hans-Jürgen (1993): Dauerhafte Entwicklung statt globaler Selbstzerstörung – Eine Einführung in das Konzept des „Sustainable Development". 2. Auflage. Berlin.

Härtel, Ines (2012): Die Gesetzgebungskompetenzen des Bundes und der Länder im Lichte des wohlgeordneten Rechts. In: *Härtel, Ines* (Hrsg.): Grundlagen des Föderalismus und der deutsche Bundesstaat – Föderalismus als demokratische Rechtsordnung und Rechtskultur in Deutschland, Europa und der Welt. Heidelberg, S. 527–610.

Helm, Richard (2021a): Alternativlose Gewissensentscheidung oder eine Frage der Finanzen? Gemeinde Rott bezieht künftig Ökostrom ohne Neuanlagenquote – rege Diskussion im Gemeinderat. Wasserburger Zeitung. Nr. 78, S. 16.

Helm, Richard (2021b): Rott will ab sofort einen Nachhaltigkeitsbericht – Professor Dr. Andreas Fieber und Matthias Eggerl stellen ihr regionales Konzept vor. Wasserburger Zeitung. Nr. 157, S. 16.

ICC Deutschland (1990): ICC-Charta für eine langfristig tragfähige Entwicklung.

Jahn, Gerhard Albert (Hrsg.) (2013): Die Erfindung der Nachhaltigkeit – Leben, Werk und Wirkung des Hans Carl von Carlowitz. München.

Janssen, Ulrike/ Kress, Andreas/ Schulze, Dag (2008): Kommunen im Klimawandel. uwf UmweltWirtschaftsForum. 16. Jg., Nr. 2, S. 89–94.

Kappas, Martin (2009): Klimatologie – Klimaforschung im 21. Jahrhundert – Herausforderung für Natur- und Sozialwissenschaften. Heidelberg.

Keller, Sören (2021): Wohnraum vs. Stadtgrün? Der Streit um die Nachverdichtung in den Städten. Eigenheimer Magazin. 67. Jg., Nr. 12, S. 6–9.

Knemeyer, Franz-Ludwig (2007): Bayerisches Kommunalrecht. 12. Auflage. Stuttgart.

Krahe, Peter/ Nielson, Enno (2021): Deutschlands Wasserbilanz. UmweltMagazin. 51. Jg. Nr. 7–8, S. 32–35.

Kuhn, Stefan/ Burger, Annika/ Ulrich, Peter (2018): Wirkungsorientiertes Nachhaltigkeitsmanagement in Kommunen – Leitfäden. In:

https://www.bertelsmann-stiftung.de/fileadmin/files/Projekte/Monitor_Nachhaltige_Kommune/MNK_Leitfaeden.pdf, Stand: 19.12.2020.

Landeshauptstadt Stuttgart (2019a): Nachhaltig fit für morgen. In: https://www.stuttgart.de/medien/ibs/Broschuere-Nachhaltig-fit-fuer-morgen-ES.pdf, Stand: 31.10.2021.

Landeshauptstadt Stuttgart (2019b): Lebenswertes Stuttgart – Die globale Agenda 2030 auf lokaler Ebene – Bestandsaufnahme auf Grundlage von Indikatoren zur Abbildung der Sustainable Debelopment Goals. In: https://www.bertelsmann-stiftung.de/de/publikationen/publikation/did/lebenswertes-stuttgart-die-globale-agenda-2030-auf-lokaler-ebene/, Stand: 31.10.2021.

Landratsamt Ebersberg – Wirtschaftsförderung, Regionalmanagement (2018): Aktionsprogramm 2030 für die nachhaltige Entwicklung des Landkreises Ebersberg. Ebersberg.

Lange, Klaus (2019): Kommunalrecht. 2. Auflage. Tübingen.

Le Quéré, Corinne/ Jackson, Robert B./ Jones, Matthew W./ Smith, Adam J. P./ Abernethy, Sam/ Andrew, Robbie M./ De-Gol, Athony J./ Willis, David R./ Shan, Yuli/ Canadell, Josep G./ Friedlingstein, Pierre/ Creutzig, Felix/ Peters, Glen P. (2020): Temporary reduction in daily global CO_2 emissions during the COVID-19 forced confinement. Nature Climate Change. 10. Jg. Nr. 7, S. 647–653.

Leggewie, Claus (2019): „Bis hierhin wird das Wasser steigen". Die Zeit. Nr. 8, S. 17.

Leunig, Sven/ Reutter, Werner (2012): Länder und Landesparlamente im föderalen System der Bundesrepublik Deutschland. In: *Härtel, Ines* (Hrsg.): Grundlagen des Föderalismus und der deutsche Bundesstaat – Föderalismus als demokratische Rechtsordnung und Rechtskultur in Deutschland, Europa und der Welt. Heidelberg, S. 743–766.

Lindner, Christian (2021): Wachstum durch Klimaschutz. Welt am Sonntag. Nr. 24, S. 11.

Lissack, Gernot (2019): Bayerisches Kommunalrecht. 4. Auflage. München.

Mann, Thomas (2012): Die Stellung der Kommunen in der deutschen föderalistischen Ordnung. In: *Härtel, Ines* (Hrsg.): Föderalismus als demokratische Rechtsordnung und Rechtskultur in Deutschland,

Europa und der Welt – Band II: Probleme, Reformen, Perspektiven des deutschen Föderalismus. Berlin, Heidelberg.

Martens, Jens (2020): Globale Nachhaltigkeitsdiplomatie im Schatten von Corona – Das Hochrangige Politische Forum der Vereinten Nationen 2020. In: https://www.2030agenda.de/sites/default/files/Briefing_0820_HLPF-2.pdf, Stand: 31.10.2021.

Martens, Jens/ Obenland, Wolfgang (2017): Die Agenda 2030 – Globale Zukunftsziele für nachhaltige Entwicklung. Bonn, Osnabrück.

Mathis, Klaus (2017): Nachhaltige Entwicklung und Generationengerechtigkeit – Eine interdisziplinäre Studie aus rechtlicher, ökonomischer und philosophischer Sicht. Tübingen.

Meadows, Donnella H./ Meadows, Dennis L./ Zahn, Erich/ Milling, Peter (1972): Die Grenzen des Wachstums – Bericht des Club of Rome zur Lage der Menschheit. Stuttgart.

Milbert, Antonia (2019): SDG-Indikatoren für Kommunen. In: https://www.inkar.de/documents/SDG-Informationen.pdf, Stand: 31.10.2021.

Ministerium für Umwelt, Klima und Energiewirtschaft Baden-Württemberg (2021): N!-Berichte für Kommunen – Leitfaden zur Erstellung von Nachhaltigkeitsberichten in kleinen und mittleren Kommunen. In: https://www.nachhaltigkeitsstrategie.de/fileadmin/Downloads/Publikationen/Kommunen/KIN_N-Berichte-fuer-Kommunen_LF_2021.pdf, Stand: 31.10.2021.

Ministerium für Umwelt, Klima und Energiewirtschaft Baden-Württemberg (ohne Datum): Beratungsdienstleistungen im Rahmen der Kommunalen Initiative Nachhaltigkeit – Inhalte und Vorgaben. In: https://www.nachhaltigkeitsstrategie.de/fileadmin/Downloads/Publikationen/Kommunen/Nachhaltigkeitsberatung__gesamt_CLEAN_NM_16_DNK2e.pdf, Stand: 31.10.2021.

Ministry of Foreign Affairs of the People's Republic of China (2021): China's VNR Report on Implementation of the 2030 Agenda for Sustainable Development. In: https://sustainabledevelopment.un.org/content/documents/280812021_VNR_Report_China_English.pdf, Stand: 31.10.2021.

Ohne Verfasser (2019): Die Agenda 2030 als Auftrag zur Unruhe – Aus dem Rat 03.07.2019. In: https://www.nachhaltigkeitsrat.de/aktuelles/

die-agenda2030-als-auftrag-zur-unruhe/?cn-reloaded=1&cn-reloaded=1, Stand: 31.10.2021.

Ohne Verfasser (2022a): Burghausen 2030. Burghausen gestalten. Nr. 4, S. 14–15.

Ohne Verfasser (2022b): Erster Burghauser Nachhaltigkeitspreis verliehen. Burghausen gestalten. Nr. 4, S. 25.

Pearce, David W./ Markandya, Anil/ Barbier, Edward (1992): Blueprint 1 – For a Green Economy. Oxon [England].

Popplow, Marcus (2002): Tagungsbericht: „Abholzung und Aufklaerung" – ‚Holzmangel' im 18. Jahrhundert" (Potsdam, 07./08.06.2002). In: H-Soz-Kult. Kommunikation und Fachinformation für die Geschichtswissenschaften.

Presse- und Informationsamt der Bundesregierung (2018): Deutsche Nachhaltigkeitsstrategie – Aktualisierung 2018. In: https://www.bundesregierung.de/resource/blob/975274/1546450/65089964ed4a2ab07ca8a4919e09e0af/2018-11-07-aktualisierung-dns-2018-data.pdf?download=1, Stand: 31.10.2021.

Pritzl, Rudolf (2020): Grundlagen einer rationalen Klimapolitik. WiSt – Wirtschaftswissenschaftliches Studium. 49. Jg., Nr. 5, S. 30–37.

Rat für NACHHALTIGE Entwicklung (2021): Berichtsrahmen Nachhaltige Kommune auf Basis des DNK – Ergebnis eines Stakeholderprozesses des Rats für Nachhaltige Entwicklung – HANDREICHUNG FÜR KOMMUNEN. In: https:// nachhaltigkeitsrat.de/wp-content/uploads/2021/03/20210303_Berichtsrahmen_Nachhaltige_Kommune.pdf, Stand: 31.10.2021.

Rat von Sachverständigen für Umweltfragen (1998): Umweltgutachten 1998 des Rates von Sachverständigen für Umweltfragen – Umweltschutz: Erreichtes sichern – Neue Wege gehen. In: https://www.umweltrat.de/SharedDocs/Downloads/DE/01_Umweltgutachten/1994_2000/1998_Umweltgutachten_Bundestagsdrucksache.pdf;jsessionid=343A1128F62AA21F6897125C4299E6D8.1_cid292?__blob=publicationFile&v=4, Stand: 31.10.2021.

Rat von Sachverständigen für Umweltfragen (2000): Umweltgutachten 2000 des Rates von Sachverständigen für Umweltfragen – Schritte ins nächste Jahrtausend. In: https://www.umweltrat.de/SharedDocs/Downloads/DE/01_Umweltgutachten/2000_2004/2000_

Umweltgutachten_Bundestagsdrucksache.pdf?__blob=publicationFile&v=5, Stand: 31.10.2021.

Redaktion beck-aktuell (2018): VerfGH Bayern: Volksbegehren zur Begrenzung des Flächenverbrauchs unzulässig. In: https://rsw.beck.de/aktuell/daily/meldung/detail/verfgh-bayern-volksbegehren-zur-begrenzung-des-flaechenverbrauchs-unzulaessig, Stand: 31.10.2021.

Riedel, Henrik (2020): Wirkungsorientiertes Nachhaltigkeitsmanagement in Kommunen – Einflussfaktoren und Effekte der Nutzung von Indikatoren. In: https://www.bertelsmann-stiftung.de/fileadmin/files/Projekte/Monitor_Nachhaltige_Kommune/Wirkungsorientiertes_Nachhaltigkeitsmanagement_final.pdf_final.pdf, Stand: 20.11.2021.

Schwanck, Joachim/ Gruban, Werner (2014): Nachhaltigkeitsbericht München 2014. In: https://www.muenchen.de/rathaus/Stadtverwaltung/Referat-fuer-Gesundheit-und-Umwelt/Nachhaltige_Entwicklung/Nachhaltigkeitsbericht.html, Stand: 31.10.2021.

Senatsverwaltung für Finanzen (2021): Nachhaltigkeitsbericht 2020 über die Berliner Landesunternehmen. In: https://www.berlin.de/sen/finanzen/vermoegen/downloads/nachhaltigkeitsbericht/artikel.956228.php, Stand: 31.10.2021.

Simon, Matthias/ Gleich, Florian (2017): Baulandvergabe in der Hochpreislage – Der Leitlinienkompromiss zum Einheimischenmodell und seine praktische Umsetzung vor Ort. In: https://www.bay-gemeindetag.de/media/22047/bgt_6_2017.pdf, Stand: 25.2.2022.

Siragusa, Alice/ Vizcaino, Maria Pilar./ Proietti, Paola/ Lavalle, Carlo (2020): European handbook for SDG voluntary local reviews. In: https://publications.jrc.ec.europa.eu/repository/handle/JRC118682, Stand: 31.10.2021.

Sozialdemokratische Partei Deutschlands/ BÜNDNIS 90 DIE GRÜNEN/ Freie Demokraten (2021): Mehr Fortschritt wagen – Bündnis für Freiheit, Gerechtigkeit und Nachhaltigkeit – Koalitionsvertrag 2021–2025.

Stadt Pfaffenhofen a. d. Ilm, SG 3.4 Grundstückswesen (2020): Richtlinien für die Vergabe von gemeindeeigenen Wohnbaugrundstücken und Wohnungen an die örtliche Bevölkerung mit besonderem Bedarf. In: https://pfaffenhofen.de/dokumente/2441/Vergaberichtlinien_Einheimischenmodell_Juli2020.pdf, Stand: 31.10.2021.

Stadtkämmerei der Landeshauptstadt Stuttgart (2020): Beteiligungsbericht der Landeshauptstadt Stuttgart 2019. In: https://www.stuttgart.de/rathaus/finanzen/beteiligungsbericht.php, Stand: 31.10.2021.

Statista (2021): Veränderung der CO_2-Emissionen ausgewählter Länder weltweit 2020 (gegenüber Vorjahr) – Zusammenfassung Daten von Carbon Monitor.org (Oktober 2020). In: https://de.statista.com/statistik/daten/studie/1184815/umfrage/co2-emissionen-veraenderung-gegenueber-vorjahr-ausgewaehlter-laender/, Stand: 31.10.2021.

Statistisches Bundesamt (2021a): GV-ISys Verzeichnis der Regional- und Gebietseinheiten. Definitionen und Beschreibungen. In: https://www.destatis.de/DE/Themen/Laender-Regionen/Regionales/Gemeindeverzeichnis/Administrativ/beschreibung-gebietseinheiten.pdf;jsessionid=084E0CDF09D1104BE90A99D099D3DD48.live732?__blob=publicationFile, Stand: 25.2.2022.

Statistisches Bundesamt (2021b): Anstieg der Siedlungs- und Verkehrsfläche in ha/Tag. In: https://www.destatis.de/DE/Themen/Branchen-Unternehmen/Landwirtschaft-Forstwirtschaft-Fischerei/Flaechennutzung/Tabellen/anstieg-suv2.html;jsessionid=02DD5E234CAB3601AAA0E6F544D4D9CA.live731, Stand: 25.2.2022.

Statistisches Bundesamt (2021c): Daten aus dem Gemeindeverzeichnis – BIK-Gemeindegrößenklassen nach Fläche, Bevölkerung und Bevölkerungsdichte – Gebietsstand: 31.12.2020. In: https://www.destatis.de/DE/Themen/Laender-Regionen/Regionales/Gemeindeverzeichnis/Administrativ-Nicht/39-bik-7.html, Stand: 31.10.2021.

Statistisches Bundesamt (2021d): Gemeindeverzeichnis – Gebietsstand: 31.12.2020 (Jahr). In: https://www.destatis.de/DE/Themen/Laender-Regionen/Regionales/Gemeindeverzeichnis/Administrativ/Archiv/GVAuszugJ/31122020_Auszug_GV.html;jsessionid=42B7229E47BE823BC5501ED7A1A62A05.live731, Stand: 31.10.2021.

Stelljes, Ina/ Schwöbel, Christian (2021): Die Suche nach einem Endlager für hochradioaktive Abfälle: eine gesamtgesellschaftliche Aufgabe. Bayerischer Gemeindetag. Nr. 6, S. 234–238.

Szerenyi, Timea (1999): Indikatorensysteme nachhaltiger Regionalentwicklung auf unterschiedlichen räumlichen Maßstabsebenen.

Working Paper No. 99-03. University of Cologne Department of Economic and Social Geography. Köln.

Szerenyi, Timea (2001): Regionale Nachhaltigkeit – Möglichkeiten zur Operationalisierung und vergleichende Analyse am Beispiel kreisfreier Städte in Nordrhein-Westfalen. Dissertation. Universität zu Köln. Köln.

TransFair – Verein zur Förderung des Fairen Handels in der Einen Welt: Städtekarte und Städteverzeichnis. In: https://www.fairtrade-towns.de/kampagne/staedtekarte-und-staedteverzeichnis, Stand: 26.10.2021.

Traub, Clemens/ Vollert, Tim (2021): Klimakampf als Klassenfrage? In: https://www.freitag.de/autoren/der-freitag/klimakampf-als-klassenfrage, Stand: 31.10.2021.

Tremmel, Jörg (2004): „Nachhaltigkeit" – definiert nach einem kriteriengebundenen Verfahren. GAIA – Ecological Perspectives for Science and Society. 13. Jg., Nr. 1, S. 26–34.

Tremmel, Jörg (2012a): Eine Theorie der Generationengerechtigkeit. Teilw. zugl.: Düsseldorf, Univ., Dissertation 2009 unter dem Titel: Tremmel, J.: A theory of intergenerational justice. Münster.

Tremmel, Jörg (2012b): Klimawandel und Gerechtigkeit. Jahrbuch für Wissenschaft und Ethik. 16. Jg., Nr. 1, S. 115–139.

Tremmel, Jörg C. (2013): Climate Change and Political Philosophy – Who Owes What to Whom?. Environmental Values. 22. Jg., Nr. 6, S. 725–749.

UN High-Level Panel of Eminent Persons on the Post-2015 Development Agenda (2013): A New Global Partnership – Eradicate Poverty and Transform Economies through Sustainable Development.

UNHCR: Global Report 2020. In: https://reporting.unhcr.org/sites/default/files/gr2020/pdf/GR2020_English_Full_lowres.pdf, Stand: 31.10.2021.

United Nations (2020): The-Sustainable-Development-Goals-Report-2020. In: https://unstats.un.org/sdgs/report/2020/The-Sustainable-Development-Goals-Report-2020.pdf, Stand: 31.10.2021.

Vereinte Nationen (1992): Agenda 21 – Konferenz der Vereinten Nationen für Umwelt und Entwicklung. In: https://www.un.org/depts/german/conf/agenda21/agenda_21.pdf, Stand: 31.10.2021.

Vereinte Nationen (2015): Transformation unserer Welt: die Agenda 2030 für nachhaltige Entwicklung – Resolution der Generalversammlung, verabschiedet am 25. September 2015. Aus technischen Gründen neu herausgegeben am 28. Februar 2020 (gilt nur für Deutsch). In: https://www.un.org/depts/german/gv-70/band1/ar70001.pdf?OpenElement=, Stand: 25.2.2022.

Vereinte Nationen (2016): – Neue Urbane Agenda Konferenz der Vereinten Nationen über Wohnungswesen und nachhaltige Stadtentwicklung (Habitat III). In: https://uploads.habitat3.org/hb3/NUA-German.pdf, Stand: 31.10.2021.

Vornholz, Günter (1995): Die ökologischen Ziele im Sustainable Development-Konzept – Eine ökologisch tragfähige Entwicklung. In: *Nutzinger, Hans G.* (Hrsg.): Nachhaltige Wirtschaftsweise und Energieversorgung – Konzepte, Bedingungen, Ansatzpunkte. Marburg, S. 81–115.

Wagner, Mathias (2021): Klimabewegung Systemsprenger oder Systembewahrer? In: https://www.freitag.de/autoren/der-freitag/systemsprenger-oder-systembewahrer, Stand: 31.10.2021.

Winter, Gerd (2007): Natur ist Fundament, nicht Säule. 20 Jahre nachhaltige Entwicklung als rechtspolitisches Konzept. In: https://www.gerd-winter.jura.uni-bremen.de/fundamentnichtsaeule.pdf, Stand: 25.2.2022.

Wirtschaftsbetriebe Duisburg – AöR (2020): Nachhaltigkeitsbericht 2018/2019 – Zusammenhalt – Gemeinsam für Duisburg. In: https://www.wb-duisburg.de/unternehmen/Nachhaltigkeit/index.php.media/116344/WBD_Nachhaltigkeitsbericht.pdf, Stand: 31.10.2021.

Woodbridge, Michael/ Zimmermann, Monika (2016): Die Neue Urbane Agenda – Was bedeutet sie für Kommunen und Regionen? Bonn.

World Commission on Environment and Development (1987, nachgedruckt 2009): Our common future. 13. Auflage. Oxford.

World Economic Forum (2022): The Global Risks Report 2022 – Insight Report – In partnership with Marsh McLennan, SK Group and Zurich

Insurance Group. In: https://www3.weforum.org/docs/WEF_The_Global_Risks_Report_2022.pdf, Stand: 25.2.2022.

Wühle, Michael (2019): Nachhaltigkeit als Erfolgsfaktor. In: *Englert, Marco/ Ternès, Anabel* (Hrsg.): Nachhaltiges Management. Berlin, Heidelberg, S. 61–78.

Zerzawy, Florian/ Beermann, Ann-Cathrin/ Fiedler, Swantje/ Runkel, Matthias (2021): Umweltschädliche Subventionen in Deutschland – Fokus Biodiversität. In: https://foes.de/publikationen/2021/2021-05-11_FOES-Subventionen_Biodiversitaet.pdf, Stand: 31.10.2021.

X. Stichwortverzeichnis

X

X

X